Günter Grass / Harro Zimmermann
Vom Abenteuer der Aufklärung

Günter Grass, 1927 in Danzig geboren, wurde nach seiner Ausbildung als Bildhauer und Grafiker freier Schriftsteller. Sein Werk gehört zur Weltliteratur. Günter Grass wurde mit zahlreichen internationalen Ehrungen ausgezeichnet.

Harro Zimmermann, 1949 in Delmenhorst geboren, studierte Germanistik, Philosophie, Politikwissenschaft und Pädagogik in Kiel und Göttingen. Seit 1988 leitet er das Ressort Literatur bei Radio Bremen. Harro Zimmermann ist zudem Privatdozent für Neue Deutsche Literaturwissenschaft an der Universität Oldenburg.

Günter Grass
Harro Zimmermann

Vom Abenteuer der Aufklärung

Werkstattgespräche

Steidl

1. Auflage 1999
© Copyright: Steidl Verlag, Göttingen 1999
Alle Rechte vorbehalten
Lektorat: Daniela Hermes
Umschlaggestaltung: Klaus Detjen
unter Verwendung eines Fotos von Dirk Reinartz
Satz, Druck, Bindung:
Steidl, Düstere Straße 4, D-37073 Göttingen
Printed in Germany
ISBN 3-88243-637-9

Inhalt

Vorbemerkung

Zwei Bilder aus unserer jüngsten Vergangenheit fallen mir oft ein, wenn von Günter Grass die Rede ist. Ein sogenannter Großkritiker zerreißt mit publizistischem Zerstörungswahn vor den Augen der Öffentlichkeit den Roman »Ein weites Feld«. Und der Autor Grass bekennt in der Frankfurter Paulskirche seine persönliche Scham angesichts des fremdenfeindlich gewordenen Standorts Deutschland. Zwei Bilder, zwei Anlässe, ein im Licht der Weltöffentlichkeit stehender Intellektueller, der zu den umstrittensten und den bedeutendsten unserer Tage zählt. Beide Bilder bezeugen etwas von jenem außergewöhnlichen Widerspruchsfeld, das den Schriftsteller Grass heute umgibt. Er ist der einzige deutsche Poet, der weltweite Geltung und Hochachtung besitzt, und zugleich ist er im eigenen Lande, bei einer bestimmten Klientel des Geschmacksurteilsbetriebs, ein ungeliebter Störenfried mit zutiefst beargwöhnter Meinungshoheit. Tatsächlich nehmen manche Kreise unserer Kulturmaschinerie Günter Grass nahezu ausschließlich als einen der führenden politischen Bekenntnisträger wahr. Der Wortkünstler Grass kommt unter der Fuchtel solcher Literaturkritik als Meinungsverdikt kaum noch zum Vorschein. Was Günter Grass international, besonders etwa in den Vereinigten Staaten und im spanischen Sprachraum, zum herausragenden Vertreter deutscher Literatur macht, seine humorig saftende und feingespitzte Schreibvirtuosität, ist für manchen Zeitgenossen hierzulande, wenn überhaupt von Interesse, nur noch eine zusätzliche Provokation.

Wie anders reagieren doch die Millionen von Grass-Lesern in Deutschland und in aller Welt! Wie anders argumentiert auch die internationale Grass-Forschung! Und wie anders und abgewogen stellt sich das Gros der bundesdeutschen Literaturkritik dar, wenn man einmal in die Breiten- und Tiefenschichten der zeitgenössischen Grass-Rezeption blickt! Trotz zahlreicher kurzer und längerer Interviews fehlt es bisher in Deutschland, und darin besteht die begründbare Unterstellung dieses Buches, an einem reflektierten öffentlichen Diskurs mit dem Schriftsteller, Künstler und Publizisten Günter Grass. Sollten nicht einmal die Erträge der Grass-Forschung, der Kritik, der publizitären Debatten mit und um den Autor in ein Gespräch mit ihm selber zurückgewendet werden? Sollte nicht sein Lebenswerk als Focus unserer Gegenwartsanalyse und umgekehrt seine Literatur im Spiegelbild der Nachkriegsgeschichte mit ihm erörtert werden? Der teilweisen Trivialisierung und Verzerrung der Gegenwartsbedeutung dieses deutschen Schriftstellers möchte das vorliegende Buch einen offenen und authentischen Gesprächsversuch entgegenstellen. Die Gespräche, die zwischen Juni und August 1998 in Behlendorf stattgefunden haben und 1999 von Radio Bremen und anderen ARD-Stationen gesendet werden, verdanken sich keinerlei Vorabregie, sondern wagen ein gemeinsames Meinungsspiel, ein Abenteuer in Sachen Aufklärung. Im abschließenden Essay möge deutlich werden, welche Lesart des Grassschen Werkes und Wirkens dem Dialoganteil des Fragenden zugrunde gelegen hat.

Harro Zimmermann, im November 1998

I. Verweigerte Klassik – Über Ästhetik und Realitätsgewinn

HARRO ZIMMERMANN: Herr Grass, vierzig Jahre künstlerische Arbeit als Maler, Bildhauer, Grafiker, Zeichner, vor allem als Schriftsteller liegen hinter Ihnen. In diesen vierzig Jahren haben Sie tiefe Gravuren im Geist dieser Republik hinterlassen. Dieses Land sähe kulturell, politisch und literarisch anders aus ohne Sie. Dennoch haben Sie im literarischen Sinne in Deutschland keine Nachfolge gefunden. Warum ist das so?

GÜNTER GRASS: Da bin ich überfragt, ich weiß es nicht recht. Vielleicht kann ich es an zwei Gegenbeispielen deutlich machen, an John Irving und Salman Rushdie. Beide hatten keine Scheu, in Essays und später im persönlichen Gespräch klarzumachen, daß für sie als junge Leute »Die Blechtrommel« und »Hundejahre« nicht nur Leseerlebnisse gewesen sind, sondern daß sie sich nach deren Lektüre sagten: So muß man an Realität herangehen. Die beiden bezeichnen sich ganz einfach als meine Schüler und haben großartige, unabhängige Literatur entwickelt. Im deutschen Sprachgebiet gibt es ein paar Anknüpfungen, doch die sind epigonal geblieben; ohne kreatives Gegengewicht ist etwas übernommen und abgekupfert worden. Ich will keine Namen nennen, das lohnt gar nicht.

Aber ich freue mich natürlich, daß meine Art des Erzählens, wenn nicht in Deutschland, dann außerhalb des Landes ein Echo findet. Auch bei lateinamerikanischen Autoren gibt es Anknüpfungspunkte zu meinem Werk, weil diese Art, mit der Realität umzugehen – das heißt, sie zu erweitern, die ganze Phantastik, das Märchenhafte und die Mythen hineinzunehmen –, den Autoren in Lateinamerika liegt. Beim längeren Gespräch mit diesen Kollegen merkt man übrigens, wie wir doch alle *ein* Herkommen haben. Und das geht zurück auf den pikaresken Roman, auf die große spanische, die maurische Erzähltradition – das muß man immer dazusagen, denn das alles ist keineswegs nur auf europäischem Mist gewachsen. Wenn man Cervantes aufmerksam liest, merkt man bis in die innerliterarischen Anspielungen hinein, wie stark er von seinem Marokko-Aufenthalt, auch von der dortigen Gefangenschaft profitiert, wie er morgenländische Erzählweisen übernommen und weiterentwickelt hat. Und ein deutscher Autor profitiert natürlich von der Neugierde der Barockautoren, die sich trotz des Dreißigjährigen Krieges Kenntnisse über das verschafft haben, was neu aus Spanien kam. Ein Grimmelshausen kannte nicht nur Cervantes, sondern auch dessen Vorläufer. Die Figur des Pikaro war ihm bis in seine weibliche Spielart Justina hinein vertraut, was sich bei Grimmelshausen in der Landstörzerin Courage niedergeschlagen hat. Das ist europäische Literaturgeschichte, die von den Anfängen an da war und erst später mit unseren nationalistischen Abgrenzungen leider verlorengegangen ist. Heute hätten wir die Chance, einen europäischen Kulturbegriff zu prägen. Wenn man ein Beispiel sucht, war gerade der pikareske Roman von Anfang an grenzübergreifend und hat sich in allen Sprachen entwickelt, jeweils in gewandelter Form, aber doch die Ursprünge erkennen lassend.

H. Z.: Ihr Werk ist in Deutschland von der Kritik sehr oft einseitig und negativ beurteilt worden. Ohne Frage ist die

Wirkung der Kritik in diesem Land erheblich gewesen. Kann es sein, daß die deutsche Literaturkritik ihrerseits ein spezifisches Syndrom, nämlich ein verspätetes Klassiksyndrom, entwickelt hat, wodurch sie mit dem Wechselspiel von politischem Engagement und Kunstautonomie bei Grass nicht zurechtkommen konnte?

G. G.: Sie bürden mir mit Ihren Fragen Antworten auf, die mich dazu verführen könnten, etwas über Herkommen und Entwicklung der deutschen Literaturkritik zu sagen, obgleich ich mich dazu nicht besonders geeignet fühle, weil mir in manchen Bereichen Kenntnisse fehlen. Die deutsche Literaturkritik entsteht in der Zeit der späten Klassik und Romantik, und da gibt es auf der einen Seite einen Varnhagen von Ense, einen großartigen Literaturkritiker, den ich heute noch mit Vergnügen lese, und auf der anderen Seite die Verstiegenheiten der Schlegel-Brothers, die mit großem Können, aber auch schon mit einer ungeheuren Anmaßung – die ihnen noch zukam, nicht aber ihren Epigonen – meinten, Kritik sei eine neue Kunstform. Dieses Mißverständnis grassiert bis heute und findet Niederschläge bei irgendwelchen Westentaschenausgaben von Lukács, die sich sogar im Fernsehen breitmachen. Dort werden dann apodiktische Urteile gefällt wie: Die deutschen Autoren können nicht mehr erzählen. Es ist müßig, in der Öffentlichkeit den Gegenbeweis anzutreten. Ich könnte Ihnen aus dem Stegreif eine ganze Reihe von Autoren nennen, die großartige Erzähler sind. Dennoch wird das alles mit Ignoranz bestraft und nicht wahrgenommen, weil es nicht in den Kanon des inneren Dialogs dieser Kritikerkaste hineinpaßt. Man hat sich auf irgendwelche Verdikte geeinigt und hält sie hoch.

Im Wirtschaftsbereich geschieht Vergleichbares, wenn uns neuerdings der Kapitalismus in Form des Neoliberalismus mit solchen Standardsätzen verkauft wird. Hier zeigt sich Ähnlichkeit mit orthodoxen Marxisten oder auch mit bekehrungswütigen Katholiken, bei denen bestimmte sakrosankte Dinge unumstößlich gelten: etwa die unbefleckte Empfängnis oder eben das Verdikt, deutsche Autoren könnten nicht erzählen. Solche Stereotypen werden offensichtlich von den Medien gern wahrgenommen, auch weil sie nach wie vor einen gewissen Unterhaltungswert besitzen. Autoren können dagegen wenig tun. Wenn der Leser sich in dieser Wüstenei noch zurechtfinden will, muß er sich von Falsch- und Blindinformationen freimachen. Der Leser – das ist meine Erfahrung und auch die anderer Autoren – orientiert sich notfalls selber.

H. Z.: Es war natürlich auch schwierig, einem Autor wie Ihnen nachzufolgen, der in so unvergleichlicher Weise politische Ansprüche und literarische Ansprüche beharrlich bis heute miteinander verbunden hat. Das ist eine solitäre Erscheinung, während andere Autoren nach kurzen Ausflügen ins Politische in die reine literarische Brillanz zurückgekehrt sind. Handelt es sich dabei um einen Anpassungsvorgang, den wir in Deutschland immer schon hatten und der gerade in Ihrem Fall eine Traditionsstiftung verhindert hat?

G. G.: Vielleicht liegt es daran, daß ich – ohne das als Absicht für mich formuliert zu haben – alles getan habe, um nicht frühzeitig zum Klassiker zu werden. Voraussetzung dafür ist, daß man immer wieder neu ansetzt, das neuerliche Erschrecken vor dem anstehenden Projekt.

Man muß sich ganz und gar einlassen auf die Geröllhalde an Stoff, die vor einem liegt und die dann auch den
Autor bestimmt. Denn nur so führt es ihn zu sehr verschiedenen Ergebnissen. Gelernt habe ich das, wenn man
so etwas lernen kann, oder angeregt dazu wurde ich
durch meinen Lehrer Alfred Döblin, der mit seinem ungeheuerlichen Werk bis heute in Deutschland nicht angekommen ist. Für mich steht er gleichrangig neben Thomas Mann oder Brecht, was den beiden keinen Abbruch
tut.

Aber wie wird Döblin aufgenommen? Außer »Berlin
Alexanderplatz« ist kaum etwas von ihm bekannt. Wer
hat sich einmal mit »Berge Meere und Giganten« ausein-
andergesetzt, einem Zukunftsentwurf ohnegleichen?
Selbst sein erster Roman, »Die drei Sprünge des Wang-
lun«, den er als noch nicht Dreißigjähriger vor dem Ersten
Weltkrieg geschrieben hat, ist etwas so überaus Kühnes,
ein großer Schritt in das damals beginnende Jahrhundert
hinein, unabhängig von irgendwelchen Strömungen. Von
der Erzählperspektive, von der Gleichzeitigkeit der Handlungen her, von den epischen Massen, den sich bewe-
genden Volksmassen her hat kein anderer Autor jener
Zeit etwas Vergleichbares gewagt. Man hat das Werk in
das Kästchen »Futurismus« einkasteln wollen, doch »Die
drei Sprünge des Wang-lun« haben mit dem Futurismus
Marinettischer Prägung, bei dem ja schon der Faschismus
aufscheint, nichts zu tun. Abhängiger war Döblin mit seinem »Berlin Alexanderplatz«. Diesen großartigen Roman
hätte er, ebenso wie Dos Passos seinen »Manhattan
Transfer«, ohne Joyce nicht schreiben können. Aber »Die
drei Sprünge des Wang-lun« zeigen neue Wege des Erzäh-

lens. Was mein Prosaschreiben betrifft, habe ich aus diesem Roman wahrscheinlich mehr gelernt als aus anderen Büchern von Döblin.

H. Z.: Sie haben immer wieder neu angesetzt, wollten nicht zum sterilen Klassiker werden, was Sie auch keinesfalls geworden sind. Auf der anderen Seite pflegen Sie aber nach wie vor beharrlich und konsequent den politischen Bezug ...

G. G.: Das ist etwas anderes. Es liegt daran, daß ich bei Kriegsende siebzehn Jahre alt war und gleichzeitig uralt. Ich bin in der Hitlerjugend gewesen und war in Grenzen gläubig, aber ich habe bis zum Schluß an Wunderwaffen und was weiß ich nicht alles geglaubt; vor allem sah ich mich auf der richtigen Seite. Doch dann brach eine Welt zusammen – Stück für Stück, nicht von heute auf morgen. In diesen ersten Nachkriegsjahren habe ich einige Lektionen nachgeholt. Das ergab sich ohnehin, mein Lesehunger war immens. Da bei mir die Schulzeit mit fünfzehn Jahren aufgehört hatte und ich mich selbst bilden mußte, habe ich Kraut und Rüben gelesen, also nicht systematisch, aber doch sehr viel.

Neben den literarischen Aneignungen gab es die immer wieder auftauchende und sich bis heute stellende Frage: Wie konnte es dazu kommen? Für mich lagen die Wurzeln der Nazibarbarei – ich will jetzt nicht bis zur Reformation zurückgehen – in erster Linie in der vertanen Chance der Weimarer Republik, der ersten demokratischen Chance, für die man in Deutschland im neunzehnten Jahrhundert lange gekämpft hatte. Mir waren die damals angebotenen Erklärungen für das Scheitern der Weimarer Republik zu einfach. In den fünfziger Jahren wurden diese Zusammenhänge ohnchin dämonisiert: Irgendwelche schwarzen Männer aus dem Dunkel hätten das arme deutsche Volk verführt. Das stimmte nicht, das wußte ich aus eigener jugendlicher Anschauung.

Und so hat sich bei mir ein Verhältnis zur Demokratie entwickelt, das sich politisch auf einen demokratischen Sozialismus richtete, denn Demokratie und Sozialismus bedingen einander. Eine Demokratie, die nach neo-liberalen Gesichtspunkten gestaltet wird und nur diesen Kräften Raum gibt, hält zwar das formale Muster des Demokratischen aufrecht, aber es kann sich in ihr keine soziale Gerechtigkeit entwickeln. Umgekehrt haben wir in diesem Jahrhundert erfahren, daß ein Sozialismus oder Kommunismus, der alles nur am Klassenbedürfnis mißt und die liberalen Rechte wie Meinungsfreiheit außer acht läßt, die seit dem neunzehnten Jahrhundert erkämpft wurden, an sich selbst scheitern muß. Es ist nach wie vor ein dritter Weg, den ich mir mit anderen zusammen, auch von anderen angeleitet, zu eigen gemacht habe – in einer kontinuierlichen Entwicklung über Jahrzehnte hinweg. Da gibt es in der Tat keine Brüche.

H. Z.: Das war bei anderen zeitgenössischen Schriftstellern eben nicht so. Auf diese Beharrlichkeit wollte ich gern hinaus, die es für junge Autoren schwergemacht hat, Ihnen nachzufolgen. Bei Enzensberger und Walser, wenn ich die beiden als Beispiel herausgreifen darf, sind die sogenannten »großen Erzählungen« schon lange redu-ziert. Walser und Enzensberger reden nicht mehr pro-grammatisch vom demokratischen Sozialismus. Für sie sind Losungen wie Solidarität und soziale Gerechtigkeit von der Bedeutung einer öffentlichen Plakatierung, aber beides ist kein Impetus ihres Schreibens mehr. Das meine ich mit »nur« ästhetischer Brillanz.

G. G.: Sie nennen Enzensberger und Walser in einem Satz. Ich kenne beide von der Gruppe 47 her und kann nur sagen, sie sind grundverschieden. Enzensberger ist jemand, der sehr darauf konzentriert war und sicher immer noch ist, sich möglichst nicht zu binden. Die damit vielleicht einhergehende Bindungsangst hat ihn dazu geführt, sich auf nichts besonders einzulassen. So fällt es ihm leicht, immer wieder überraschend aus einer unvermuteten Ecke der Kulisse hervorzutreten und uns zum Beispiel den Golfkrieg auf seine Art und Weise – etwas absurd, wie ich finde – zu erklären. Und dann schreibt er ein Buch mit wunderbaren Reise-Essays wie »Ach Europa!«, wo er aus meiner Sicht auf der Höhe seines Könnens ist. Was er damals im »Kursbuch« von sich gegeben hat – ich habe darüber immer gelacht, weil ich meinen Enzensberger dahinter sah, der nach Kuba reist und enttäuscht ist, daß er nicht einen Kommunismus jenseits vom Mief und auf den Höhen der lateinamerikanischen Literatur und Kultur vorfindet. Enttäuscht und entsetzt fing bei ihm eine Abwendung an, bei der ich mich fast versucht fühlte, die Kubaner in Schutz zu nehmen. Etwa wenn er sich darüber entrüstete, daß es auf den dortigen Parteibüros in der Provinz genauso aussah wie in der DDR. Was hatte er erwartet? Das sind ästhetische Beurteilungen von außen, die mich lächeln gemacht haben. Aber insgesamt gesehen wird man Enzensberger ganz gewiß nicht gerecht, wenn man ihn jeweils auf den einen oder den neuesten Nenner oder auch auf einen zurückliegenden Nenner festlegen wollte.

Bei Walser ist das anders. Martin Walser ist ein wunderbar streitbarer Mann, der aus Prinzip, so habe ich ihn kennengelernt, immer eine Gegenposition einnimmt. Das gilt auch für seine literarischen Vorlieben, die sehr rasch wechseln: Zuerst war es Kafka, dann war es Proust, und alles andere galt jeweils nicht mehr. Jetzt schlägt er schon eine ganze Zeit lang auf Thomas Mann ein, ohne sich und uns eingestehen zu wollen, wieviel auch er bei Thomas Mann gelernt hat. Seine Art Ironie ist nicht so weit entfernt von der bei Thomas Mann gepflegten Ironie. Walser sehe ich als einen aufgeklärten Konservativen, der immer wieder aus dem bodenseeischen Raum heraus Ausbruchsversuche unternimmt. Das konnte bis in DKP-Nähe führen, von der er sich mit einem anrührenden Brief an Erich Honecker freimachte, nachdem die Guillaume-Geschichte aufgeflogen war. Als hätte er sich nicht an den Fingern abklavieren können, daß ein pervertierter Sozialismus wie der in der DDR natürlich überhaupt keine Scheu hatte, beim Feind Nummer eins – nach wie vor die Sozialdemokraten – an höchster Stelle einen Spitzel anzusiedeln. Gut, er hat den Brief geschrieben und kam zu der Einsicht, sich vom Bodenseeraum in eine falsche Richtung bewegt zu haben. Nachdem er sich dann jahrelang, auch verständlicherweise, ganz auf seine Provinz konzentriert und kaum oder selten über Deutschland, dieses geteilte Land, geäußert hatte, was für mich immer ein Thema gewesen ist, überraschte er uns eines Tages mit der Formulierung eines »Nationalgefühls«. Das hieß nun, daß er mit Nationalbewußtsein, was ich für mich in Anspruch nehmen könnte, nichts am Hut haben wollte. Aber darüber ist mit Walser zu streiten.

Wenn sich Walser und Enzensberger – nun mache ich den Fehler nach und nenne sie beide gleichzeitig – von dieser oder jener Position getrennt haben und mit irgend etwas Neuem überraschen, steht in den letzten Jahren allerdings immer gleich, wenigstens im zweiten Satz, ein halber Faschismusverdacht im Raum. Das sehe ich weder bei dem einen noch bei dem anderen.

H. Z.: Die Konsistenz und Kontinuität Ihrer Biographie und Ihres Werkes sind Ihnen natürlich andererseits von den Deutschen gedankt worden, jedenfalls soweit sie Leser waren und sind. Sie haben – im Verhältnis zu vergleichbaren Autoren – das größte Publikum unter den Deutschen. Wie stehen Sie zu Ihren Lesern? Melden die sich mal? Welches Feedback bekommen Sie?

G. G.: Die Leserpost gehört zur amüsantesten, von ihr bekomme ich gelegentlich etwas zurückgezahlt – im besten Sinne des Wortes. Leserbriefe sind vor allem nicht mit Wünschen und Vorschlägen vollgestopft, hier in eine Jury einzutreten oder dort das Präsidium zu übernehmen oder was weiß ich wozu meinen Namen herzugeben. Auch sind sie angenehmerweise nicht nur auf das jeweils jüngst erschienene Buch konzentriert oder auf eine bestimmte Generation beschränkt. Da schreiben ältere Leser mit langjährigen Leseerfahrungen, dann schreibt mir ein junger Mann oder eine junge Frau, die jetzt erst »Hundejahre« in die Hand nimmt oder plötzlich »örtlich betäubt« liest und durch dieses Buch, das damals von der Kritik völlig niedergemacht wurde, etwas über die Stimmung der Jahre 1967/68 erfährt. Das sind Dinge, die ich aufmerksam und mit Freude lese.

H. Z.: Nun gibt es natürlich auch professionelle Leser, Wissenschaftler und Kritiker. Mir fällt auf, daß Ihr Werk in der Wissenschaft sehr viel anerkannter ist, daß die Motivik Ihrer Literatur zum Gegenstand genommen wird, die Tiefe und der Reichtum des Werkes erkannt werden, während in der Kritik immer wieder eigenartige Einschränkungen und Verzerrungen durchbrechen. Können Sie mit beiden etwas anfangen? Interessiert Sie zum Beispiel die vielfältige und weltweite Grass-Forschung?

G. G.: Nehmen wir meinen zuletzt erschienenen Roman »Ein weites Feld«. Aus dem Universitätsbereich, Inland wie Ausland, kommen in immer größerer Zahl Untersuchungen und Studien auf mich zu, die fast alle auf das Werk konzentriert sind. Sie entdecken bestimmte Dinge, manche beschäftigen sich gezielt mit einem einzelnen Aspekt, andere untersuchen das gesamte Erzählmuster, den Umgang mit der Zeit, die Erzählposition, die hier ja im Plural liegt – das Archiv erzählt. Unabhängig von der Qualität der einen oder anderen Arbeit, die ich gar nicht so genau beurteilen kann, ist das eine ernsthafte Auseinandersetzung.

Nur gibt es interessanterweise – das betrifft allgemein die wissenschaftlichen Untersuchungen meiner Arbeit, aber vielleicht auch der Arbeit anderer Autoren – keinen Austausch zwischen diesem Bereich und der Tageskritik. Hier besteht eine hartnäckige Barriere der Ignoranz. Die Kritik nimmt nicht zur Kenntnis, was die Wissenschaft zu bieten hat. Man bleibt bei den schnellen Urteilen, was auch in der Natur der Sache liegt, wenn die Rezension nach Erscheinen des Buches möglichst als erste oder zweite oder dritte Kritik in die Zeitung hineinmuß. Kaum ein Kritiker würde die Revision seines Standpunktes aufgrund wissenschaftlicher Belehrung auch nur für möglich halten. Naturgemäß kommen die wissenschaftlichen Arbeiten später, dennoch könnte man sie nutzen. Ein Hauptgrund für die Misere der bundesdeutschen Kritik scheint mir darin zu liegen, daß sie sich selber dumm hält, daß sie nichts dazulernen will, daß sie die ganz anders gearbeiteten Erkenntnisse der Wissenschaft nicht zur Kenntnis nehmen, geschweige denn einfließen lassen will in ihre sicher schwierige, ad hoc reagierende Art, auf Bücher einzugehen. Das klingt jetzt sehr stark verallgemeinernd. Ich könnte Ihnen eine ganze Reihe von Literaturkritikern nennen, die seit je seriös arbeiten, bloß die Schreihälse sind eben lauter.

H. Z.: Nun haben Sie nicht nur im Lande, sondern auch im Ausland viele Leser. Wissen Sie eigentlich genau, in welcher Auflage Ihr Werk weltweit zu haben ist? Kann man das schätzen?

G. G.: Das weiß ich nicht. Im Verlauf der Jahre konnte ich halb lachend, aber auch halb mit einem unheimlichen Gefühl beobachten, wie sich Bücher selbständig machen, den Autor verlassen. Das fängt natürlich hier im eigenen Land an: nach der Hardcover- die Taschenbuchausgabe, die Buchclubausgabe, dann kommen die Übersetzungen, und innerhalb der anderen Länder gibt es wieder Buchclub- und Taschenbuchausgaben, auch weitere verspätete Übersetzungen der »Blechtrommel«, wie jetzt neuerdings in Indien etwa. Das ist ein Riesenkonzert, von dem ich über die Abrechnungen meines Verlages erfahre. Gelegentlich schreibt mal jemand, daß es sich um zehn oder zwölf Millionen Exemplare weltweit handeln soll. Aber genaues weiß ich darüber nicht.

H. Z.: Sind Sie, soweit Sie das beurteilen können, mit den Übersetzungen Ihrer Werke zufrieden? Sie haben einmal von der möglichen »Schwächung« des eigenen Buches durch Übersetzung gesprochen. Gibt es eine Gewähr dafür, daß Sie sagen können: Was ich inhaltlich und ästhetisch gemeint habe, kommt auch so an, in Indien zum Beispiel?

G. G.: Es gibt keine Gewähr. Ich kann die Übersetzung meiner Arbeiten ins Englische beurteilen, doch schon in den romanischen Sprachen reicht es bei mir nicht aus. Was die ersten Bücher betraf, bin ich auf Fehler gestoßen oder darauf aufmerksam gemacht worden; zum Beispiel durch einen Germanisten in Stockholm, der die Übersetzung der »Blechtrommel« ins Schwedische hatte untersuchen lassen. Das Buch, das darüber erschien, war fast so dick wie mein Roman, so viele Fehler und Ungenauigkeiten wurden aufgelistet. Daraufhin kam es zu einer Neuübersetzung ins Schwedische.

Mich hat dies auf etwas gebracht, worauf ich auch ein wenig stolz bin. Als ich den »Butt« als Manuskript fertig hatte – ich mache immer erst dann einen Vertrag mit dem Verleger, wenn ich das Manuskript zu Ende gebracht habe und souverän verhandeln kann –, habe ich meinen damaligen Verleger, Eduard Reifferscheid vom Luchterhand Verlag, unter Druck gesetzt und habe ihm gesagt: Sie bekommen das Buch nur, wenn Sie und die Lizenznehmer ein Treffen des Autors mit seinen Übersetzern organisieren und finanzieren. Nur so ist es möglich, die Qualität von Übersetzungen zu heben. Es werden sich immer wieder Ungenauigkeiten einschleichen, aber wenn man die Fehlerquellen eindämmen will, muß man dies vorher tun, hinterher ist es nur noch ein Auflisten von falschen und schiefen Stellen. Der Verleger hat murrend zugestimmt, und das Übersetzertreffen wurde Bestandteil des Vertrages.

Später hat Reifferscheid so getan, als sei es sein Einfall gewesen, weil natürlich zu merken war, daß das Ganze nicht nur von den Übersetzern mit Begeisterung aufgenommen wurde, sondern auch die ausländischen Lizenznehmer dankbar mitzogen. Seit dem »Butt« mache ich das immer so. Was ich schade fand und finde: Andere Autoren haben es nicht nachgemacht. Gut, bei mir sind es manchmal fünfzehn Übersetzer, mit denen ich zsammensitze, aber man kann es sinnvoll auch mit dreien machen oder mit zweien. Ich habe die jeweiligen Treffen mit den Übersetzern als zwar sehr anstrengend, aber auch als Bereicherung empfunden, denn niemand kennt meine Bücher besser als die Übersetzer. Sie stellen zuweilen recht unbequeme Fragen, bei denen der Autor ins Schwimmen gerät. Das ist gut so. Dabei ist mir aufgefallen, daß nicht nur der Kontakt zwischen Autor und Übersetzern von Gewinn ist, sondern auch das Gespräch der Übersetzer untereinander; zwischen und innerhalb der einzelnen Sprachgruppen, der skandinavischen, der germanischen, der romanischen Übersetzer. Beim »Weiten Feld« waren jetzt zum erstenmal drei Übersetzer aus dem slawischen Sprachbereich dabei. Es ist äußerst lehrreich, wie sie sich gegenseitig befragen und Vorschläge machen, wie sie miteinander umgehen. Übersetzer sind, generalisierend gesagt, recht zurückhaltende Leute, die von der Öffentlichkeit kaum beachtet werden und oftmals ein unterentwickeltes Selbstbewußtsein haben. Wenn ich durch diese Treffen dazu beigetragen haben sollte, nebenbei auch noch deren Selbstbewußtsein zu stärken, wäre ich sehr froh.

H. Z.: Von den Übersetzern noch einmal zurück zum Produktionszentrum Autor. Der Autor muß neugierig und aufmerksam sein, sensibel und hellhörig, das Neue, das Kommende, das Unerkannte und noch nicht Benannte im Blick haben. Wie erhält sich ein Autor von der Art des Günter Grass die intellektuelle Spannkraft? Wo kommt das Themen-Refreshment her? Welche Zumutungen, auch theoretisch-wissenschaftlicher Art, gehören dazu?

G. G.: Sicher ist mir behilflich, daß ich ein neugieriger Mensch bin und diese Neugierde sich nicht nur auf die Vergangenheit bezieht, sondern auch auf Zukünftiges. Unterstützt werde ich durch einen privaten Glücksfall. Mit sechs eigenen Kindern, meine Frau hat noch zwei mitgebracht, also mit acht Kindern und einer immer größer werdenden Zahl von Enkelkindern bin ich permanent im Gespräch mit den Generationen. Das Gespräch mit den Enkelkindern führt mich, ob ich will oder nicht, auf unsicheres Neuland. Dem muß ich mich stellen, was dann auch eine Wirkung auf meine Arbeit hat.

H. Z.: Nun ist ja das Herankommen und die Ausprägung von Meinungen eine Sache ...

G. G.: Ich meine vor allem Erfahrungen, die man mit den nachwachsenden Generationen macht. Die Meinung kommt später ...

H. Z.: Wie hält man seine Meinungen, aber auch die eigenen Erfahrungen sozusagen flüssig? Es gibt eine schöne

Formulierung von Martin Walser, der einmal gesagt hat: Für einen Erzähler ist eine Meinung wie ein Kurzschluß. Daran ist einiges richtig, glaube ich, weil sich Wahrnehmungen und Erfahrungen sehr schnell verkrusten und abdichten. Wie kann man sich diesen Prozeß des Flüssigbleibens von Erfahrungen und Wahrnehmungen vorstellen? Auf welche Weise kommt man seinen eigenen Stereotypen, Selbststilisierungen, Vor- und Fehlurteilen immer wieder auf die Schliche?

G. G.: Mit vorgefaßter Meinung ein Buch anzufangen würde nicht weit führen. Es langweilte mich bald. Ich kann mir nicht vorstellen, wie man sich vier oder fünf Jahre lang mit etwas auseinanderzusetzen vermag, über das man von vornherein meint Bescheid gewußt zu haben. Das wäre ein Akt reiner Selbstbestätigung, das Gegenteil von Literatur. Also gab es in meinen Schreibprozessen immer wieder Auseinandersetzungen mit dem fiktiven Personal, mit dem ich zu tun hatte. Dies erklärte sich, falls ich eine vorgefaßte Meinung hatte, damit nicht einverstanden, widersprach mir.

Mit Oskar Matzerath fing es an, der so vehement vorging, daß es zu wahren Schreibblockaden kam, wenn ich ihm etwas zumutete, was er nicht wollte. Er wollte zum Beispiel keine Schwester haben und hat es zu verhindern gewußt. Gut, als Autor habe ich dem nachgegeben und habe Tulla Pokriefke – die stand mir in etwa vor Augen – in »Katz und Maus« und den »Hundejahren« beheimatet. Das ist nur ein Beispiel. Bis in die gegenwärtige Manuskriptarbeit hinein gibt es dieses merkwürdige Wechselspiel zwischen Autor und seinem fiktiven Personal, das Lenken der Figuren und das Von-den-Figuren-gelenkt-

Werden. Dazu gehört das immer wieder überraschende Gefühl, daß ich mir bei fortschreitender Arbeit wie jemand vorkomme, der etwas ausführt, was andere schon längst in die Hand genommen haben, nämlich dieses Personal. Ohne daraus ein Diktum machen zu wollen, sollte ein Autor solchen Einflüssen gegenüber offen sein, weil sonst – und da stimme ich Martin Walser zu – nur noch Bücher mit festgezurrten und über viele Seiten bestätigten Meinungen entstehen würden.

H. Z.: Mir ist des öfteren aufgefallen, daß Sie die Personen Ihrer Romane in der Tat gleichsam als Partner oder Kontra-Partner ernst nehmen. Die Figuren erzählen ihre Geschichte selber mit, auch gegen den Autor. Zeichnen Sie gelegentlich Ihre Personen, müssen die eine bestimmte Physiognomie haben, die Ihnen vor Augen steht?

G. G.: In viele Manuskripte sind – entweder parallel auf anderem Blatt oder in die Blindbände der handschriftlichen ersten Fassung hinein – Zeichnungen gesetzt, Figurationen und Situationen, die ich mir bildhaft deutlich machen will und vergegenwärtige. Das direkte Porträtieren von Figuren jedoch wäre mir schon wieder eine zu vorgefaßte Festlegung, auch was das Aussehen betrifft. Eine Schwierigkeit ist das Verhalten den sogenannten Negativfiguren gegenüber. Sie sind überaus wichtig für den Aussage- und Reflexionszusammenhang eines Erzählwerkes und dürfen auf keinen Fall als Staffage behandelt werden, mit der man sich nicht näher befassen will, die man verachtet oder ignoriert. Ich bin nach wie vor der Meinung, daß ich zum Beispiel in meinem letzten Roman »Ein weites Feld« in diesen Hoftaller hineinkriechen mußte, um das Gefährliche seines Fürsorgeprinzips deutlich zu machen.

Das ist von der Kritik oft völlig falsch verstanden worden. Nichts wäre einfacher und lapidarer, als den Stasimann im Ledermantel darzustellen, grimmig und dumm blickend, als bestünde er nur aus Brutalität. Das verharmlost die Wirklichkeit dieses Systems. Es war gefährlicher, es war differenziert genug, sich den Mitarbeitern, aber auch ihren Objekten gegenüber so zu verhalten, daß sie dauernd das Gefühl hatten, hier sorgt sich jemand um mich, übertrieben zwar, aber er tut es. Ich will diese Fürsorge nicht, aber er kommt immer wieder, er dient sie mir immer wieder an, manchmal ist er auch behilflich. Und dann blitzt wieder die Absicht durch. Das Verführerische dieses Systems hat mich fasziniert. Aber die Beschreibung setzte voraus, daß ich mich mit Hoftaller gemein machte.

H. Z.: Sie sind einer der ersten deutschen Autoren überhaupt, die schon seit Ende der sechziger Jahre die mediale Beeinflussung von Literatur und Alltagsleben, von Kultur und Meinungsbildung reflektiert haben, zum Beispiel in Ihrem Roman »örtlich betäubt«. Beschäftigen Sie sich immer noch mit dem, was in solch diffuser Öffentlichkeit aus einem Kunstwerk werden könnte, wo Begriffe ausgelaugt werden, wo Erfahrungen verzerrt und zerquatscht werden? Nur dann, so glaube ich, können Sie wissen, was eigentlich die originäre Leistung der Literatur in Konkurrenz zu den allgegenwärtigen und Erfahrung aufzehrenden Medien ist. Was ist Ihre Stärke als traditioneller Belletrist gegenüber dieser technifizierten Daten- und Bilderflut, gegenüber dieser verquassten Meinungsgesellschaft des Alles und Nichts?

G. G.: Die Literatur ist meiner Meinung und Erfahrung nach stärker als all die jeweils neuen Medien. Ihre Stärke besteht darin, daß sie zum Beispiel in der Lage ist – angefangen mit der »Blechtrommel«, ähnlich in den »Hundejahren« –, die Bedeutung eines Mediums wie des Radios begreifbar zu machen. Der Volksempfänger wird zu einem Teil der Realität, ein kostbarer Gegenstand, der auf einmal da ist. Jetzt kommt des Führers Stimme in die kleinbürgerliche Wohnung und verändert alles. Zwar stehen die Möbel noch in ihrer alten Ordnung, aber auf einmal ist der Führer da. In »örtlich betäubt« wiederum habe ich das Fernsehen mit in die Erzählposition eingebaut.

Das kann die Literatur leisten. Umgekehrt können die Medien offenbar nicht von sich selber absehen. Dem Rundfunk gelingt es noch in einigen Programmen, die immer kürzer werden und in die Nacht verdrängt werden, aber im Fernsehen ist alles bewußt auf dumm gemacht, eine permanente Beleidigung des Publikums, weil es unterschätzt wird. Es fehlt an Zumutungen, vor allen Dingen an der einen Zumutung, die es erlauben könnte, das gemeinsame Herkommen der neuesten Medien und der alten Medien, die wie die Literatur weiterhin existieren werden, zu begreifen.

All das führt zurück auf etwas, was nur der Mensch kann: erzählen, sprechen, sich mitteilen, streiten. Aus mündlicher Überlieferung ist eines Tages geschriebene Literatur geworden, mit Tontäfelchen, fleißigen Mönchen und so weiter, aber beschränkt auf einen ganz kleinen Kreis. Dann kam dieses neue Medium: Gutenberg, der Buchdruck. In immer kürzeren Abständen gab es neue mediale Entwicklungen, die die Literatur nicht kaputt machten, die Literatur ist stärker.

Natürlich sind neue Medien auch anregend, wie zum Beispiel das Radio oder das Fernsehen, wie ich es in »örtlich betäubt« verwende oder im »Weiten Feld«, als Fontys Frau sich einen Westfernseher anschafft und der Golfkrieg ins Zimmer hineinkommt. Schwierig scheint mir die Verabsolutierung des Computersystems. Es mag an mir liegen, ich will meine Vorbehalte auch nicht verallgemeinern, aber ich kann diesem Hilfsmittel nichts abgewinnen. Es stellt mir zu schnell ein sauberes Manuskriptblatt her, es verführt mich dazu, fehlende Einfälle durch Einschiebsel von hier und dort auszugleichen, etwas herzustellen, was in sich zu stimmen scheint, aber nicht stimmt. Ich würde es ganz gerne nur als ein Hilfsmittel ansehen, das ich nicht benötige, weil ich andere Möglichkeiten habe, meinen Schreibprozeß zu verlangsamen, was immer dienlicher ist, als ihn zu beschleunigen; indem ich zum Beispiel zeichnerisch Abstand nehme und dann wieder auf das Ganze zugehe. Es mag sein, daß im wissenschaftlichen Bereich das computerisierte Speichern hilfreich ist, aber für den kreativen erzählerischen Schreibprozeß sehe ich bei mir keine Notwendigkeit.

H. Z.: Das heißt, daß Sie in Zukunft unverdrossen mit dem kontemplativen Leser rechnen, mit der Herzensbildung, der Kultivierung durch Bücher, durch Literatur?

G. G.: Ja, aber mir klingt Ihre Formulierung von der Herzensbildung zu anheimelnd. Ein Buch muß auch eine Zumutung für den Leser sein. Wenn ich einen Roman in einem mehrmaligen Schreibvorgang zustande bringe, ist er frei von den Abschleifungen, den Beliebigkeiten, den austauschbaren Dingen, die im Computerwesen mehr und mehr Raum gewinnen. Ich kann dem Leser zumuten, die erzählerische Penetranz auszuhalten, die sich bei bestimmten Gegenständen länger Zeit nimmt, als es nach den Regievorgaben jemals eine Fernsehkamera tun würde, geschweige denn die neuen Computer- und Simulationssysteme, wo die Bilder sich auf die Hacken treten und wechselseitig löschen. Am besten prägt sich das Bild ein, das vom Autor verlangsamt wird, das die Penetranz an den Tag legt, etwa den Schreibtisch von Fonty und sein Zimmer bis in die verstaubtesten Ecken hinein wahrzunehmen.

H. Z.: Stichwort Gegenwartsliteratur. Es gibt jüngere, ganz junge Autoren mit einem völlig anderen Erfahrungshorizont, als Sie ihn besitzen, mit nicht vergleichbarer Tiefendimension, Autoren, die vielleicht erst dreißig sind. Nehmen Sie solche Schriftsteller und ihre Literatur, soweit Sie zeitlich können, wahr? Wenn ja, ist für Sie damit ein Erfahrungsgewinn verbunden?

G. G.: Durch den von mir gestifteten Alfred-Döblin-Preis habe ich alle zwei Jahre die Gelegenheit, mich bei der Preisvergabe und den anschließenden Lesungen der Autoren, die in die engere Wahl gekommen sind, zu informieren. Auch die Arbeit in der Gruppe 47 – dafür bin ich heute noch dankbar – war ja nebenbei immer eine Information über das, was andere Autoren machten. Eine Tendenz, die in den siebziger Jahren einriß und dann immer stärker wurde, läßt sich nach wie vor feststellen: daß jüngere Autoren meinen, eine interessante Biographie zu haben. Wenn sie begabt sind, hat das auch eine gewisse Überzeugungskraft, nur erschöpft es sich oft darin. Ich halte das für einen falschen Weg.

Andere Autoren haben sich selbst offenbar Gegengewichte eingebaut. So habe ich kürzlich von Klaas

Huizing »Das Ding an sich« über Kant gelesen beziehungsweise über Kants Diener, der sich auf die Reise macht zu den Forschern der damaligen Zeit, die die Aufklärung voranbringen sollen. Eine reizvolle pikareske Erzählung, ein wunderbares, ein heiteres Buch, das nichts Autobiographisches hat, mir aber viel über seinen Autor verrät. Gern gelesen habe ich auch »Die Entdeckung der Langsamkeit« von Sten Nadolny, ein bleibendes Buch, das sehr deutlich macht, wie sich ein junger Autor, ohne sich als Person aufzugeben, in eine zurückliegende Geschichte versetzt, sie aber für unsere heutige Sicht erlebbar macht. Von solchen gelungenen Büchern könnte ich eine ganze Reihe aufzählen.

H. Z.: Haben Sie denn das Gefühl, daß in dieser neueren und neuesten Literatur die deutsche oder auch die Weltgeschichtsphase seit 1989 angekommen ist? Haben wir eine literarische Wahrnehmung, wie das »Weite Feld« sie versucht, die man als gelingende, neugierige, erfahrungsoffene Zeitdeutung bezeichnen könnte?

G. G.: Im deutschen Sprachbereich kommen die interessantesten Sachen aus den neuen Bundesländern, weil dort seit 1989 etwas geschehen ist und weiterhin geschieht, das die Gesellschaft umschichtet, das zu sozialen Brüchen und zu Verlusten führt, zu großen Enttäuschungen, zu aufkommenden, in der DDR lange unterdrückten Emotionen, die manchmal nach rechts hin tendieren. Das alles schlägt sich in der Literatur nieder. Ich erwarte aus dieser Ecke, wenn man sie so bezeichnen kann, eine Menge, und es ist ja auch schon einiges da.

In bezug auf Westdeutschland hat mich immer gewundert, daß wir so wenig Literatur über entscheidende

Jahre haben, die junge Menschen zum Beispiel bei der Bundeswehr oder beim Ersatzdienst verlebt haben. Es gibt so viele ausgesparte Themen. Auch die achtundsechziger Generation, die gesellschaftlich mehr verändert hat, als sie in ihren Spitzen, die andere Ziele hatten, wahrnehmen wollte, hat sich literarisch ungenügend niedergeschlagen.

Es fehlt nicht an Themen, und all die dummen Phrasen vom »Ende der Geschichte« und so weiter, die eine Zeitlang durchs Feuilleton geisterten, widerlegen sich tagtäglich. Was wir allein via Nachrichten in die Stube bekommen: Wir befinden uns zur Zeit in einer Phase, in der drei Großmächte wie paralysiert sind. China erlebt eine Naturkatastrophe von ungeheurem Ausmaß, von der wir noch nicht wissen, wie sie ausgehen wird. Rußland sinkt nach der Rubelabwertung in eine Richtung ab, die niemand diagnostizieren kann. Und in den Vereinigten Staaten bestätigt die Lewinsky-Affäre – nicht einmal eine Bettgeschichte, die müssen das im Stehen oder auf dem Schreibtisch gemacht haben – eigentlich nur die eine Erkenntnis, daß der Kapitalismus vom Puritanismus herkommt. Damit wird die einzig übriggebliebene Weltmacht paralysiert. Sie ist nicht mehr in der Lage, überlegsam, wie Uwe Johnson gesagt hätte, politisch zu reagieren. Terrorgegenschläge wie im Sudan und in Afghanistan – jeder weiß es nach hundertfacher Bestätigung –, können den Terrorismus nicht eindämmen. Viel eher helfen wahrscheinlich kenntnisreiche Leute als Berater, was den Islam und seine vielen Strömungen betrifft. In jedem Fall würden doch handlungsfähige Personen im Weißen Haus mehr nützen als diese Ad-hoc-Reaktionen mit Antiterrorraketen. Ich nenne das nur als Beispiele, daß das Ende der Geschichte keineswegs abzusehen ist.

H. Z.: Es gibt also viel zu beschreiben für die Literatur, nach wie vor. Ein Unterschied mag möglicherweise zu sehen sein im Erziehungsauftrag oder sagen wir in der Moral von Literatur, in der Frage: Wie intentional kann oder muß Literatur im erzieherischen Sinn sein? Hat es die Ästhetik immer noch mit jenem alten »prodesse et delectare« zu tun, dem Erfreuen und dem Nutzen? Was aber, so wäre dann die Frage, ist heute noch das Moralische am Schönen? Oder ist das überhaupt kein sinnvoller Gedanke mehr?

G. G.: Das setzt voraus, daß wir uns erst einmal darüber unterhalten, was »schön« oder »Schönheit« ist oder heißen soll.

H. Z.: Nehmen wir einen Grass-Roman in seiner ästhetischen Gestalt. Er besitzt als solcher eine moralische Qualität, nicht weil er seine Moral plakatiert, sondern weil er ein reizvolles, ein beziehungsreiches Sinn- und Sinnenspiel mit dem Leser vollführt.

G. G.: Vieles, was ich als »schön« empfinde, empfindet eine Vielzahl von Menschen als abstoßend und häßlich. Alte und verbrauchte Menschen haben eine ungeheure Schönheit, die noch zu entdecken ist, die auch noch darzustellen ist. Umgekehrt gibt es hergestellte Schönheit, die langweilig und abstoßend ist.

H. Z.: Ästhetik ist nicht gleichbedeutend mit Geschmack, mit dem gefällig »Schönen«, sondern beschreibt eine gestaltete Form, die zum Beispiel auf spielerische und gewitzte Weise Erkenntnisse ermöglicht.

G. G.: Die sehr frühen, einfachen Formen der Literatur, die Märchen etwa, finden wir, ohne daß man einen Kunstwillen erkennen könnte, im ästhetischen Sinn schön. Zugleich aber sprechen sie teils offen, teils verdeckt Wahrheiten aus, geben Belehrungen. Wenn beides im Verhältnis zueinander steht, dann ist es auch stimmig. Wir haben den elenden deutschen Streit – ich kenne kein anderes Land, wo das so intensiv betrieben wird – zwischen Form und Inhalt. Zumeist ist es bei mir eine Stoffmasse, die mich anregt. Und schon die erste Auseinandersetzung mit dieser Stoffmasse, der Versuch, mich ihr zu nähern, ist eine ästhetische Annäherung. Wie bekomme ich das Ganze zum Klingen? Wie bringe ich es zum Reden? Wie bringe ich es in eine Form? Das eine bedingt das andere, und deshalb kann ich den Streit kaum begreifen. Mich öden Gespräche über Gegensatzpaarungen dieser Art ziemlich an. Das Erkennen und Benennen bedarf keines Kommentars. Aber es gibt Situationen, in denen politische Strömungen, soziale Konflikte hart aufeinanderstoßen und wo sich mühsam und widerspruchsvoll die Position von Recht und Unrecht herauskristallisiert, die dann auch nicht verschwiegen werden darf. Wohlgemerkt, es soll keine draufgesetzte Moral sein, sondern sie muß sich ergeben aus dem, was geschieht oder was geschehen ist oder was man im nachhinein herausfindet, indem man einer Sache nachgeht.

H. Z.: Ich würde zum Beispiel sagen, daß Ihre Ästhetik eine der Weltvergewisserung ist, die sehr wohl von sinnlichen Daten, von sehr haptischen Dingen ausgeht, aber dann doch einen komplizierten Darstellungsweg zu so etwas wie Wahrhaftigkeit nimmt, zu einem Versuch, Welt zu gewinnen. Das gilt schon für »Die Blechtrommel«, im Grunde aber für alle folgenden Romane ebenso. Diese

Ästhetik ist eine forschende, eine Begriffe, Erfahrungen und Meinungen öffnende, eine diskutierende, relativierende, in der Schwebe haltende. Das ist für mich, zumal Sie alles in einem stilistisch sehr differenziert modulierten Schreibaroma ausbreiten, Ästhetik.

G. G.: Wir sprachen anfangs von meinen vielen Enkelkindern. Indem ich sie jetzt erlebe, erinnere ich mich, wie es mit meinen Kindern war. Ich habe immer bewundert, wie Kinder, wenn sie anfangen zu sprechen, die Welt in ihrem nächsten Umkreis entdecken und benennen, nach dem Wort suchen, merkwürdige Zusammenhänge feststellen, Dinge sehen, die ich nicht mehr sehe, auf die sie mich aufmerksam machen, ohne mich an die Hand zu nehmen. Mit den Enkelkindern werde ich wieder zum Mitentdecker, was für mich eine große Bereicherung ist. Es kennzeichnet den Künstler – ich rede jetzt nicht nur von Schriftstellern –, daß er im Frühjahr zur Küchentür hinausgeht und sich einen Ast anschaut. Er sieht dort die Knospen herauskommen, wie sich der eine Ast aus dem anderen organisch entwickelt. Im Zweifelsfall fällt der Natur an Formen, an Überraschungen immer mehr ein als uns. Besonders dann, wenn man eine eigenständige, stark ausgeprägte Phantasie hat, lohnt es sich, seine Einbildungskraft immer wieder der Kontrolle der Natur in ihren verschiedensten Erscheinungsformen zu unterwerfen. Den kindlichen Blick, die Fähigkeit des Erstaunen-Könnens bewahre ich mir nach wie vor, wenn auch vielleicht reduziert.

H. Z.: Beschreibt das, was Sie sagen, nicht auch ein wenig die Genreentwicklung bei Ihnen? Ausgehend von der

Bildhauerei und Malerei, vom Zeichnen über die Lyrik hin zur Prosa – also von der haptischen, überschaubaren Wahrnehmung des Unmittelbaren, dessen Verzweigung und Wahrhaftigkeit allerdings erst mit dem epischen Großinstrumentarium zu gewinnen ist. Ist das nicht eine Art innere Logik Ihrer Werkbiographie?

G. G.: Aber auch immer wieder die Rückbesinnung nicht auf Hegel, sondern auf die Lyrik, auf das, was bei mir der Anfang des Schreibens gewesen ist. Ähnliche Rückgriffe gibt es im grafischen Bereich. Wenn ich mich zu lange mit Radierungen beschäftigt habe und merke, daß sich ein gewisser Manierismus einschleicht, gehe ich zur Bleistiftzeichnung zurück oder zur Kohlezeichnung, oder – und das ist nach fünfundzwanzig Jahren Pause ein Glücksfall für mich – ich beginne wieder zu aquarellieren. Diese Dinge hindern mich daran, Langeweile aufkommen zu lassen, obgleich vieles dazu angetan ist, mich zu langweilen.

H. Z.: Wir haben über die Literatur als Erkenntnisgewinn, als Form der Wirklichkeitsvergewisserung gesprochen. Herr Grass, die Krise des Erzählens ist nichts Neues im zwanzigsten Jahrhundert. Sie hat eine reichhaltige Theoriedebatte hinter sich, es gibt für sie, von Hofmannsthal, Rilke, Joyce bis zu Döblin und anderen, wichtige ästhetische Dokumente in der Literatur. Oft ist vom Zerfall konsistenter Wahrnehmung, von der Auflösung der Ich-Perspektive, ja aller personalen Erfahrung gesprochen worden. Ich finde erstaunlich, wenn ich mir die epische Textur der »Blechtrommel« anschaue – für »Die Vorzüge der Windhühner« gilt das auf andere Weise und im anderen Genre ähnlich –, wie hochdifferenziert und wie früh

Sie auf die modernen Krisenphänomene des Erzählens reagieren. Wo kam das her? Konnte das aus der künstlerischen Arbeit am plastischen Gegenstand überhaupt kommen?

G. G.: Ich will darüber nachdenken. Sehen Sie, als ich siebzehn oder achtzehn Jahre alt war, bei Kriegsende, gab es nur eines, das für mich feststand: Ich will ein Künstler werden. Das ging in Richtung bildende Kunst, aber ich schrieb schon in der Zeit, äußerst epigonal. Auch das Zeichnen war ein bloßes Tasten. Und dann ist mir etwas widerfahren, was vielen meiner Generation, insbesondere in Deutschland, widerfuhr. Durch die Verbote der Nationalsozialisten waren wir von den künstlerisch-ästhetischen Entwicklungen abgeschnitten gewesen. Nun auf einmal war das alles da, war sichtbar und greifbar, und zwar in allen Facetten. Alles war schon gemacht. Alles war besetzt. Das Lesen ging zwar langsamer als das Schauen, doch für die Literatur traf das gleiche zu. Und dennoch meinte ich etwas sagen zu müssen, etwas erzählen zu müssen, etwas darstellen zu müssen.

Vielleicht ist bei mir durch die handwerklich-praktische Ausbildung als Steinmetz und Steinbildhauer einiges in Gang gekommen. Auch als Kunststudent war ich immer an Lehrer gebunden: anfangs in Düsseldorf an die, die ich vorfand für die Erstsemester, im zweiten Jahr habe ich mir schon selber einen gesucht, das war Otto Pankok, und in Berlin dann Karl Hartung und noch einen weiteren, mit dem ich freundschaftlich verkehrte, nämlich Ludwig Gabriel Schrieber. Ich hatte immer ein Verhältnis zu Meistern, was voraussetzt, daß man etwas lernen will. Entsprechend war ich in den handwerklichen Dingen ganz gut drauf und versuchte mich spielerisch. Auch im Schreiben begann ich mich langsam von dieser merkwürdigen Mischung aus Trakl und Ringelnatz zu lösen, um nur zwei Namen zu nennen.

Durch den Ortswechsel von Düsseldorf nach Berlin – ich war Mitte Zwanzig –, war ich auf einmal aus diesem beginnenden Wirtschaftswunderland heraus und war wie zurückgeworfen in die unmittelbare Nachkriegszeit in Berlin. Es entstanden die ersten Texte, von denen ich sagen konnte: Das sind deine eigenen. Dann entstanden Einakter, auch sehr spielerischer Art. Mit lauter kunstvollen Übungen, die aber ganz meine eigenen waren, umging ich immer ein Thema, das ungestalt, mit lauter Geröllzungen hinter mir und vor mir und seitlich von mir lag. Das konnte man nur tänzerisch umgehen. Interessanterweise hatte in dem Fall zwar kein Meister, aber ein älterer Kollege aus der Gruppe 47 erheblichen Einfluß auf mich: Paul Schallück, der ganz im Schatten von Böll stand, aber ein guter Erzähler war. Schallück hatte gehört, daß ich vorhatte, nach Paris zu gehen. Ich besuchte ihn in Köln und erzählte ihm, daß da ein Stoff vorhanden sei, der mit Danzig zu tun habe und mit meinen Kindheitserfahrungen, was aber gleichzeitig nichts Autobiographisches zu bedeuten habe, sondern etwas, was gegen die vielen schummrigen Nachkriegsbilder vom »dunklen« Deutschland gerichtet sei. Schallück sagte: Das mußt du schreiben, dem kannst du nicht ausweichen. Daß du begabt bist, hast du uns bei der Gruppe 47 ein paarmal bewiesen, mal mit Theaterstücken, mal mit Lyrik, mal mit einem kurzen Stück Prosa; jetzt mußt du Ernst machen. Er hat mich ermutigt. Es war ja nicht einfach damals, mit sehr wenig

Geld nach Paris zu gehen. Aber ich begann und fand meine eigene Form, die nicht verschweigt, daß all das an großen Erfindungen schon geleistet worden war.

H. Z.: Und die damit auch spielt ...

G. G.: Ja. Im Lauf der Jahre hat sich immer mehr herauskristallisiert, was ich später »Vergegenkunft« genannt habe: die Schreibentdeckung, Schreiberfahrung, wie sehr wir im Korsett der Chronologie gefangen sind, wie gut es ist, sie notfalls aufzuheben und dabei nicht bloß mit der Rückblende zu operieren, sondern die Präsenz der Vergangenheit in der Gegenwart und das Vorlappen der Zukunft in die Gegenwart hinein deutlich zu machen.

H. Z.: Hat das auch einen Zusammenhang mit der für Sie typischen Rollenprosa? Auch da, wo Sie »Ich« sagen, schreiben Sie Rollenprosa oder spielen zumindest mit deren Ausdrucksmöglichkeiten. Ist vielleicht der experimentelle Grad von Rollenprosa höher als der autobiographische Erzählzugang?

G. G.: Ich könnte gar nicht autobiographisch schreiben, weil ich sofort ins literarische Lügen geriete. Ich bringe mein Ich ins Spiel ein und bin mir dabei bewußt, daß ich in diesem Moment beispielsweise im »Butt« zu einer fiktiven Figur werde. Das ist auch der Reiz der Sache. Autobiographische Bücher sind dann schön und wichtig, wenn jemand reich ist an witzigen Anekdoten und Beobachtungen wie ein Kortner zum Beispiel. Solche Bücher lese ich gern. Sie zwingen mich nicht, zu überprüfen, ob das, was erzählt wird, wirklich wahr ist. Um jetzt einen Sprung zu machen: Diese gouvernantenhafte Aufregung darüber, daß an Hermlins autobiographischen Darstellungen dieses und jenes nicht stimmt, ist die nicht schrecklich?

H. Z.: Schon in der »Blechtrommel«, das gilt in anderer Weise auch für die »Windhühner«, habe ich mit Erstaunen die Ironie wahrgenommen, das Spiel mit falschen Idyllen, die Mehr- und Gegenstimmigkeit, die Komik und Groteske Ihrer Romane, auch die satirischen und phantastischen Elemente, etwa im »Butt«. Auf der anderen Seite gilt immer wieder Ihr Bekenntnis zum Gegenständlichen, zum unmittelbar Sinnlichen, zu dem, was wirklich erfahrbar ist, was nicht mit Ideen behangen ist. All das im Blick, bin ich sehr früh, auch aufgrund eigener Vorlieben, auf die Geistesphysiognomie eines Aufklärers vom Schlage Lichtenbergs gekommen. Bei dem lese ich zum Beispiel, man müsse mit »Irrthümern« Wahrheit machen oder mit »Ideen experimentieren«, man müsse das »heuristische Hebzeug« finden, um sichtscharf zu denken. Ich möchte dafür plädieren, die Aufklärungsrezeption bei Grass vorzudatieren. Programmatisch beginnt sie irgendwann Mitte der sechziger Jahre. Ich finde aber, schon Oskar ist ein Aufklärungsexperiment!

G. G.: Ganz gewiß. Nur ist Rabelais dann sicher auch ein früher Aufklärer gewesen, und da komme ich her.

H. Z.: Bisher hat man Ihr Frühwerk weitgehend dem Surrealismus oder dem Absurdismus zugeschlagen. »Die Blechtrommel« hat gewiß einiges von diesen intellektuellen Zeitaromen, aber sie ist von ihrer konstruktiven Erzählfülle und Erzählintelligenz, von ihrer Intention her ein auf besondere Weise »vernünftiges« Denk- und Welterfahrungsunternehmen, eben ein Aufklärungsexperiment.

G. G.: Oskar Matzerath ist natürlich schon eine Vorform des Prinzips »Zweifel«. Der ungläubige Thomas, der den

Finger in die Wunde legt, war immer einer meiner liebsten Apostel. Dies alles gehört bei mir dazu und war lange vorgeformt, bevor ich mich mit Lichtenberg und der Aufklärung intensiv befaßt habe. Ich war darauf präpariert. Aber ich will noch eingehen auf die Komik. Selbst aus den Gegenständen heraus, das ist vielleicht eine Eigenart bei mir, läßt sich Komik entwickeln. Wenn Sie einen alten Schuh auf eine Briefwaage stellen, ist das komisch. Es paßt merkwürdigerweise zusammen; die Waage schlägt ganz wild aus. Diese Art der Konfrontation von Dingen, die einander fremd sind und die ich dann doch zum Bild überliste – nicht zwinge –, zu etwas, das miteinander korrespondiert, ist für mich ein Spaß, bei dem sicherlich mein Vergnügen an der barocken Emblematik eine Rolle spielt, deren Wurzeln in der Renaissance liegen. Nehmen Sie Dürers Kupferstich »Melencolia I«, der voll merkwürdiger Gegenstände ist, die gegeneinander stehen und der Entschlüsselung bedürfen. Panofsky und Saxl, wenn wir solche Leute in der Literaturkritik hätten, mein Gott!

II. Deformation der Vernunft – Zwischen Nazidiktatur und neuem Biedermeier

HARRO ZIMMERMANN: Herr Grass, vor zwei Jahren haben Sie geschrieben: »Die Bücher sind komplexer und gewiß reicher, wenn nicht klüger als der Autor.« Das dürfte insbesondere für literarische Bücher gelten, die aufgrund ihrer Fiktionsstruktur und ästhetischen Vieldeutigkeit gewissermaßen originäre Reflexions- und Wahrheitskräfte besitzen. Bislang haben Sie es strikt abgelehnt, eine Autobiographie zu schreiben, mit dem Hinweis darauf, daß Sie nicht Ihr subjektives, sondern Ihr »zeitgenössisches Ich« in den historischen Schnittstellen darstellen möchten, was Sie viel besser als fingierender Autor könnten – wir haben das schon kurz angesprochen. Aber ein Oskar Matzerath in der »Blechtrommel« – das sind doch auch Sie! Noch einmal also: Warum muß ein gelebtes Leben diesen komplizierten ästhetischen Gestaltwandel durchmachen?

GÜNTER GRASS: Der Entwurf einer literarischen Arbeit – Erzählung oder Roman oder auch eine Folge von Gedichten – setzt voraus, daß der Autor, also in diesem Fall ich, sich ein poetisches Reizklima schafft, das das letzte von ihm abfordert, das ihn im Verlauf des Arbeitsprozesses regelrecht Schicht um Schicht abträgt. Je mehr die Arbeit am Manuskript fortschreitet, um so mehr wird der Autor zum bloßen Instrument. Er ist zwar der Urheber, indem er dieses Reizklima geschaffen hat, das dazu beitragen soll, ihn abzutragen, aber er ist auch gleichzeitig der Gegenstand, der mehr und mehr abgetragen wird. Wenn das Ganze am Ende gelungen sein soll, ist er erschöpft oder ausgeschöpft, leer.

Deshalb ist das Ergebnis der oft jahrelangen Arbeit am Ende vielschichtiger, als der Autor, wenn er darüber reflektiert, jemals begreifen oder erklären könnte. Das bliebe im günstigsten Falle anderen überlassen, dem Leser vor allem, der sich aber in der Regel, abgesehen von Leserbriefen, kaum äußert. Wie überhaupt der Leser das unerforschteste ist, was wir haben, Gottseidank vielleicht. Aber dort, wo er sich zu Wort meldet, in der Literaturkritik und der Literaturwissenschaft, kommt es darauf an, ob der Rezensent oder der Literaturwissenschaftler bereit ist, sich auf ein Werk so einzulassen, daß ihm dieses Reizklima gleichermaßen widerfährt. Dann erst kann eine Korrespondenz entstehen. Das meine ich mit dem, was Sie zitiert haben: daß der Autor, wie ich es in einem Aufsatz über das Entstehen der »Blechtrommel« formuliert habe, in jedem Fall ein »fragwürdiger Zeuge« ist.

H. Z.: Ist es legitim, an dieses poetische Reizklima, das der Autor in seinem Buchprojekt erzeugt, die Frage nach der historischen Authentizität zu richten? Gibt es zu Recht einen Ansatz zur Überprüfung der Fiktion an geschichtlicher Realität? Womit wir doch wiederum bei der Autobiographie des Autors wären.

G. G.: Ich habe mich oft gefragt, was meine Antriebskräfte sind, und mir auch im Verhältnis zu anderen Autoren deutlich zu machen versucht: Was hat die dazu gebracht, sich ein halbes Jahrzehnt und noch länger zu vergraben oder Stoffe über ein Jahrzehnt herumzutragen, bis dann auf einmal das zündende Moment da ist? Es handelt sich oft um private, nahezu primitive Antriebsmotoren: Ehrgeiz, dem Vater, der nie an den Sohn oder die Tochter geglaubt hat, zu zeigen, daß da etwas drin ist. Einer Institution, sei es Schule, sei es Universität – dort, wo man vielleicht im Privatleben nach bürgerlichem Maßstab versagt hat –, den Gegenbeweis zu liefern. Das reicht natürlich nicht aus, um ein Buch zu schreiben, aber als tüchtiger, gelgentlich stotternder Antriebsmotor ist das gar nicht so schlecht.

Bei mir kommt noch, wenn ich an »Die Blechtrommel« und »Hundejahre« zurückdenke, der Zorn hinzu, in den fünfziger Jahren zu erleben, wie fleißig Geschichtsfälschung betrieben wurde, wie verdrängt wurde, wie eine Legende dankbar aufgegriffen wurde und Fuß faßte, nach der es sich um ein armes, verführtes deutsches Volk gehandelt haben soll, das von bösen Geistern in schwarzen Uniformen mit dem Totenkopf verleitet worden sei. Das wußte ich aus meiner kindlichen und jugendlichen Erfahrung anders.

Jetzt einmal unabhängig vom Schreiben betrachtet, war es in den ersten Nachkriegsjahren ein sehr langsamer, mich und viele meiner Generation betreffender Prozeß, sich von der nationalsozialistischen Erziehung zu lösen, den Blick freizubekommen, sich ein eigenes Bild zu machen. Das ist, in Parenthese gesagt, im Westen schwieriger gewesen als im Osten; deshalb aber vielleicht auch gründlicher. Ich war achtzehn, als ich, aus der Kriegsgefangenschaft entlassen, auf die freie Wildbahn geworfen wurde, und im Westen gab es kein Ersatzideologieangebot. Ich mußte, wie viele andere auch, mich selber bilden und mit vielen Umwegen und Irrtümern rechnen oder mich von ihnen überraschen lassen, denn ich habe natürlich nicht damit gerechnet. Ich habe mit Schriftstellerkollegen und anderen gesprochen, die – mein Jahrgang etwa – diese Jahre in der sowjetisch besetzten Zone beziehungsweise der 1949 gegründeten DDR gelebt haben. Dort gab es von Anfang an ein Ideologieangebot, das von vielen dankbar übernommen wurde, um das Vakuum nach 1945 auszufüllen. Sie haben das Braunhemd aus- und das Blauhemd der Jungen Pioniere angezogen. Deshalb ist diese Generation in der DDR auch viel früher als die westdeutsche zu fix und fertigen Meinungen und Ansichten gekommen, was sich später gerächt hat. Viele haben den Prozeß des Sich-frei-Machens nachholen müssen.

Wenn ich ein wenig aushole und mir – nur vom Zeitpunkt des Erscheinens der Bücher her – die westdeutsche Literatur ansehe, so setzt sie sich, wenn auch mit einer gewissen Verspätung, ab Mitte der fünfziger Jahre mit der deutschen Vergangenheit auseinander, während die westdeutsche Gegenwart der fünfziger und sechziger Jahre allenfalls – auch bei mir – als Erzählposition in Erscheinung tritt. Es wird zwar aus den fünfziger, aus den sechziger Jahren heraus erzählt, aber rückgewendet. In der DDR dagegen gibt es schon sehr früh Bücher, die die Aufbauphase der DDR zum Thema haben. Bei diesen Büchern hatte man das Gefühl: Die haben den Faschismus schon längst bewältigt, sie können sich jetzt der Gegenwart zuwenden – was eine Täuschung gewesen ist. Deswegen sind die »Kindheitsmuster« von Christa Wolf zwei Jahrzehnte später entstanden. Auch bei Hermann Kant kann man beobachten, wie er erst zu einem relativ späten Zeitpunkt dazu kommt, rückwirkend noch einmal

an die Geschichte heranzugehen, also einen Prozeß ein-
zuleiten, der – was die westdeutschen Autoren betraf –
schon in den fünfziger und sechziger Jahren stattgefunden
hat.

H. Z.: Den Versuch, Authentizität in der Literatur zu gewinnen, mit fiktionalen Mitteln Geschichte und Gegenwart
zu durchleuchten, aufzuklären, den haben Sie mit der
»Blechtrommel« sehr früh unternommen. Lassen Sie uns
einmal in die Figur Oskar Matzerath hineinsteigen, weil
die in exemplarischer Weise Ihre Reflexionsanstrengun-
gen und Ihre künstlerische Leistung deutlich macht.
Oskar ist so etwas wie ein Möglichkeitswesen, von dem
man nicht ganz genau weiß, wessen Sohn er eigentlich ist
und ob er selber einen Sohn gezeugt hat, dessen Körper-
form eine gewisse Abnormität aufweist. Er ist so etwas
wie eine verfremdete Existenz, eine Erzählsonde, in ihr
bricht sich das Allgemeine im Singulären. Mit Oskar
haben Sie offensichtlich Ihr Programm der »Entdämoni-
sierung« zu realisieren versucht. Ist diese Kunstfigur
namens Oskar eigentlich – das ist ja oft behauptet worden – aus der pikaresken Romantradition abgelesen, oder
steckt in ihm vor allem ein Problem Ihrer originären
Wirklichkeitsanalyse?

G. G.: Vor mir lag diese unbewältigte Stoffmasse, und es
fehlte ein hellwacher Erzählerblick, ein unbestechlicher,
ein abseitiger, aber doch mitten im Zentrum des Gesche-
hens stehender. Die Leseerfahrung im Umgang mit dem,
was man pikaresken Roman nennt, ist mir dabei sicher
behilflich gewesen. Das Angebot, das aus der pikaresken
Literatur kommt, altert ja nie, ist stets erneuerbar, weil es
den jeweils notwendigen Hohlspiegel liefert oder auch

verschiedenartig geschliffene Spiegel, um eine Zeit, die sich hübsche Ansichten zurechtgelogen hat, wie in einem Spiegelkabinett zu entzerren. Das war der Zustand der fünfziger und sechziger Jahre, wo die Dinge und die Begriffe schon wieder ganz fest gezurrt waren. Es wurde von einer »Stunde Null« gesprochen, obgleich jeder angesichts der fließenden Übergänge, deren Konsequenzen bis heute reichen, wissen konnte, daß es nie eine gegeben hatte. Wenn uns damals jemand prophezeit hätte, wir würden bis zum Ende des Jahrhunderts immer wieder von dieser Vergangenheit eingeholt werden, wäre der Begriff »Bewältigung«, der ja gut gemeint war, nie in Umlauf gekommen. Mittlerweile hat sich herausgestellt, daß die Vergangenheit nicht zu bewältigen ist. Es wird eine permanente Sisyphos-Anstrengung bleiben. Wenn man meint, jetzt hätten wir Klarheit geschaffen, wie es zu Auschwitz hat kommen können, stehen wir schon wieder am Fuß des Berges und müssen neu ansetzen, neu überlegen, neu begründen, abermals die so sicher und fest gezurrten Zusammenhänge auseinanderdröseln, ein mühsamer Prozeß.

In der Literatur jedoch gibt es die Möglichkeit des Erzählens, eines ganz anderen Umgangs mit Geschichte – eine Möglichkeit, die dem Historiker, der auf seine Art an eine abgelebte Periode herangeht, nicht zur Verfügung steht. Was wüßten wir vom Dreißigjährigen Krieg, wenn wir nur auf die Historiker angewiesen wären und nicht unseren Grimmelshausen hätten, der aus der Perspektive von unten, aus der Sicht der Betroffenen, der Beteiligten, der in die kleinen und großen Verbrechen Verwickelten erzählt; nicht abgehoben als Sieger, als Rechthaber, sondern mittendrin im Geschehen. Das war meine Oskar-Perspektive, die ich benötigte.

Wir werden nicht darum herumkommen, daß unser Gespräch bisweilen ins Anekdotische abgleitet, aber das ist vielleicht erhellend. Während der Entstehung der »Blechtrommel« traf ich gelegentlich, wenn ich im Tessin arbeitete, Alfred Andersch. Ich hatte mit Gewinn seine »Sansibar«-Erzählung gelesen, hatte aber ein paar kritische Bedenken. Als junger Autor war ich ohne Scheu, dem sehr bekannten und sehr herrisch auftretenden Alfred Andersch gegenüber diese Bedenken zu äußern. Die gipfelten darin, daß ich nicht begreifen wollte, weshalb er die Flüchtlinge, die in seinem Buch aus gutem und edlem Grund das Land verlassen müssen und wollen, sehr genau und liebevoll schildert und die Bösen, die Verfolger, immer nur die »anderen« nennt, weshalb er also nicht in die literarische Differenzierung hineingeht. Andersch reagierte auf meine Frage sehr unwirsch und sagte: Mit diesem Verbrechervolk will ich nichts zu tun haben, das sind für mich die anderen, damit befasse ich mich nicht weiter. Und ich war so frech und kühn zu sagen: Das müssen Sie aber als Schriftsteller. Damit war ein Krach zwischen Andersch und mir zementiert, der nie aufgehört hat. Bis in spätere Jahre hinein hat er die grundsätzlich andere Einstellung zur Literatur, die ich einnahm, nie verwunden.

H. Z.: Oskar ist in diesem Sinne auch ein Täter, er ist keineswegs nur eine leidende Figur.

G. G.: Ja, ganz gewiß. Er ist Spiegel und Ausdruck seiner Zeit. Die Bestialität, die Infantilität und die Verbrechen, die aus dem Nicht-erwachsen-werden-Wollen entstehen –

was eine ganze Periode betrifft –, all dessen ist er Ausdruck. Er ist Mit-Handelnder, nicht nur Betrachter.

H. Z.: Lassen Sie uns die Kunstfigur Oskar noch ein wenig genauer sezieren. In ihn sind eine ganze Reihe von Beobachtungen, Reflexionen und Wertungen eingegangen. Er ist, so haben Sie einmal geschrieben, der »Vernunft mißratenes Kind«. Andererseits verhält er sich ja keinesfalls unvernünftig ...

G. G.: Er ist eines der Ungeheuer, die entstehen, wenn die Vernunft schläft.

H. Z.: War Ihnen schon Ende der fünfziger Jahre die scharf widersprüchliche Aufklärungsproblematik, die darin steckt, so deutlich?

G. G.: Mir war klar, daß dieses überdimensionale Verbrechen nicht Ergebnis eines bestialischen spontanen Pogroms gewesen ist, nicht von einem Volk vollbracht wurde, das in Unwissenheit lebt und sich nur an Atavismen orientiert, sondern von einem partiell aufgeklärten Volk mit einem seit Jahrhunderten gängigen und allerorts bewunderten und sich reformierenden Schulsystem. Alles im Sinne der europäischen Aufklärung, die sich, das darf man nicht vergessen, nie als deutsche oder englische oder französische, sondern von Anbeginn als europäische Bewegung begriffen hat – ein Verständnis, das uns zur Zeit, wo wir viel von Europa und von europäischem Geld reden, fehlt. Wir sind unterhalb des Organisationsniveaus des achtzehnten Jahrhunderts, das sich übrigens schon in der Barockzeit im siebzehnten Jahrhundert vorbereitet hat.

Und dennoch geschieht Auschwitz. Also ist auch die Aufklärung anfällig für das Ungeheuerliche. Entsprechend

hatte ich mir neben dem Schreibprozeß ein richtiges Lese-
programm auferlegt. Schon als sehr junger Autor habe
ich Montaigne gelesen und habe gesehen, wie dieser
Skeptiker bei allem Kampf gegen Scholastik und Aberglauben – der in seiner Umwelt nicht nur vorhanden,
sondern bis in die Religionskriege hinein schrecklich
wirksam gewesen ist – doch immer einen gewissen Respekt vor dem hatte, was dann hinterher aus der Sicht der
Aufklärung als Irrationalität diffamiert wurde. Nicht daß
er dies bejahte, aber er nahm es wahr. Er wußte, daß man
damit sehr sorgfältig umgehen muß, denn das Irrationale ist nicht zu eliminieren oder zu begradigen, es bricht
wieder aus. Erst der spätere Prozeß der Aufklärung, die
Inthronisierung und die Vergöttlichung der Vernunft, hat
die von Anbeginn vorhandenen Hinweise eines Montaigne mißachtet oder vergessen. Bei Lichtenberg gibt es
ähnliche Hinweise. Aber es gab auch das große Heer der
»Aufklärichte« in all diesen Ländern, die heftig dazu beigetragen haben, die Vernunft zu verabsolutieren. Bis in
unsere Tage hinein ist mit ihr, wenn Fortschritt zu definieren war, immer nur der technische Fortschritt identifiziert worden.

Ich mache jetzt einen gewaltsamen Sprung. Im Sinne der
Aufklärung ist Auschwitz natürlich ein Fortschrittspro-
dukt. Noch nie ist so planmäßig, effektiv, in relativ kurzer Zeit, dabei Spuren beseitigend, Massenmord betrieben worden. Wir müssen mit Erschrecken erkennen, daß
Auschwitz – unter anderem, nicht nur – ein Produkt der
Aufklärung ist.

H. Z.: Ich finde es sehr interessant, wie Sie versuchen, die
philosophische oder die erkenntniskritische Logik, die in

der Oskar-Figur steckt, zu beschreiben. Mir ist Oskar bei der Lektüre einerseits wie das Kantsche »krumme Holz« vorgekommen, andererseits habe ich sehr bald die Lichtenbergsche Physiognomie vor mir gesehen. Wie sehen Sie heute das Spannungsverhältnis von Absurdismus – über Ihre Camus-Rezeption wollen wir später noch sprechen – und diesem aufklärerischen Aspekt, der in den sechziger und siebziger Jahren bei Ihnen noch sehr viel stärker werden sollte?

G. G.: Als ich, der als Lyriker begonnen hatte, anfing, mir Prosa zuzumuten, ohne zu wissen, wo die Reise hingehen wird, war eines natürlich Voraussetzung, wovon wir noch gar nicht gesprochen haben, nämlich die Frage: In welcher Sprache geschieht das? Ich bin in den fünfziger Jahren inmitten von Auseinandersetzungen literarischer Art aufgewachsen – Stichworte sind die Gruppe 47 und die Kahlschlagliteratur. Es handelte sich um lauter begründete Versuche, aus der beschädigten deutschen Sprache herauszukommen, ihr gegenüber wieder ehrlich zu werden, was zur Kargheit führte. Das ist sicher notwendig gewesen. Doch das reichte mir nicht, und das reichte vielen meiner Generation nicht. Wir konnten nicht zulassen, daß diese wunderbare Sprache nachträglich unter Hausarrest gestellt, schuldig gesprochen wurde, weil sie von so vielen mißbraucht und verunstaltet worden ist. Mir kam es darauf an, alle Register zu ziehen, die diese Sprache hat. Dafür waren natürlich Figuren wie Oskar Matzerath oder das Freund-Feind-Duo Matern und Amsel in den »Hundejahren« wie geschaffen.

Die Dualitätskompositionen, die die deutsche Geistesgeschichte durchziehen, das Dionysische und das Apollinische etwa, haben mich sehr interessiert. Etwas Derartiges vollzieht sich auch in der Geschichte und in der Figur eines Oskar Matzerath, und zwar auf seine Art und Weise: indem Oskar sich das mit einer Mischung aus Goethes »Wahlverwandtschaften« und Rasputin selbst zurechtschustert. Wenn Sie sich erinnern, wie er seine Fieberträume hat und Goethe und Rasputin gegen Kriegsende als Karussellbetreiber eine Rolle spielen, da wird der Kampf des Rationalen mit dem Irrationalen, der ja bis in die Aufklärung hineinreicht, bildhaft deutlich und in Sprache eingefangen.

H. Z.: Das Kernproblem, diese ätzende, hellwache und künstlich-skeptische Sprache zu finden und damit auch eine Verlebendigung und Reinigung des Deutschen zu versuchen, bestand vor allem in dem Ziel, die schaurigen Perversionen der Aufklärung, die Nazimythen, die in den Köpfen der Deutschen noch immer waberten, erkennbar zu machen und abzutragen. So wenigstens habe ich den Roman (wieder) gelesen.

G. G.: Ich glaube nicht, daß das mit dem herkömmlichen Realismus zu leisten gewesen wäre. Mich hat es immer wieder amüsiert, mit welcher Leichtfertigkeit literarische Figuren von der Kritik im herabsetzenden Sinn als Kunstfiguren abgetan werden. Im günstigsten Fall sind sie Kunstfiguren und müssen es sein. Natürlich ist ein Don Quichote eine Kunstfigur, »Moby Dick« ist voller Kunstfiguren, vom Kapitän bis zum Walfisch. Ungeheure Raffungen von Erfahrungen, Entwicklungen und Gegenentwicklungen werden personifiziert in einer Gestalt, werden – der Ausdruck mag untauglich sein – zur Kunstfigur.

Ich begann mit der Schwierigkeit, daß der abschildernde realistische Schreibprozeß dafür nicht ausreichte. Er konnte hilfreich werden, was manche vorbereitende Passagen betraf – und es wird immer guttun, sich auf den realistischen Blick zu besinnen, erst hinzuschauen und dann zu schreiben –, aber gleichzeitig ist natürlich die Überhöhung, die Ballung von vorhandenen Energien notwendig, wenn man so mörderisch wahnwitzige Tendenzen aufzeigt, die viele historische Prozesse ins Absurde und ins Verbrecherische führen. Diese Ballungen, diese Kunstfiguren mit ihrem Arsenal von gauklerischem Werkzeug und Spielzeug, bringen all das wie Konkav- und Konvexspiegel ins Bild.

H. Z.: Würden Sie konzedieren, daß in der »Blechtrommel« absurdistische und surrealistische Elemente verwoben worden sind, um diese Groteske herzustellen, um die scharfe Distanz von Erzählfigur und Umwelt zu erzeugen?

G. G.: Das kommt darauf an. Ich kann Ihnen zustimmen, wenn Sie das, was von außen her gattungsbezeichnend »absurd« genannt wird, als Teil unserer Realität anerkennen und nicht als etwas der Realität Fremdes. Denn bei mir gehört ganz gewiß die Einsicht dazu, daß ich Geschichte in ihrem Verlauf nicht als einen vom Hegelschen Weltgeist gerittenen Prozeß ansehe, ständig auf dem Weg des Fortschritts, sondern als einen absurden, der Vernunft spottenden Prozeß, der immer wieder belegt, wie sehr wir aus der Geschichte lernen sollten und wie unfähig wir zugleich sind, aus der Geschichte zu lernen; wie wir zwar mit wechselnden und fortgeschrittenen Waffensystemen, aber gleichbleibend mörderisch tätig bereit sind, Konflikte gewaltsam zu lösen, bis in unsere Tage hinein. Wenn man wie ich mit Mitte oder Ende Zwanzig, also sehr früh, zu diesen noch verschwommenen Einsichten kommt und sie schreibend an sich selber ausprobiert, um zu solchen Ergebnissen zu gelangen wie »Blechtrommel« und »Hundejahre«, wird das Absurde nicht etwa als eine Zutat ästhetischer Art hineingefügt, um das Ganze möglichst interessant zu machen, sondern das Absurde ist Teil der Realität, Teil dessen, was dargestellt werden soll.

H. Z.: Für mich sind die Traditionsbezüge der »Blechtrommel«, vom Geist der Erzählung und von der Raffinesse der Konstruktion her, zum Beispiel bei Laurence Sterne oder Jean Paul zu suchen. Wenn man sich einmal die Erzählstrukturen genauer ansieht, die Wahrheitsspiele, die da getrieben werden mit Spruch und Widerspruch, wie Oskar erzählend und reflektierend mit sich selber und mit dem Leser spielt, wie Wirklichkeitsbezüge in die Schwebe gesetzt werden, wie es zu Zweifelskapriolen schon hier kommt, wie sich überhaupt diese »fragwürdige Existenz«, so haben Sie Oskar einmal genannt, um Welt und Wirklichkeit bemühen muß, dann kann man auch auf dieser Ebene nur noch einmal den aufklärerischen, hoch entwickelten Roman als Traditionsvorbild und -typus herausheben. Für mich ist erstaunlich, wie stark schon der ganz frühe Grass in dieser Tradition steht. Teilen Sie diese Eindrücke?

G. G.: Wir sprachen über den nachweisbaren Einfluß des pikaresken Romans. Aber für mich war »Die Blechtrommel« auch eine spöttisch-spielerische Auseinandersetzung mit dem, was man in Deutschland »Entwicklungsroman«

nennt, wobei die Antwort auf den Entwicklungsroman gleich zu Anfang gegeben wird: Der Held ist entwickelt, er ist fertig, sein Weltbild ist fertig. Was sich weiterentwickelt oder abrollt, ist der Prozeß der Geschichte, dem Oskar mit seinem fertigen Weltbild ausgesetzt ist. Das führt zu einem spielerischen Umgang, wie überhaupt in der »Blechtrommel« und noch stärker in den »Hundejahren« mit vorgefaßten Entwicklungen und Meinungen gespielt wird: Sei es im Goethe-Rasputin-Wechselspiel, sei es in Oskars Umgang mit der eigenen Entwicklung, was den Künstlerroman im Roman auf die Spitze treibt. Er merkt auf einmal, wie er – sich perfektionierend – nicht mehr Glas zersingt, um sich zu schützen und eine Distanz zur Erwachsenenwelt zu erreichen, sondern anfängt, Glas kunstfertig zu zersingen. Ein ähnlicher Prozeß findet in den »Hundejahren« statt, wenn Eddi Amsel Vogelscheuchen baut. In beiden Romanen geht es auch um die Parodie und die Ad-absurdum-Führung des Künstlerromans.

H. Z.: Und um den Versuch, Bewußtseinsmaterialien zu bearbeiten, Figurationen des Zeitgeistes zunächst einmal als gegeben hinzunehmen und dann im Rückgang ihre Desillusionierung zu betreiben. Das scheint mir das Konstruktionsmuster zu sein. Sie wollen den Leser hineinziehen in die Irritation, ihm zunächst einmal eine vielleicht ideologische Gegebenheit anbieten und ihm genau die sukzessive wieder nehmen, in Zweifel setzen, auflösen.

G. G.: Zunächst einmal ist das ein Vorgang, den ich in mir selber vorgenommen habe, um meine eigenen Sicherheiten zu erschüttern. Nur wenn der Autor bereit ist, sich selbst zu verunsichern, also bereit ist, im Gegensatz zu Andersch' Position in die Haut derjenigen hineinzukriechen, die Verbrecher sind, kann er diese Selbstverunsicherung dann mit allen Kunstmitteln, die zur Verfügung stehen, dem Leser anbieten, auf daß auch er verunsichert sein möge. Aber es fängt beim Autor an. Der Autor – das klingt nun sehr apodiktisch, aber ich weiß es aus meiner eigenen Erfahrung, weiß es aus Kollegengesprächen –, der seiner Sache so sicher ist, daß er sich selbst nur noch abschreiben muß, kann am Ende nur ein Produkt schaffen, das wohlgelungen und langweilig ist. Es verstört nicht.

H. Z.: Das heißt, als Sie den Einfall hatten, Oskar in einem pathologischen Institut einsitzen zu lassen, wußten Sie keineswegs, wie sich seine weitere Entwicklung und deren Darstellbarkeit vollziehen würden. Das haben Sie wirklich in einem offenen Reflexions- und Schreibprozeß erarbeitet?

G. G.: Ja, in einem ersten Durchgang mit sehr vielen Löchern findet als geschriebener Vorgang diese abenteuerliche Reise statt, die noch nicht sicher ist. Vielleicht war sie in einigen Daten festgelegt, wenn ich mich recht erinnere. Ich sage es noch einmal, und wer jemals unserem Gespräch zuhört, möge das im Ohr behalten: Der Autor ist ein fragwürdiger Zeuge. Wenn ich mich recht entsinne, hatte ich Oskars dreißigsten Geburtstag als Schlußpunkt gesetzt. Aber was dazwischen geschah und wie er diesen dreißigsten Geburtstag erreicht, ob mit heraushängender Zunge oder in welchem Zustand, das war ungewiß.

H. Z.: Frappierend ist der Symbolwert oder auch der Reflexionsgehalt der Blechtrommel. Sie ist zunächst einmal vordergründiges Spielzeug. Aber sie ist auf der übertragenen Ebene des Künstlerromans durchaus in eine Erkenntnis- und Erinnerungsfunktion hineingespannt. Die Trommel ist ein Element oder eine Möglichkeit der geschichtlichen Beschwörung, der Distanzsetzung, der Vergegenwärtigung.

G. G.: Ja, das stimmt alles. Aber Sie sollten dabei eines nicht vergessen: Meine Kindheit und Jugend ist voller Trommellärm gewesen, von früh bis spät wurde getrommelt und gepfiffen und gesungen dazu. Weit über die militärische Tradition hinaus, die noch bei Heine im Vordergrund steht, war die Trommel ein realistisch zeitgenössisches Instrument. Es war eine trommelnde Ideologie, die an die Macht kam.

H. Z.: Auf die Welthaltigkeit Ihrer Symbolik wollte ich gerade hinaus ...

G. G.: In dem Tribünen-Kapitel begegnet Oskar mit seiner Kindertrommel einem ganzen Bataillon von Trommlern auf der Vorderseite der Tribüne. Mit den langen Trommeln des Jungvolks und mit den Flachtrommeln der Hitlerjugend ist das Ganze durchorchestriert. Oskar gibt nur den Takt an und verwirrt den Takt. Die Trommel ist eingebettet in ihre Zeit, ist ein Instrument dieser kurzen Ära, die Folgen bis heute hat.

H. Z.: Das trifft man in Ihren Büchern oft an: daß Sie Symbole oder Allegorien setzen, die zunächst sehr gegenständlich sind, aus der Realität stammen, dann aber sehr weit verzweigte Bedeutungen gewinnen und sich erst im Erzählzusammenhang richtig auslegen. Darüber ist viel spekuliert worden, bis hin zu der Frage, in welchem Verhältnis Grass zur Goetheschen Symbolik steht. Wenn ich Sie recht begreife, beruhen diese Chiffren aber eher auf zeitbezogenen, gegenwartskritischen Vorstellungen.

G. G.: Durch eine Figur wie Oskar Matzerath bekommt die Trommel natürlich etwas, ich benutze ungern das Wort Symbol, aber etwas, das über ihren damals alltäglichen Gebrauch und Mißbrauch in verschiedenster Form hinausgeht. Er trommelt sich zurück, er erinnert sich mit Hilfe der Trommel. Er kann später im letzten Teil sein Geld damit verdienen, indem er ein erwachsenes Publikum in die Kinderjahre, ins Säuglingsalter zurücktrommelt: Sie nässen die Hosen, wenn er es will. Das, was er mit sich erfahren hat, benutzt er nun und vermarktet sich – hier sind wir schon wieder beim Künstlerroman. Aber er tut das nicht auf eine oberflächliche Art, er vermarktet die Substanz seiner Trommlererfahrung im Umgang mit dem Instrument. Das, wenn Sie so wollen, Symbol Trommel hat einen Realitätsbezug durch und durch – bis in diesen Vermarktungsprozeß hinein, der ja belegt ist, der nicht nur behauptet wird.

H. Z.: »Die Blechtrommel« ist ein Künstlerroman und zugleich eine Pathographie der Zeit. Das Kunstschöne und eine unästhetisch verschrobene Figuration des Hauptprotagonisten, Künstlerproblematik und Blechtrommel – das sind sehr harte Fügungen, die Sie sehr bewußt dem überkommenen Entwicklungsroman entgegengesetzt haben.

G. G.: Ich glaube, wir kommen der Sache näher, wenn ich jetzt auf die »Hundejahre« eingehe und das Stichwort Künstlerroman – auch die Pervertierung des Künstlerromans spielt hier ja eine große Rolle – noch einmal unter einem anderen Gesichtspunkt aufnehme. Wenn Eddi

Amsel davon ausgeht, daß der Mensch Ebenbild Gottes ist, die Vogelscheuche aber nach dem Bild des Menschen geschaffen wird, so ist Gott die Ur-Vogelscheuche. Aus dieser Folgerung heraus entwickelt sich sein ganzes künstlerisches Weltbild, entwirft er die gesamte Welt. Das läßt sich vergleichen mit dem, was Oskar aus der Trommel macht.

H. Z.: Das heißt, es geht Ihnen darum, inmitten der Zeitkritik dieses Instrument gleichsam scharf zu halten oder scharf zu machen wider den Entwicklungsroman und damit einem zuspitzenden, analytischen Gegenwartsroman das Instrumentarium zu bereiten?

G. G.: Ja, etwas, was uns allzu vertraut geworden ist, was umgänglich geworden ist, wieder fremd zu machen, hart in die Gegenwart hineinzustellen und davon entsprechenden Gebrauch zu machen.

H. Z.: Zu dieser Härte, zu dieser Zuspitzung gehört für mich auch der kalte Blick, das abgeklärte Verhalten, das Oskar zeigt – er ist mitverantwortlich für den Tod seines Vaters und den von Jan Bronski, der möglicherweise in Wahrheit sein Vater war.

G. G.: Wobei die Mitverantwortung am Tod verschiedener Personen, auch was die Mutter angeht, bei Oskar eine merkwürdige Mischung aus tatsächlicher Schuld und fiktiver Schuld und Lust an der Schuld ist.

H. Z.: Es ist eine satanische Schuld. Oskar ist auch ein böser, er ist ein blasphemischer ...

G. G.: Er ist ein Böser, er ist ein Darsteller des Bösen, er spielt mit dem Bösen und sieht sich auch gern in der Rolle des Bösen. In unserem Begriffsapparat festgezurrte Begriffe werden auseinandergenommen, mehrfach gebrochen und gespiegelt, werden an ihm absurd, das heißt an seiner realen Infragestellung dieser Begriffe. Es gibt nichts Heiliges, das nicht in Frage gestellt werden darf.

H. Z.: Oskar ist eigentlich ein Begriffsfeld, das man sehen kann.

G. G.: Und gleichzeitig ein Begriffszerstörer.

H. Z.: Die religiöse Thematik, die dahintersteht, ist nicht nur in der »Blechtrommel«, sondern weit darüber hinaus von sehr grundsätzlicher Bedeutung bei Ihnen. Sie spielt in der Literaturkritik fast keine Rolle, wird kaum jemals gesehen. Erst aus der wissenschaftlichen Literatur wissen wir um ihren Stellenwert. Oskar, haben Sie einmal gesagt, sei ein »umgepolter Säulenheiliger«. Was ist damit gemeint, wenn man etwa an den blasphemischen Furor dieses Gnoms denkt?

G. G.: Dieser leichtfertige Begriff von mir ist zurückzuführen auf eine weiter zurückliegende Schreiberfahrung. Ich habe in den beginnenden fünfziger Jahren auf recht epigonale Art, aber auch schon mit einigen eigenen Tönen während einer Autostoppreise durch Frankreich ein langes Gedicht geschrieben über einen Säulenheiligen in unserer Zeit: einen Maurergesellen, der von der Welt genug hat und sich von ihr abheben will. Er greift auf sein Handwerk zurück und baut sich in dem Städtchen, in dem er lebt, eine Säule. Von seiner zänkischen und betrübten Mutter, die ihm an einem Stock die Speisen hochreicht, wird er ernährt und hat von dem festen, erhöhenden Standort der Säule aus einen Blick auf die ihm vertraute und verhaßte Umwelt, die er nun aus anderer Perspektive sieht. Ein interessantes Vorhaben, das aber nicht nur am Epigonalen gescheitert ist, sondern auch an der Unbeweglichkeit der Person.

Oskar ist jemand, der auch eine Perspektive sucht, nur nicht die erhöhte von oben herab, sondern durch seinen Wuchs bedingt die von der Tischkante aus. Sie erlaubt ihm mehr Bewegungsfreiheit als dem Säulenheiligen, er ist umtriebig. In dem Sinne ist Oskar ein umgepolter Säulenheiliger. Aber beim Säulenheiligen wie bei ihm existiert gleichermaßen der Wunsch, alles, was uns vertraut ist oder vertraut zu sein scheint, aus anderem Blickwinkel zu sehen.

Es gab in der Entstehungszeit der »Blechtrommel« bestimmte Anregungen unliterarischer Art, in der Vorphase etwa auf einer weiteren Autostoppreise durch die Schweiz. Ich war zu Besuch bei Leuten, und man unterhielt sich. Plötzlich geht die Tür auf, und es kommt ein dreijähriger Bub mit einer Blechtrommel herein. Er trommelt und geht durch das Zimmer und verläßt es durch die andere Tür, ohne die Erwachsenen auch nur mit einem Blick zu würdigen. Die Situation war eine veränderte danach. Das ist bei mir hängengeblieben.

Die andere Anregung ist ein filmisches Erlebnis – »Der Dritte Mann«. Sie erinnern sich: Da taucht ein Kind auf, wird Zeuge des Mordes an dem Hauswart. Die Kamera folgt dem Blick des Kindes, und auf einmal sieht man alles aus seinem Blickwinkel. Auch das fiel mir auf und blieb bei mir hängen. Der gesamte restliche Film ist aus einer uns gewohnten Kameraperspektive gedreht, und hier bricht, von dem Regisseur Carol Reed sehr bewußt gesetzt, dieser Perspektivwechsel ein und bringt überaus viel, nicht nur für diese Szene.

H. Z.: Man hat Ihnen damals als besonders destruktiv vorgeworfen, daß Sie ausgerechnet auch noch auf der Christlichkeit herumprügeln mußten, auf einer Nachkriegsgesellschaft, die neue Werte und Orientierungen zu finden gezwungen war und beides vor allem im Glauben suchte. Haben Sie das bewußt in Kauf genommen?

G. G.: Wir leben in einer christlich geprägten, geformten und verformten Welt mit feststehenden Begriffen, die tabuisiert sind, die aber danach verlangen, in Frage gestellt zu werden. Das wird in der »Blechtrommel« besonders deutlich, doch in anderen Büchern spielt es ebenfalls eine Rolle. Oskar ist natürlich ein phantastischer Infragesteller. Schon bei der Taufe ist seine Gegenstimme da, wenn er gefragt wird: Widersagst du dem Satan? Der Taufpate antwortet stellvertretend für ihn, wie das so üblich ist, aber Oskar widersagt nicht. Der ganze katholische Mief in der »Blechtrommel« – das ist eine Erfahrungswelt, die in katholischen Gegenden, aber auch in der Diaspora viele Menschen durchlaufen. An Oskar wird all das exemplifiziert, was zum Menschwerdungsprozeß, zum Bildungsweg gehört, doch er durchläuft es auf seine alles in Frage stellende Weise, zum Beispiel die katholisch-heidnische Welt, die sich christlich nennt. Das erlaubt ihm auch, mit dem Jesusknaben per Du umzugehen. Und mir ist beim Schreiben aufgefallen, wie es mir dort gelingt – das sage ich einmal mich selbst lobend –, ein frühes Verständnis von Christentum wiederzubeleben, den direkten Umgang mit Gott.

H. Z.: Mit dem christlichen Aspekt sind wir wieder einmal bei der autobiographisch orientierten Frage, wie der Ihnen damals verfügbare Erfahrungs-, aber auch Bildungshorizont ausgesehen hat. Viel ist in der Forschung darüber gestritten worden, in welcher Weise Sie vom

Existenzialismusstreit in Frankreich beeinflußt waren, inwieweit Sie sich zwischen Camus und Sartre orientiert haben und wie das Ganze dann als Geschichts- und Praxisbegriff in Ihr frühes Werk eingewandert ist. Das Sisyphos-Motiv, das Sie ja noch heute begleitet, war bei Ihnen, glaube ich, aber nie mit Elementen von Fatalität behaftet, sondern eher ein konstruktives, ein tätiges, nach vorne weisendes, wenn auch skeptisches und antiutopisches Motiv. Gilt das schon für die Zeit der »Blechtrommel«?

G. G.: Ich muß noch einmal betonen, daß ich – wie viele meiner Generation – im Jahre 1945 verblödet in den Frieden entlassen wurde, mit immensen Lücken. Nicht nur die Literatur, auch all das, was mich vielleicht noch stärker interessierte, die bildende Kunst, war verboten, war verstellt, war mir nur ansatzweise durch eine Zeichenlehrerin bekannt, die dienstverpflichtet war und die Courage hatte, mich mit Kunstkatalogen aus den zwanziger Jahren vertraut zu machen, was ein Wagnis für sie gewesen ist. Als bei mir die Schule mit fünfzehn Jahren aufhörte, fand ich mich auf einmal in Luftwaffenhelfer-Uniform und kam aus den Uniformen und aus dem Barackenleben lange Zeit nicht hinaus: Militär bis in die Gefangenschaft, und die ersten Unterkünfte beim Kalibergbau waren wieder Baracken. Ich lebte auch während meiner Steinmetzlehrzeit in einem Caritas-Heim, also immer in Räumen mit vielen zusammen. Für mich waren das nicht ganz unvertraute Umstände, weil ich in einer Zweizimmerwohnung aufgewachsen bin, niemals ein eigenes Zimmer hatte und früh habe lernen müssen, mich inmitten von Geräuschen und Nebengeräuschen zu konzentrieren.

Nun mußte ich mich nach abgebrochener Schulzeit selber bilden. Das führte dazu, daß ich etwa ab Mitte der fünfziger Jahre, als ich anfing, an der »Blechtrommel« zu arbeiten, belesen war, wild und lückenhaft belesen, wobei ich allerdings das Glück oder auch die Offenheit hatte, mich von älteren und klügeren Belesenen anleiten zu lassen. In dem Caritas-Heim war es ein Franziskanerpater, der mich mit Trakl und Rilke und anderen vertraut machte. Er hat mir allerdings auch Thomas von Kempen und weitere religiöse Literatur zu lesen gegeben, die ich gar nicht so langweilig fand. In Berlin war es einer meiner Bildhauerlehrer, Ludwig Gabriel Schrieber, der mir etwa 1953 von Charles de Coster den »Ulenspiegel« schenkte, ein für mich sehr wichtiges Buch, das ich noch vor Rabelais – Grimmelshausen kannte ich schon – gelesen habe. In Paris, während ich bereits an der »Blechtrommel« saß, war es Paul Celan, der mich auf Rabelais aufmerksam machte. Weitere pikareske Romane habe ich erst später kennengelernt.

Dann gab es natürlich die Begegnungen mit der modernen Literatur, besonders als die rororo-Romane auf den Markt kamen, aber eben auch die vehemente europäische Auseinandersetzung im Schatten des Streites zwischen Camus und Sartre. Einige meiner Generation – es mögen nicht allzu viele gewesen sein, die alles mitverfolgten – nahmen die Parteinahme wahr, die dieser Streit abverlangte. Ich habe mich sehr früh für Camus, für die ideologiefeindliche und ideologieabweisende Position, für die ständige Revolte, für das Sisyphos-Prinzip entschieden, allerdings für ein Sisyphos-Prinzip nach Camusscher Prägung mit dem Schlußsatz seiner Betrachtung: Wir müssen uns Sisyphos als einen glücklichen Menschen vorstellen. Das teile ich bis heute.

Aber es gehört auch andere Literatur dazu in diesen frühen Jahren, wie zum Beispiel »Verführtes Denken« von dem polnischen Lyriker Czesław Miłosz. Dieser Essayband war für mich ein Hausmittel und hat mich gegen jegliche Gefährdung durch eine absolute Ideologie gewappnet. Miłosz gelingt es, anhand einer Reihe von polnischen Schriftstellerbiographien deutlich zu machen, wie schnell Intellektuelle durch die eine oder die andere oder durch mehrere Ideologien verführbar sind. Das hat sich zum Beispiel in der Figur des Matern in den »Hundejahren« niedergeschlagen. Für mich war es ganz interessant und auch teilweise deprimierend, als ich Miłosz in den achtziger Jahren bei einem PEN-Kongreß wiedersah. Für ihn war es die erste bewußte Begegnung, aber weil ich diesen Mann bewunderte, hatte ich ihn in den fünfziger Jahren schon einmal von Paris aus in Maisons-Laffitte besucht, wo er die Zeitschrift »Cultura« herausgab. Ich war damals ein junger, unbekannter Autor und bin mit meiner Frau Anna zu ihm hinausgefahren. Er reagierte aufgeschlossen und ein wenig geschmeichelt, daß ein junger deutscher Autor vom »Verführten Denken« beeindruckt zu sein schien. Als ich ihn aber bei dem PEN-Kongreß wiedertraf und ihm die Geschichte erzählte, merkte ich, daß es ihm peinlich war, daß er von diesem Buch Abstand genommen hatte. Er war mittlerweile zu einem Konservativen geworden und hatte sich von seinem Buch ungeheuer weit entfernt, was für mich heute noch nicht verständlich ist. Ich halte diesen Essayband nach wie vor für eine – auch im literarischen Sinn –

sehr genaue Analyse der Verführbarkeit des Intellektuellen.

Mein drittes Erlebnis war Orwell, nicht nur »1984«, sondern später auch die Lektüre von »Mein Katalonien«.
Wiederum hat mich der Selbstzerstörungsprozeß im linken Lager beeindruckt, doch auch der Mut, der für
Orwell als einen Linken dazu gehörte, das alles aufzuschreiben, nach England zurückzukehren, keinen Verleger zu finden, weil das ja dem eigenen linken Lager
schaden könnte – er hat es dann in einem konservativen
Verlag veröffentlicht –, jahrelang isoliert, aber immer ein
Linker bleibend. Das sind beispielhafte Schriftsteller
gewesen, die mich geprägt haben.

H. Z.: Diese einander vielleicht zum Teil auch widerspre-
chenden Lektüren zeichnen sich durchaus in der »Blechtrommel« ab, die einerseits von absurdistischen Auffas-
sungen und Philosophemen geprägt ist, Geschichte in
ihrer Kreisförmigkeit, ihrer Heillosigkeit zeigt und auf
wohlfeile Utopien und Hoffnungen verzichtet. Andererseits ist das Buch ein harter Einspruch gegen die Altlasten
des verschroben Kleinbürgerlichen und Autoritären, des
Nazismus, der beginnenden verblödenden Wohlstands-
gesellschaft. Diese Spannungen sehe ich in Ihrem Buch
als politische Invektive.

G. G.: Die Philosophie dieser Jahre wurde ja zu Recht oder
zu Unrecht als Existenzialismus zusammengefaßt, wozu
man gleichermaßen Heidegger wie auch Sartre und
Camus rechnete, was in Frankreich wahrscheinlich heute
noch üblich ist. Nur sind das ganz verschiedene Ausprä-
gungen von Existenzialismus. Es ist ein Unterschied, ob
Camus die nicht enden wollende Aufgabe des Sisyphos

als eine positive auslegt oder ob Heidegger das mit dem Begriff der »Geworfenheit« abtut, als Seinszustand, nicht veränderbar. Obgleich es dafür kein Endziel gibt, nie geben kann, ist die Position eines Camus, Sisyphos entsprechend, eine permanent tätige, und zwar eine, die ohne das Prinzip Hoffnung auskommt. Das ist das Revolutionäre an der Camusschen Sicht, die ich teile und für mich weiterentwickelt habe, die ich auch gelebt habe.

Gleichsam zeremoniell werde ich immer wieder gefragt: Gibt es Hoffnung, haben Sie noch Hoffnung? Und ich kann immer nur darauf verweisen, daß es ganze Berufsgruppen gibt, die davon leben, Hoffnung zu machen, aber in der Regel falsche Hoffnung. Ich kann keine Hoffnung verbreiten, ich kann nur auf Sisyphos hinweisen: Nach vielen Mühen ist der Stein zwar oben, aber nach kurzem Atemholen liegt er schon wieder unten; möglich ist immer nur ein relativer Erfolg. Das ewige Steinewälzen gehört für mich zur menschlichen Existenz. Solche Lese- und sicher auch Lebenserfahrungen eines jungen Autors haben sich in der »Blechtrommel« und noch stärker, finde ich, in den »Hundejahren« niedergeschlagen.

H. Z.: Diese geistige Abwehrhaltung ist gegen die Benns und die Heideggers, vielleicht auch Jüngers, schon in der »Blechtrommel« mitformuliert, um sich dann in den »Hundejahren« in sarkastischen Sottisen zu ergehen?

G. G.: Die Heidegger-Passagen hat man mir sehr übel genommen. Für mich war es dagegen ein Schreibvergnügen mit ganz besonderen Einsichten: zum Beispiel in der Passage, die den Untergang Berlins und die Einnahme durch die Rote Armee schildert, wobei das Ganze in die Fiktion der Suche nach dem verlorenen Schäferhund des

Führers gekleidet ist. Die Romanpartie ist in einer Sprache geschrieben, die sich aus den alltäglichen Verlautbarungen des Oberkommandos der Wehrmacht und aus der Heidegger-Sprache zusammensetzt. Die Übergänge von einer zur anderen Sprachschicht waren zu meiner eigenen Überraschung fließend, weil beide Sprachen von der Substantivierung leben, bis hin zu wahren Wortungetümen, wobei man Heidegger nicht absprechen kann, daß ein Buch wie »Sein und Zeit« spätexpressionistische Sprachkraft und Poetik hat. Ein Begriff wie »Geworfenheit« hat durchaus etwas Faszinierendes. Doch wenn man ihn beklopft, bleibt es nur bei der Geworfenheit.

H. Z.: War diese Sprache für Sie schon eine Art Ausweis der bundesdeutschen Nachkriegsgesellschaft, ihrer Mentalitätsentwicklung, ihrer Fixierung ans Autoritäre, ans Deutsch-Wesenhafte?

G. G.: Sie werden viele meiner Generation finden, die nach Kriegsende wehleidig ihren Mißbrauch durch die Naziideologie beklagten. Doch gleichzeitig waren sie extrem mißtrauisch geworden. Ich bin als Achtzehn- oder Neunzehnjähriger von einem greisenhaften Mißtrauen gewesen, von einer außerordentlichen Skepsis, die ich erst sehr langsam überwinden konnte. Allen falschen Tönen gegenüber war ich ungeheuer hellhörig, denn mit denen wurde Handel getrieben. Die gesamten fünfziger Jahre sind voll von solchen falschen Begriffen, etwa dem Umschlag vom Antisemitismus in einen nahezu ekelerregenden Philosemitismus. Denken Sie beispielsweise an den Kult um Anne Frank, der damals aufkam. Angesichts dessen drängte sich mir die Frage an die Kultgemeinde auf, wie sie denn Juden sähen, die nicht den Charme einer

Anne Frank hatten, die wirklich schäbige Kaftanjuden waren, schlecht und recht wie jeder andere auch. Die hat man in der Mehrzahl vergast. Genau da fand der Philosemitismus seine Grenzen und zeigte sich als ein umgepolter Antisemitismus. Vor allem in den fünfziger Jahren haben solche Dinge meine Hellhörigkeit weiter zugespitzt.

H. Z.: Blicken wir noch einmal durch das intellektuelle Spektrum der »Blechtrommel« auf die Bundesrepublik damals. Oskar macht in diesem Nachkriegsdeutschland eine eigentümliche Metamorphose durch. Er wird Künstler und später in der »Rättin« Video- und Medienhändler, eine Art Zukunftsproduzent. Darin sind natürlich Erbschaften der Nazizeit enthalten: Die Trommel wird jetzt zur Goldgrube, Oskar löst ästhetische Faszination und einen Kult aus, er wird verehrt als eine Art Messias, als Zauberer und Gesundbeter. Oskar wiederholt auf andere Weise, auf anderer Ebene die Ästhetisierung der Politik im Faschismus – alles freilich im Zeichen des Konsumismus, der Vergnügungssucht und des Profits. Entstehen dort Konturen dieser neuen deutschen Republik?

G. G.: Vor allem das in Kriegszeiten schon vorbereitete neue Biedermeier, zum Beispiel im Kapitel »Beton besichtigen«, spielt in diesem Zusammenhang eine Rolle: Abschottung des sich apolitisch Gerierenden, die gepflegte Unschuld, die gepflegten Schuldbeteuerungen. Sichtbar wird die deutsche Unfähigkeit, Tränen zu vergießen. Erst in dem Vergnügungslokal namens »Zwiebelkeller« werden die Leute weich und rührselig.

H. Z.: Wann war Ihnen klar, daß diese neue Republik zumindest drohte, in ein Fahrwasser zu geraten, das der Vergangenheit nicht unähnlich genug sein würde?

G. G.: Es ist ja – mit späterem Wissen – viel schrecklicher gewesen als das, was man damals schon erkennen konnte. Heute wissen wir, wie groß die Zahl der übernommenen Nazirichter gewesen ist. Heute wissen wir, daß im Auschwitz-Prozeß nur die Kaduks und Bogers als direkte Täter Strafen erhielten, während die Schreibtischtäter, ohne die das Ganze niemals funktioniert hätte, davongekommen sind. Wir wissen gleichzeitig, wie auf die Interessen der Großmächte in beiden Teilen Deutschlands dienstwillig reagiert wurde. 1998 begehen wir eine Reihe von Jubiläen, unter anderem 1948, die Einführung der Deutschen Mark. Es hatte sich schon sehr früh in den Köpfen festgesetzt, daß dies Ludwig Erhards Großtat gewesen sei. Nein, ich wußte es schon damals besser, wir alle hätten es besser wissen können: Das Geld haben die Amerikaner geprägt und durchgesetzt, die Deutschen hatten nur zu funktionieren, sie waren bei diesem Geschehen Randfiguren. Die Amerikaner haben von vornherein vorgesehen, daß dies das Geld der westlichen Zonen wird. Bevor die beiden deutschen Staaten entstanden waren, hatten wir schon die aus Antikommunismus, aus Gründen des Kalten Krieges befohlene und mustergültig durchgeführte Währungsreform, die das Land in einer – wie wir heute wissen – sehr wichtigen Grundlage spaltete. Wir sehen im Rückblick die Blockade Berlins beziehungsweise die Luftbrücke als große Tat der Amerikaner an, als sei das aufgrund irgendeiner der vielen sowjetischen Schikanen geschehen. Aber die Ursache war die einseitige Einführung einer neuen Währung. In den nächsten Tagen konnte man sofort erleben, wie die neue Währung im Osten destabilisierend wirkte. Also hat man sich mit falschen Methoden, mit Blockaden dagegen zu wehren versucht und so die Teilung von Anbeginn mehr und mehr zementiert. Diese Teilung ist eine gesamtdeutsche Leistung gewesen, was nach wie vor verschleiert wird. Solche ideologischen Götzen laufen bis heute herum; bis in das Wahlkampfjahr '98 hinein erleben wir, wie damit mehr oder weniger erfolgreich Kleinhandel getrieben wird.

H. Z.: Was Sie schildern, ist gleichsam als geschichtliche Anspannung in die Erzählwelt der »Blechtrommel« eingegangen. Um so merkwürdiger die Legendenbildung, die sich um den politischen oder unpolitischen Grass windet. Hans Werner Richter hat 1961 formuliert, für ihn sei dieser Günter Grass völlig unpolitisch, ein »Anarchist«. Und es gibt von Ihnen aus dem Jahre 1962 eine Aussage in bezug auf »Die Blechtrommel«, der Autor dürfe nur aufzeigen, er hätte kein Recht anzuklagen, Günter Grass sei eigentlich »konservativ«.

G. G.: Die Formulierung »konservativ« resultiert aus dieser andauernden Anklagegeste heraus. Die Dinge müssen sich darstellen: Es ist die Aufgabe des schreibenden Künstlers, daß er auf seine Mittel vertraut und mit dem deutenden Fingerzeig möglichst sparsam umgeht. Wenn er doch gelegentlich darauf zurückgreift, muß das mit allen Kunstmitteln geschehen.

H. Z.: Aber es gibt keinen unpolitischen Günter Grass um 1960?

G. G.: Mein ganzes Leben ist von Politik geprägt. Zwar liegen meine Hauptinteressen in ästhetischen Fragen, ob es ums Zeichnen oder ums Schreiben geht, aber wenn ich hier tätig bin, dann tue ich es in einer Welt, die politisch geprägt und verformt ist. Und wenn ich versuche, meine Gegenbilder zu entwerfen, habe ich genau mit dieser politisch verformten Welt zu tun. Hinzu kommt, daß mehr als im neunzehnten Jahrhundert Politik heute ungeheuer gefräßig von allen Bereichen des Lebens Besitz ergreifen will, bis in den Privatbereich hinein, siehe Lauschangriff. Das sind alles neu – im Sinne der Aufklärung – entwickelte Methoden, technisch möglich im Namen des Fortschritts. Der »gläserne Mensch«, den irgendwelche Verfassungsschützer sich gewünscht haben, wirkt wie eine Parodie auf das, was die Aufklärung an Durchsichtigkeit propagiert.

Darauf reagiere ich, und das bedeutet natürlich bei einer politisch so vorgeformten Welt auch eine politische Reaktion, zumeist mit ästhetischen Mitteln. Aber das schließt nicht aus, daß ich mich gleichzeitig zunehmend als Bürger dieses Landes begriffen habe – was anfangs noch gar nicht so der Fall war – und als Citoyen mit meinen Möglichkeiten reagiere: mit der Rede, mit dem Aufsatz, mit der Polemik, auch mit der Wahlrede. Diese Tätigkeit sehe ich als etwas Selbstverständliches an oder als etwas, was selbstverständlich werden sollte.

Meine Haltung geht dabei nicht auf eine literarische Einsicht und Erfahrung, sondern auf eine politische Einsicht und Erfahrung zurück, die ich phasenverzögert in den ersten Nachkriegsjahren gemacht habe. Damals waren wir alle gezwungen – wenn man bereit dazu war –, darüber nachzudenken: Wie konnte es dazu kommen? Wie war das überhaupt mit der Weimarer Republik, in die ich 1927 hineingeboren worden war? Diese Republik hatte nicht nur im rechten Lager sehr viele Feinde, sondern die

Kommunisten haben sie gleichermaßen abgelehnt. Insgesamt gab es zu wenige und zu schwache demokratische Kräfte: nur die Sozialdemokraten, die Zentrumspartei und ein paar versprengte Liberale, die sich bis zum Schluß für sie eingesetzt haben. Das Entscheidende war – und das hatte für mich prägende Wirkung –, daß sich zu wenige Bürger schützend vor die Weimarer Republik gestellt haben. Daraus habe ich meine Konsequenzen gezogen.

H. Z.: Noch ein Blick zurück auf das Erscheinen der »Blechtrommel«. Dieses ätzende, groteske, querliegende Buch wird ein Riesenerfolg in Deutschland und in der Welt. Haben Sie das als Ansporn erlebt, oder war es auch eine große Hypothek, eine Einschüchterung durch Erfolg?

G. G.: Als ich »Die Blechtrommel« schrieb, habe ich schon geahnt: Da gelingt mir etwas, was ich in seiner Auswirkung gar nicht begreifen kann. Man sieht daran, daß ein Buch bereits in der Entstehungszeit über seinen Autor hinausweist. Ein ähnliches Empfinden habe ich übrigens bei meinem letzten Roman gehabt, bei »Ein weites Feld«: Hier gelingt dir etwas, hier ist eine Konstellation, die schon zu tragen beginnt, während du noch daran arbeitest.

Aber zurück zur »Blechtrommel«. Als ich damals gemeinsam mit meiner Frau Anna von Paris aus zur Buchmesse nach Frankfurt fuhr, hörte ich überall das Wispern und war zum erstenmal diesen tausend Alleswissern und Bescheidwissern und Besserwissern konfrontiert. Es waren zigtausend Neuerscheinungen zu sehen und viele Namen zu hören: Böll mit »Billard um halb zehn«, ein anderer unbekannter Autor namens Uwe Johnson und eben »Die Blechtrommel«. Auf einmal waren drei, vier

Titel da, und trotz Sieburg und »FAZ« kam man nicht umhin zu sagen, daß der deutschen Nachkriegsliteratur so etwas wie ein Durchbruch gelungen sei. Es gab dafür ja immer so merkwürdige militärische Ausdrücke.. Wir haben uns damals ins Tanzen gerettet. Der Luchterhand Verlag veranstaltete ein Fest, und dieser Endlostanz ist mir in guter Erinnerung geblieben.

III. Schuld und Sühne –

Mutmaßungen über die deutsche Seins-Provinz

HARRO ZIMMERMANN: Im Jahre 1963, vier Jahre nach der »Blechtrommel« und zwei Jahre nach »Katz und Maus«, erscheinen die »Hundejahre«: in der Kritik sehr umstritten, bei Ihrem Publikum aber ein großer Erfolg. Die Kritik hat damals in diesem Buch ein literarisches »Ungeheuer« wahrnehmen wollen, eine »monströse Schweinigelei«; »Phantasie-Orgien« seien Inhalt dieses Romans, es sei ohne jede erzählerische Ökonomie, ein auswucherndes Sammelsurium, dem sich der Autor selber nicht gewachsen zeige. Aus der Distanz von heute gelesen, sieht das nach meinem Eindruck ganz anders aus. Ich habe in diesem Buch eine sehr differenzierte Mehrfachperspektivik des Erzählens wahrgenommen. Erzählt wird aus der Sicht eines Autorenkollektivs, aus der Sicht von Berichtenden, die einander korrigieren, widersprechen, unterminieren, überbieten; jedenfalls wird das, was man am Ende für das Erzählte oder das Wahrhaftige der Geschichte halten kann, in der Schwebe gehalten. In den »Hundejahren« beobachte ich wiederum die Form des Konjunktivischen, des Möglichkeitszugangs, hingegen überhaupt keine dogmatischen Festschreibungen, die man Ihnen immer gern als Meinungsprosa und als agitatorisches Verfahren unterstellt hat. Ich beobachte eine reich instrumentierte Selbstreflexion, eine gewisse »Fragwürdigkeit« des Erzählens. War dieser Roman für Sie gegenüber der »Blechtrommel« ein wirklicher Neueinstieg?

GÜNTER GRASS: »Die Blechtrommel« kann man gerne als Wurf bezeichnen. Der Ich-Erzähler, der auch noch die Antiposition zu sich selbst herstellt und erfindet, indem er von Oskar in der dritten Person spricht, agiert in einem von ihm durchlebten und überschaubaren Raum. Die »Hundejahre« holen weiter aus. Ich habe diesen Roman in einer ersten Fassung, damals noch mit dem Titel »Kartoffelschalen«, ein Jahr beziehungsweise etwa dreihundert Seiten lang vorangetrieben, allerdings zu früh nach der »Blechtrommel« und noch an deren Korrekturbögen in Paris sitzend. Ich merkte bald, daß die Erfindung der Erzählposition zwar als Einfall ganz hübsch war, aber nicht über die Strecke, die sie zu tragen hatte, auch wirklich trug. Das wurde an einer Episode deutlich, die ich als solche behandeln wollte und die mir das vorhandene Konzept sprengte. Diese Episode hieß damals »Der Ritterkreuzträger« und ist dann zur Novelle »Katz und Maus« geworden. Ich habe zunächst das »Kartoffelschalen«-Manuskript liegengelassen und in relativ kurzer Zeit, einem dreiviertel Jahr, »Katz und Maus« geschrieben. Als ich damit fertig war, war auch die Erzählposition für den Roman »Hundejahre« gefunden, ein Autorenkollektiv, und ich konnte unmittelbar nach »Katz und Maus« mit der Niederschrift in ganz neuer Fassung unter dem Titel »Hundejahre« beginnen.

Zwei Autoren der älteren Generation, während des Ersten Weltkriegs geboren, die ihre Kindheit gemeinsam an der Weichselmündung erleben, standen von Anbeginn im Mittelpunkt: Matern, der als Sohn eines Müllers in Nickelswalde aufwächst, und auf der gegenüberliegenden Seite der Weichsel Eddi Amsel, der Sohn eines jüdischen

Krämers, kugelrund und mit Matern befreundet. Dieser Eddi Amsel baut von Kindheit an Vogelscheuchen und findet im Anbaugebiet an der Weichsel auch Abnehmer dafür. Matern ist ein düsterer, in sich gekehrter Junge und neigt zu Gewalttätigkeiten, aber auch zu merkwürdigen Freundschaftsbezeugungen und Zärtlichkeiten. Amsel tritt als Erzähler des ersten Buches auf, für das das ganze Weichselmündungsgebiet die Grundlage des Erzählstroms bildet, der dort endet, wo beide ins Gymnasiastenalter und in die Stadt kommen. Sie sind zunächst Fahrschüler, besuchen dann in Danzig ein Internat und entwickeln sich in die dreißiger Jahre, in die Nazizeit und den Krieg hinein. Dieses zweite Buch ist aus der Perspektive eines Jüngeren erzählt: Harry Liebenau. Er gehört etwa meiner Generation an, wie auch Pilenz, der Erzähler in »Katz und Maus«. Im dritten Teil des Romans, im Nachkriegsteil, ist dann Matern, der alle Ideologien durchlaufen hat, als nunmehr erklärter Antifaschist rächerisch tätig in seinen »Materniaden«.

Das ist im groben die Erzählposition, die natürlich viel schwieriger und herausfordernder war als die eines Ich-Erzählers wie Oskar Matzerath, obwohl auch in der »Blechtrommel« an zwei Stellen das Erzählschema durchbrochen wird: in dem Kapitel »Glaube Hoffnung Liebe« und im Straßenbahn-Kapitel im letzten Teil, wo ein anderer berichtet, weil Oskar nicht in der Lage ist, zu schreiben. In den »Hundejahren« wird ein viel größerer Zeitraum dargestellt, der vom Schreibansatz, also vom Autor her gesehen, schon typischer Ausdruck eines Buches der sechziger Jahre ist, während »Die Blechtrommel« aus der Sicht der fünfziger Jahre heraus geschrieben wurde. Die sechziger Jahre auch in dem Sinne, daß sich bei der Tochter Materns im Schlußteil Dinge bemerkbar machen, die dann in der achtundsechziger Bewegung zum Tragen kommen, wie etwa die »Vatererkennungsbrillen«. Die junge Generation, die sich vehement zu regen beginnt, hat das Bedürfnis, die schweigenden Eltern, die schweigenden Väter vor allem, zu durchschauen. Und Eddi Amsel, der Vogelscheuchenerfinder, ist derjenige, der die Vatererkennungsbrillen auf den Markt wirft. Nur soviel in Stichworten zu dem, was mir damals vorschwebte. Wieder ist es ein harter, genauer bis übergenauer Realismus, der ins Phantastische umschlägt, wobei das Phantastische immer die Funktion hat, die Realität zu verstärken. Wieder sind die Übergänge fließend. Mit einem offenen Schluß ähnlich wie in der »Blechtrommel« haftet dem Ganzen etwas Fragmentarisches an.

H. Z.: Ich finde die Gleichzeitigkeit bemerkenswert: auf der einen Seite die deutlich werdende öffentliche Politisierung des Autors Grass, dem man später, aber auch schon zu dieser Zeit seine Umtriebigkeit quasi als Vorwurf des Kunstverrats vorhält; auf der anderen Seite die tatsächliche, überaus kühne Konstruktion, die hohe Kunstanstrengung dieses Buches. Die »Hundejahre« zeigen, wie auch »Die Blechtrommel«, daß die politische Aussage in einem modernen Roman nur um den Preis einer sehr reflektierten Erzählverfassung zu gewinnen war und ist. War Ihnen das damals schon klar?

G. G.: Was dann von außen auf mich zukam, sei es in der Kritik literarischer Art oder aus Politikermund, ist mir sehr fremd gewesen und hat mich allenfalls amüsiert. Wenn ein Autor meiner Generation in den fünfziger Jahren anfängt zu schreiben, dann ist er von vornherein jemand, der in jungen Jahren schon mehrmals gebrochen wurde, dessen politisch-ideologisch vorgeformte Welt spätestens 1945 zerbrach oder frühestens 1945 – bei mir und bei anderen hat es Jahre gebraucht, um die Reste davon in der Auseinandersetzung abzuschütteln. Also mußte das auch in den Schreibprozeß hinein, mußte diese Gebrochenheit zum Stilmittel werden.

Für »Die Blechtrommel«, »Katz und Maus« und »Hundejahre« war damals natürlich der Umgang mit etwas Verlorenem wichtig, aus politischen Gründen absolut Verlorenem. Wir haben den Krieg angefangen, wir haben die Welt verändern wollen, wir haben sie in der Tat verändert bis ins Geografische hinein. Durch den Hitler-Stalin-Pakt wurde Polen nach Westen verschoben, also wurde meine Heimatstadt Danzig wieder polnisch. Wobei man sagen muß, daß die stark von Deutschen, von Holländern und weiteren Einwanderern geprägte Stadt ihre Blütezeit unter polnischer Herrschaft hatte. Über dreihundert Jahre der polnischen Krone unterstellt, begann der wirtschaftliche Niedergang Danzigs erst nach den drei Polnischen Teilungen, als die Stadt an Preußen fiel. Diese durch Zerstörung und Verlust untergegangene Welt wollte ich mit meinen literarischen Mitteln noch einmal beschwören.

Mich hat das Thema, wie sich später herausstellte, nie ganz losgelassen, und bis hin zu den »Unkenrufen« habe ich immer wieder Danzig in den Mittelpunkt meiner Prosaarbeiten gestellt. Nicht thesenhaft, sondern durchs Erzählen wollte ich beweisen, was schon andere Autoren bewiesen hatten: daß die Provinz der Geburtsort der Literatur ist. Daß eben dieser Vorort Langfuhr so groß oder so klein ist, daß alles, was auf der Welt geschieht, auch dort geschehen kann, von dort aus gesehen und begriffen und übers Knie gebrochen und erzählt werden kann. Bevor das Todesurteil gegen Salman Rushdie ausgesprochen wurde, habe ich mit ihm einmal für die BBC ein langes Gespräch geführt, in dem wir uns unter Schreibvoraussetzungen als zwei Handwerker unterhalten haben. Es bringt ohnehin am meisten, wenn sich Schriftsteller als Kollegen handwerklich auseinandersetzen. Bei Rushdie wie bei mir ist Verlust – in meinem Fall Danzig, in seinem Fall Bombay – die Ursache für dieses obsessionshafte Schreiben, dieses Schreibenmüssen, dieses beschwörende Schreiben. Vergangene Dinge, Rudimente, die man wiederfindet, eine Erinnerung an etwas, an ein Brausepulver, was immer auch, eröffnet ein bestimmtes Zeitklima, eine Aura, die vergangen ist, die aber wieder heraufbeschworen werden kann. Später hat ein englischer Germanist den Begriff »Danziger Trilogie« geformt. Ich habe dem nicht widersprochen, obgleich ich nie vorgehabt hatte, eine Trilogie zu schreiben. Das konnte ich gar nicht, denn als Lyriker dachte ich damals: Wenn du »Die Blechtrommel« schreibst, hast du deinen Prosabeitrag geleistet, und damit hat es sich. Nein, es war dann wie bei einer Zwiebel: Man löst die eine Haut und die nächste, und es kommt noch eine Haut. Das Gedächtnis wurde zwiebelhaft immer erzählwütiger, und so sind die drei Bücher doch in einem gewissen Zusammenhang entstanden.

H. Z.: Beschwörung des Verlorenen, Umschau über das und Durchdringung dessen, was war; andererseits immer auch schon sehr genaues und scharfes Eingehen auf die Wirklichkeit der Bundesrepublik und auch ansatzweise auf die Realität des zweiten deutschen Staates, auf das sozialistische Hoffnungsgebilde namens DDR. Matern geht irgendwann in Richtung DDR, landet aber nicht dort, sondern bleibt im ökonomisch prosperierenden Westen. Interessant finde ich bereits hier Ihre vorab schon enttäuschte Haltung, Ihren doch sehr desillusionierten Blick auf das zweite Deutschland.

G. G.: Ich kann mit Blick auf die DDR nicht gerade von einer enttäuschten Haltung sprechen. Mir war von Anfang an klar, daß diese andere Ideologie, die unser Jahrhundert beherrscht hat, in sich so geschlossen ist, daß sie keine Entwicklung zuläßt, also nicht reformierbar ist. Damit befand ich mich im Gegensatz zu vielen liebenswerten Kollegen, mit denen ich zahllose Streitgespräche ausgetragen habe. Ich habe mich dennoch nicht dazu verführen lassen, eine dritte Ideologie, nämlich die des Antikommunismus, zu füttern, sicher auch gewitzt durch Bücher, die ich erwähnt habe, wie »Verführtes Denken« oder durch Camus' und Orwells Haltung. Es bestand keine Gefahr, daß ich mich abermals – wie es mir in meiner Jugend geschehen ist – von einer als einzig wahre Heilslehre auftretenden Ideologie verführen lassen könnte. Deshalb der kritische Blick auf beide Systeme, mit all den Unterschieden und auch nur Nuancen.

Wir hatten anfangs davon gesprochen, was einen dazu bringt, solche altmodische Tätigkeit, das mehrmalige Schreiben von Romanen in verschiedenen Fassungen, über Jahre hinweg zu betreiben. Es war natürlich auch der verstiegene Ehrgeiz, etwas, das aus politischen Gründen verloren ist, auf literarische Art und Weise zurückzugewinnen; und zwar im Gegensatz zu dem in Westdeutschland eifrig betriebenen Revanchismus, der bis in die siebziger Jahre hinein die Grenzen von 1937 verteidigt hat. Noch heute gibt es Zeitgenossen, die an den historischen Tatsachen rütteln wollen. Ich nehme eines mit einem gewissen Selbstbewußtsein für mich in Anspruch, das auch auf Siegfried Lenz und einige andere Autoren zutrifft, die sich mit dem verlorenen Osten literarisch befaßt haben: Wir haben zur Aussöhnung mit Europas Osten weit mehr geleistet als all diese Politiker, von der CDU/CSU bis in die FDP hinein, die meinten, man könne das noch einmal zurückfordern und zurückgewinnen. Nichts ist von dem geblieben. Ich weiß, wie meine Großeltern aufgrund der Versprechungen von Adenauer in Lüneburg auf dem Koffer gesessen haben, immer in der Meinung, demnächst gehe es zurück in die verlorene Heimat. Wahlbetrug am laufenden Meter hat die Leute nicht dazu bringen können, was sie nach der Flucht verdient gehabt hätten, nämlich ein wenig zur Ruhe zu kommen. Statt dessen immer diese falschen Hoffnungen. Nur der Literatur ist es teilweise gelungen, das, was verloren und verspielt und vertan war, mit ungeheuren Opfern auf beiden Seiten, was Unrecht in die Welt gesetzt und Unrecht durch die Vertreibung fortgesetzt hat, in literarischer Gestalt zu retten. Das sage ich noch einmal mit einem gewissen Selbstbewußtsein all den Demagogen und Schreihälsen gegenüber, die heute wie Herr Stoiber den Sudetendeutschen Illusionen machen und ein mühsam gewonnenes Verständnis zwischen Tschechen und Deutschen nur aus Wahlkampfgründen abermals in

Frage stellen. Von Adenauer bis heute wird dieses unsäglische Spiel betrieben, das zu nichts führt.

H. Z.: In das Spektakel der Geschichte der Versagungen, dessen, was verspielt ist, der verfehlten Hoffnungen, des Widerstreits der großen Ideologien, haben Sie in den »Hundejahren« eine einzigartige Symbol- und Bildwelt eingeführt, etwa die besagten Vogelscheuchen. Solche Konstruktionsmuster, solche Motive im Roman bezeichnet die Literaturwissenschaft als »objektive Korrelate« Ihres Erzählens. Welche Bedeutung haben diese Korrelate in Ihren Büchern?

G. G.: Bei den Vogelscheuchen geht es um das Menschenbild im Verhältnis zu Gott. Daß der Mensch das Ebenbild Gottes sei, wird gründlich in Frage gestellt. Bis zum Schlußkapitel des Romans, das in einem Kalibergwerk spielt, in dem Vogelscheuchen für den Export produziert werden, spiegeln die Vogelscheuchen menschliches Verhalten wider. Diese Vogelscheuchen haben durchaus einen Bezug zur Realität und zur Geisteswelt, bis in die Philosophie, bis in die Mythenbildung hinein. Das Bergwerk ist der Danteschen Hölle nachgebildet und hat seine Schreckenskammern, aber alles im Sinne von Produktion, Vertrieb und kapitalistischer Mehrwertschaffung, mit dem Hinweis: Die Hölle ist oben.

H. Z.: Die Scheuchen sind in motivischer Hinsicht, in der Erzählfunktion der Blechtrommel verwandt. Beides sind sehr gegenständliche und zugleich in ihrer grotesken Gestalt darüber hinausweisende Medien oder Chiffren. Mir ist aufgefallen, daß sich mit den Scheuchen veritable Historienspektakel verbinden. Diese Figuren werden geschichtlich aufgeladen, sie werden in bestimmter Weise eingekleidet und zugerichtet, so daß man gleichsam die Furie der Geschichte an ihnen studieren kann: von der lärmenden Preußenrevue bis hin zur todbringenden SA-Draperie.

G. G.: Es geht immer um die Geschichte und um die Reflexion über die Geschichte. Wenn Sie zum Beispiel an die Eisenbahnfahrt Materns nach Berlin denken, wo auf einmal das gesamte Personal des Blochschen Thomas-Münzer-Buches in Richtung Osten unterwegs ist, dann fährt – aus dem Abteilfenster gesehen – in Gestalt von Vogelscheuchen diese ganze Geschichte mit.

H. Z.: Die Mehrschichtigkeit der Scheuchen sollten wir vielleicht noch einmal kurz ausleuchten. Das Ganze hat, so glaube ich, auch etwas zu tun mit dem Kunstbildner Grass, der hier unter anderem den Abstraktionismus der damaligen Gegenwartskunst im Blick hat. Nicht minder scheinen mir hier Klischees in der Geschichte bezeichnet zu sein, ich meine etwa den Zusammenhang des Scheuchenwesens mit dem Antisemitismus. Auch in derartige Bereiche der Ideologiekritik soll dieses Scheuchenhafte offenbar hineinführen.

G. G.: Während der Arbeit am Manuskript der »Hundejahre« habe ich sehr viel gezeichnet: zum Beispiel große Nonnenbilder, wie sie auch im Roman ihre Bedeutung haben, und sehr viele Vogelscheuchen. Das Ganze ist eingefangen in Skizzen, in Zeichnungen, ganze Ballette kamen aufs Blatt. Zur Erläuterung muß ich in die fünfziger Jahre zurückgehen, zu einer abermals ideologisch geführten Auseinandersetzung im Bereich der bildenden Kunst. Als ich 1953 nach Berlin kam, tobte ein heftiger Streit zwischen dem von mir sehr verehrten Maler und

Direktor der Akademie der Künste, Karl Hofer, auf der einen Seite und Professor Will Grohmann, dem Kunsttheoretiker, auf der anderen Seite – einem verdienstvollen Mann, der aber ideologisch eine absolute Abwendung vom Gegenstand weg zum Gegenstandslosen verfocht. In dieser Zeit wollte man Beckmann, Dix, Hofer und andere einfach zur Seite schieben. Man suchte Anschluß ans Weltniveau, von dem man interessanterweise ebenso kleinkariert sprach wie gleichzeitig in der DDR. Natürlich kam dieses Weltniveau aus Amerika, und es wurden großflächige, sehr interessante gegenstandslose Bilder gemalt, die man durchaus als Dekoration in den Sitzungssaal der Deutschen Bank hängen konnte, ohne die Geschâfte zu stören. Wenn man dort ein Triptychon von Beckmann aufgehängt hätte, wäre die Bank gesprengt gewesen. Das hat man wohlweislich nicht getan. Ich habe in dieser Situation Partei ergriffen, wie schon im Fall Sartre-Camus – nämlich für den Gegenstand. Das Parteiergreifen bezog sich, was mich betrifft, nicht nur auf das, was ich zeichnete oder als Bildhauer gestaltete, sondern auch auf das, was ich schrieb. Das Bekenntnis zum Gegenstand durchzieht alle meine Bücher.

Ich habe andere Einsichten, andere Realitätswahrnehmungen eingeführt und auf bestimmte überkommene Dinge bewußt verzichtet. Sie werden in meinen Büchern keinen Satz finden, der etwa so anfängt: Er dachte das und das ... oder: Er trug sich mit der Hoffnung, dieses und jenes ... Nichts dergleichen. Meine Figuren werden von außen gesehen, werden aus der Perspektive ihrer Handlung, ihrer Handlungsweise oder ihrer Nicht-Handlungsweise erklärt. Denken Sie etwa an »Katz und Maus«, wenn Pilenz über Mahlke sagt: »Seine Seele wurde mir nie vorgestellt.« Die bleibt bis zum Schluß im dunkeln, es gibt nur Mutmaßungen darüber. Das ist übrigens ein Mutmaßungsstil, der bei mir sehr früh ansetzt und der auf eine ganz andere Weise bei Uwe Johnson zum Tragen gekommen ist. Die Sicherheiten des Autors, die wir bis dahin hatten und in der Literatur zum Teil immer noch haben – wo der Autor zu wissen meint, was seine fiktive Person denkt oder vorhat –, kommen mir ausgesprochen altmodisch vor.

H. Z.: Das Scheuchenmotiv geht ja soweit, daß es direkt auch in die politische Kritik hinüberreicht. Zum Beispiel erinnere ich mich an eine Szene, in der Eddi Amsel eine Scheuchengruppe mit SA-Uniformen ausstaffiert und damit die groteske Situation herstellt, daß es mitten im Nazideutschland gleichsam zu einer Kunstattacke kommt.

G. G.: Die Sache ist noch komplizierter, weil er als Halbjude – so wurde er ja bezeichnet – natürlich nicht an SA-Uniformen herankommt, um seine Scheuchen zu dekorieren. Deshalb überredet er seinen Freund Walter Matern, der eher dem Kommunismus zuneigt, von diesem Glauben zu lassen, in die SA einzutreten und ihn möglichst mit SA-Uniformen zu versorgen, die schon mehrere Saalschlachten hinter sich haben, die also für die Herstellung von Scheuchen besonders geeignet sind. Amsel macht die Rechnung allerdings ohne den Wirt. Er kriegt die Scheuchen geliefert, aber Matern, weil anfällig für die Ideologie, wird zum SA-Mann und ist eine von den neun vermummten Gestalten, die Amsel zusammenschlagen, als er im Garten seine mechanisch marschierenden und grüßenden SA-Scheuchen in Bewegung setzt.

Am Zähneknirschen dieser einen vermummten Gestalt bemerkt Amsel, daß sein Freund Matern zu ihnen gehört. Das ist eine mehrdeutige Geschichte, die zugleich die Gefährlichkeit der direkten Hinwendung von Kunst zur Politik aufzeigt.

H. Z.: Die Faschisten ertragen also das Abbild ihrer puppenhaften und maschinenhaften Instrumentalisierung nicht und schlagen zurück. Das beschreibt noch einmal den politischen Aspekt der Scheuchenbildnerei, die neben der kunstkritischen sogar bis in die philosophische Dimension hineinreicht. In gewisser Weise ist ja für Sie damals auch der Heideggerianismus eine geistige Scheuche, worauf Sie mit äußerst ironischen und satirischen Sottisen reagiert haben. Das Wabern des deutschen Geistes in der Heideggerschen Kunstprosa haben Sie damals sehr ernst genommen.

G. G.: Einerseits ernst genommen, aber andererseits sind das sehr komische Geschichten, wenn der ideologieanfällige Matern nach einer Phase, in der er sich an Benn berauscht und in der Bennschen Metaphorik schwadroniert – wie er immer schwadroniert –, auf einmal den Heidegger-Jargon für sich pachtet. Das färbt während der Luftwaffenhelferzeit auf Schüler ab, die ihren Flak-Dienst leisten und anfangen zu heideggern, was wiederum zu ganz komischen Nutzanwendungen vor allem bei der Jagd auf Ratten führt, die es dort in der Flak-Batterie gibt, also bei einer zerstörerischen und barbarischen Tätigkeit. Die Begriffe werden in den »Hundejahren« aus ihren Metaphern gelöst, und die Nicht-Seienden, also die Bloß-Seienden, die nicht das Bewußtsein des Seienden haben, liegen als Knochenberg zuhauf. Das Ganze steigert sich – das haben wir schon angesprochen – in den Untergang Berlins hinein, in die Suche nach dem verlorenen Hund des Führers und damit in eine Komposition substantivierter Sprache, die aus den Wortfeldern der Heidegger-Sprache und aus der Sprache des Oberkommandos der Wehrmacht gefiltert ist.

Diese Passagen sind sehr angegriffen worden und hatten auch bestimmte Konsequenzen. Der Roman erschien 1963, in dem Jahr, in dem ich in die Berliner Akademie der Künste gewählt wurde. Heidegger hat sich daraufhin geweigert, jemals wieder die Akademie zu besuchen. Darüber gibt es übrigens einen Briefwechsel, den ich erst vor kurzem in den Dokumentationsbänden der Akademie kennengelernt habe – mir ist die Heideggersche Reaktion damals gar nicht so bewußt geworden. In den »Hundejahren« habe ich den Philosophen beim Wort genommen, auch bezüglich seiner Rektoratsrede. Die Distanzierung von seinem verehrten und bewunderten Lehrer und Inspirator Husserl, dem die Erstauflage von »Sein und Zeit« gewidmet war und wo mit der Wiederaufnahme der Widmung herumjongliert wurde, habe ich ebenfalls verarbeitet. Dabei wollte ich Heidegger das alles nicht ankreiden, sondern wollte zeigen, wie breit gefächert das Versagen im Jahre 1933 gewesen ist.

Es waren ja nicht nur die viel gescholtenen Kleinbürger verantwortlich – das war immer ein Hochmut, auch aus linker Sicht, die Kleinbürger schuldig zu erklären. In Wahrheit hat man die Kleinbürger im Stich gelassen, hat sie den Nazis überlassen. Das proletarische Bewußtsein der SPD, die in ihrer Struktur schon längst keinesfalls allein proletarisch war, was auch auf die Kommunisten zutrifft, war künstlich erzeugt, man berauschte sich aus intellektueller Sicht an dem Begriff »Proletariat«. Wir haben so etwas 1968 noch einmal erlebt. Immer hat man den Kleinbürger mißachtet und politisch im Stich gelassen mit dem Ergebnis, daß er eine leichte Beute der Nazis wurde. Nein, die Verführung, das verführte Denken ging eben bis zu Benn und ging bis zu Heidegger. Von den jungen Menschen bewundert wegen ihrer Sprachgewalt, haben beide nicht die Kraft gehabt, meiner Generation erklärende Worte zu geben – weder Benn im »Doppelleben« noch Heidegger einem bewundernden Besucher namens Paul Celan gegenüber. Celan hat auf ein Wort gewartet, doch das Wort kam nicht. Dieses Schweigen, glaube ich, hat sie nach temporärer Mitläuferschaft – bei beiden handelte es sich nur um eine kurze Zeit, auch deshalb, weil die Nazis mit Benn wie mit Heidegger letzten Endes nicht viel anfangen konnten – geschützt, nicht ihr eigenes Tun. Das alles spielt in den »Hundejahren« mit eine Rolle, bricht und spiegelt sich – aber nicht als These – in der Person des Matern, der der einen oder der anderen Ideologie verfällt und sie wieder ablegt wie ein abgetragenes Kleid, um in die nächste geistige Kostümierung zu schlüpfen.

H. Z.: Hatten Sie denn damals die Befürchtung, daß eine Geisteshaltung à la Benn, Heidegger oder auch Jünger auf dem Nährboden dieser deutschen Wirtschaftswunderwelt irgendwann einmal dominante Zeitgeisterscheinung und damit auch politisch virulent werden könnte?

G. G.: Aber sicher. Wir haben es doch erlebt und erleben es bis in diese Tage hinein. Verschiedene Autoren haben um 1968 herum Texte veröffentlicht, die von einer »Umerziehung«, von Umerziehungslagern sprachen, und es gab Entwürfe etwa im »Kursbuch«, daß es einen noch heute nur schauern kann und man dankbar sein darf, daß es nie dazu gekommen ist. Ein Teil jener Autoren gefällt sich heute in einem neokonservativen bis neoliberalen Ton, manche sind ziemlich weit nach rechts abgewandert und haben ihren Gesinnungswandel ohne jede Erklärung sich selbst und der Öffentlichkeit gegenüber vollzogen. Diese Art von Opportunismus und Wendemanövern gab es nicht nur 1989 in der DDR, sondern genauso im Westen. Da ich als Autor aus Berufsgründen ein Elefantengedächtnis pflege, bleibt mir so etwas nicht verborgen.

H. Z.: Walter Matern ist ein solcher chamäleonartiger Typus, der in den »Hundejahren« die ganze Bandbreite möglicher Ideologisierungen durchmacht und verkörpert. An ihm wird deutlich, daß die sogenannte Schuldbewältigung in sich selber und auch gegenüber anderen mißlingt. Matern sucht auf dem Wege der Selbstentschuldung die Schuld immer wieder bei anderen; er will einerseits Rache, kann aber die eigene Verschuldung gar nicht anerkennen und schon gar nicht abarbeiten. Ich zitiere eine Formulierung von Ihnen: »Diese Mischung, nachts links, am Tage rechts und im Herzen avantgardistisch, ist eine wahre Zeitmischung.« Darin ist das Seelen- oder Kopfklima des Walter Matern enthalten. Hat dieses Changieren zwischen sehr verschiedenen Haltungen nicht nur im politischen, sondern auch im kulturellen Deutschland Schule gemacht? Ich meine zum Beispiel die Unfähigkeit des Erinnerns, die Unfähigkeit zum Schuldeingeständnis – liegen darin entscheidende und wegbereitende Signaturen dieser neuen westdeutschen Republik?

G. G.: Nicht nur der westdeutschen, es trifft auf beide Staaten und auf beide Gesellschaften zu. Gehen wir zunächst einmal zurück zu Matern, der seine neueste Überzeugung jeweils auch mit Brachialgewalt praktiziert. So wie er als SA-Mann ein Schlägertyp war, so ist er in der Nachkriegszeit ein rachedürstiger und selbsternannter Antifaschist, der seine Opfer heimsucht. Wir erleben heute, wie einzelne Personen, darunter Autoren, die unter dem kommunistischen Regime zu leiden hatten – mehr oder weniger, aber im Vergleich zu denen, die wirklich zu leiden hatten, eher weniger –, eine Stasiagentenjagd betreiben und dabei vor Methoden nicht zurückscheuen, die dem Stalinismus entliehen sind. Hier ist wieder die verwischte Grenze zwischen Opfer und Täter, der rasche Ideologiewechsel zu beobachten. Auch fällt die Vergeßlichkeit von Autoren ins Auge, die dankbar waren, daß sie in den Ost-PEN aufgenommen wurden, und die nun leugnen, während ihrer Aufnahmezeit jemals eine Charta des PEN vorgelegt bekommen zu haben etc. Gerecht beziehungsweise selbstgerecht haben sie das mit rächerischer Geste und mit dem Brustton der Überzeugung bei den Auseinandersetzungen um die Vereinigung der beiden PEN-Zentren immer wieder vorgetragen. Sie scheuen sich in der Tat nicht, jemanden, der das anders sieht und anders zu begründen weiß, sofort auf stalinistische Art und Weise unter Verdacht zu stellen.

H. Z.: Mir ist in den »Hundejahren« besonders die Groteske der deutschen Wirtschaftswunderwelt aufgefallen, die Sie in einer Wurm-Metaphorik fassen. Die Genese des neuen aus dem alten Deutschland ist eine wurmstichige, eine zutiefst von bösen Kontinuitäten und Altlasten be-

schwerte. Sie schreiben: »Seinsvergessene suchen Transzendenzersatz: Gleichgemusterte Steuerzahler.« Das ist
recht früh gemünzt auf eine Bundesrepublik, die sich
immer mehr in kapitalistisch-konservative Richtung entwickelt.

G. G.: Das ist die Realitätserfahrung der fünfziger und
sechziger Jahre, der Zeit des Wiederaufbaus, des Wirt-
schaftswunders. In ironischem Umgang mit der Heidegger-Sprache führe ich die Entwicklung auf den
ernüchternden Tatbestand der formierten Steuerzahler,
der Konsumorientierung zurück, wie wir sie noch heute
kennen. Ich konnte nicht wissen oder ahnen, daß sich
die Erfahrungen, die ich damals gesehen und beschrieben habe, bis in die neunziger Jahre hinein bestätigen
würden.

H. Z.: Interessant ist dieser Dualismus: einerseits der allmählich beginnende Wahlkämpfer, der sich öffentlich
politisierende Grass, der den demokratischen Sozialismus
propagiert und dafür praktisch eintritt, auf der anderen
Seite im Roman der ganz desillusionierte Analytiker dieser sich versteinernden deutschen Verhältnisse.

G. G.: Das ist eine nüchterne Einsicht, eine antiideologische
Einsicht. Für mich bedeutet das Eintreten für einen demokratischen Sozialismus keine ideologische These, sondern
es geht um das Offenhalten eines »Dritten Weges«, den
ich nach wie vor sehe. Wir haben erlebt, wie die festge-
formte und reformunfähige kommunistische Welt in sich
zusammengefallen ist, wir erleben gegenwärtig, wie sich
der Kapitalismus ohne ein Gegenüber selbst zugrunde
richtet. In der Stunde des Sieges über den Kommunismus
fällt ihm nichts Besseres ein, als auf die verbrauchten und

inhumanen Methoden des neunzehnten Jahrhunderts zurückzugreifen, so daß wir heute eigentlich vor der absurden Aufgabe stehen, mit Hilfe eines demokratischen Sozialismus den Kapitalismus an der Selbstvernichtung zu hindern. Denn mit einer Selbstvernichtung des Kapitalismus, siehe Asien, werden Millionen von Menschen ins Elend geritten, ohne daß einer von diesen Herren auch nur mit der Wimper zuckt. Es wird dem Markt angelastet, der im Grunde gar nicht mehr existiert.

Aus diesen Einsichten heraus habe ich den Teil meiner Erfahrungen, den ich nicht in meinen Romanen oder in meinen Gedichten zur Darstellung bringen konnte, als Bürger im Wahlkampf umgemünzt. In einem Land, das, dem deutschen Idealismus folgend, immer von hundertprozentigen Entscheidungen ausgeht, habe ich in harter Knochenarbeit die Provinz beackert, habe landauf und landab verkündet: Mir reichen sechzig Prozent, um eine Partei zu wählen, ich halte nichts von hundertprozentigen Entscheidungen, ich habe mir selbst gegenüber kein hundertprozentiges Verhältnis. Wenn ich sehr gut geschlafen habe, mögen es am Morgen bei guter Laune achtzig Prozent sein, das bröckelt ab gegen Nachmittag, erholt sich vielleicht am Abend wieder, aber es erreicht dann im günstigsten Fall sechzig Prozent. Lebt damit! Das war damals für Deutschland etwas Neues: weg von den hundertprozentigen, weg von den Entweder-Oder-Entscheidungen, von dem bloßen Ja und dem bloßen Nein. »Mein großes Ja bildet Sätze mit kleinem Nein« habe ich einen Gedichtzyklus überschrieben, der damit wiederum auf literarische Weise umgeht: »Dieses Haus hat zwei Ausgänge; ich benutze den dritten.«

H. Z.: Die Wurmstichigkeit der Verhältnisse damals und noch heute in der Spätzeit des Kapitalismus betrachten in den »Hundejahren« die Studenten und die Jugendlichen mit ihren »Erkenntnisbrillen«, den »Wunderbrillen«, die Brauxel, alias Eddi Amsel, in großer Stückzahl produziert. Mit diesen wahrnehmungsschärfenden, gleichsam aufklärenden Instrumentarien – das ist eine Art ironischer Erzähltrick – erkennen die Jungen die Nazivergangenheit ihrer Eltern, ihrer Väter insbesondere. Im Blick auf Ihre spätere Kritik an der Studentenbewegung ist das zunächst noch eine positive Einschätzung.

G. G.: Ja, das ist ein Vorgriff, aber es findet gleichzeitig in Form eines Einakters eine öffentliche Anhörung statt – auch das ein Vorgriff auf Dinge, die ich später erlebte –, wo Matern in die Mangel genommen wird und wo sich der Befragungsprozeß in eine Inquisition verwandelt.

H. Z.: Wo vor allem die Mechanismen dieser neuen bundesdeutschen Öffentlichkeit bloßgelegt werden ...

G. G.: Es reicht nicht, die Frage nach der Schuld zu diskutieren, es genügt nicht, wenn man sich erklärt, sondern derjenige muß an den Pranger gestellt, er muß auseinandergenommen werden. Dies ist das Gräßliche eines notwendigen, über die Vergangenheit aufklärenden Prozesses, der im Ritual erstarrt. Ich habe während der Buchmesse 1968 in Frankfurt eine Veranstaltung des SDS erlebt, bei der auf offener Bühne Adorno von einigen Studentenführern, Krahl und andere waren dabei, auf eine widerwärtige Weise lächerlich und kaputt gemacht wurde. Wie ein todtrauriger Clown stand Adorno auf der Bühne, und die einzigen, die Einspruch erhoben, waren Habermas und ich. Von den Frauen des SDS, die wie ein

Chor von Hyänen auftraten, sind wir nahezu zerfleischt worden, weil wir gegen diese Art der öffentlichen Niedermachung, eines Schauprozesses, protestiert haben. In den »Hundejahren« habe ich in der »Öffentlichen Diskussion« – mit all den Möglichkeiten der damaligen Rundfunktechnik, das Ganze ist ja als eine Art Hörspiel aufgezogen – einen solchen Prozeß, bei dem am Ende die Person vernichtet sein muß, spielerisch in Szene gesetzt.

H. Z.: Nun muß man zur Erklärung sagen, daß dieser Matern sich seinerseits einer »dröhnenden Funkpädagogik« schuldig macht.

G. G.: Gewiß, er ist das geeignete Opfer und hat vielschichtigen Dreck am Stecken. Nur gibt die Methode doch auch heute noch zu denken. Natürlich ist nach 1989 die Anklage gegen Stasispitzel berechtigt gewesen, aber wenn sie permanent mit den Methoden des Stalinismus betrieben wird, erleben wir eine Wiederauflage dessen, was wir schon ein paar Mal erlebt haben.

H. Z.: Dieser quasi forensischen Situation werden wir später im »Butt« noch einmal begegnen, wenn die versammelte feministische Frauen-Power auf den Plattfisch, in gewisser Weise aber auch auf den Erzähler losgeht. Ich habe diese Partie in den »Hundejahren« gelesen als Antizipation der Debatten- und Quatschgesellschaft ...

G. G.: Die war damals noch nicht vorhanden, aber wenige Jahre später begann das alles und hat sich als Talkshow-Mentalität bis heute gehalten.

H. Z.: Mir scheint, darin lag schon diese besondere Art eines futurischen Erzählens, wie Sie es später im »Butt« und in der »Rättin« weiter ausarbeiten. Denn dieses Ritual um Walter Matern führt schließlich zu einer Entproblematisierung von gesellschaftlichen Fragen, und die gibt im Grunde schon einen Ausblick auf künftig drohende technokratische und bürokratische, wenn nicht quasi stalinistische Lösungsversuche.

G. G.: Ich spreche nicht von stalinistischen Lösungen, sondern von solchen Methoden. Das geht bis in die heutige Welle der Political correctness hinein. In Ermangelung der Feinde sind es auf einmal die Raucher, die isoliert werden und die man mit derartigen Methoden überzieht, um ihr in der Tat fragwürdiges Verhalten – das sage ich als Pfeifenraucher – nicht nur als gesundheitsgefährdend, sondern als gesellschaftsfeindlich darzustellen. Das eine überzogene Rädchen bringt das nächste in Gang, und dann kommt es zu diesen Schauprozessen, zu diesen öffentlichen Bloßstellungen. Wenn man nach den Anfängen fragt, war die erste Fragestellung allerdings eine richtige.

H. Z.: Die »Hundejahre« sind wie »Die Blechtrommel«, wenn auch auf ganz andere Weise, ein Künstlerroman. In bestimmter Hinsicht ist das Duo Matern-Amsel auch ein Künstlerduo in politischer und ideologischer Verstrickung.

G. G.: Und in ökonomischer Verstrickung: In beiden Fällen mündet das in die Vermarktung des jeweiligen Talents.

H. Z.: Geht es auch um das Versagen der Intellektuellen? Oder was ist der Inspirator, die immer wieder bewegende Frageenergie für diese Konstellation?

G. G.: Das Wort »Versagen« kann vielleicht später kommen. Zuerst einmal geht es um das Aufzeigen eines Mechanismus. Ein Talent entwickelt sich naiv, nimmt die Welt wahr, formt sie um, beginnt die Methode zu verfeinern, immer mehr überwiegt das Ästhetische, löst sich ab, und auf einmal schlägt es um in die Vermarktung. Das ist etwas, was ich an mir selber beobachtet habe, als ich mit meinen beiden Fähigkeiten und Tätigkeiten, als Zeichner und als Schreiber, begann. Zunächst war absolut nicht abzusehen, ob ich jemals eine Mark damit verdienen würde. Von meinem ersten Gedichtband, der 1956 erschien, habe ich bis 1959, wenn ich mich recht erinnere, siebenhundertdreißig Exemplare verkauft. Davon war nicht zu leben. Doch dann kam »Die Blechtrommel«. Natürlich war sie für mich ein Glücksfall, und ich bin auch froh und dankbar dafür, daß ich seit meinem zwei-unddreißigsten Lebensjahr keine Geldsorgen mehr habe und dadurch meine Unabhängigkeit gesichert sehe. Aber gleichzeitig wurde mir bewußt, was das für eine Gefahr ist, wie das, was ich tue, sich vermarktet und wie ich aufpassen muß, daß ich diese Vermarktung im Schreibprozeß nicht vorwegnehme. Im Gegenteil, ich muß sie gestalten, ich muß sie in bestimmten Erzählmustern deutlich werden lassen. Das geschieht in der »Blechtrommel« und in den »Hundejahren« gleichermaßen, wenn es auch jeweils verschiedene Disziplinen sind.

H. Z.: Am Ende der »Hundejahre« dann dieses infernalische Ereignis tief unter der Erde. Dante läßt grüßen. »Der Orkus ist oben« lautet die Devise einer Erfahrungsreise hinein in die Unterströme der Geschichte, wo Brauxel alias Amsel weiterhin Vogelscheuchen – in all den bekannten Sinnzusammenhängen – produziert. Was ist das für eine Hexenküche da unten, welch eine Symbolik vermittelt sich dort in schründiger Anschaubarkeit? Der irrationale Motor alles Historischen? Ist das ein

Sinnbild des Antiutopischen? Was bewegt die Welt im Innersten?

G. G.: In den Firstenkammern des Bergwerks, neunhundert Meter unter Tage, werden die Scheuchen in Massenproduktion hergestellt und stehen dort gruppenweise fast wie in einem Museum geordnet nach bestimmten Geistesschulen, Religionsschulen, Politikschulen und Wirtschaftsschulen. Das ironische Moment ist, daß sich dieses Bild von der Vermarktung der Realität, die nicht wie die Produktion unter Tage stattfindet – der Orkus ist ja oben –, als eine Zurückweisung der Mythologie und als eine Hinwendung zur gegebenen Wirklichkeit erweist, die im klaren Tageslicht dasteht. Zwei Freunde, die sich zerstritten haben, verloren haben und wiederfinden, und am Ende heißt der letzte Satz: Jeder badet für sich. Es gibt keine Verbindung, der Orkus ist in der Tat oben. Wenn Sie so wollen, handelt es sich um eine aufklärerische Hinwendung, die immer wieder darauf verweist, daß nicht das Schicksal uns schlägt, daß uns nichts in den Orkus hinabzieht, sondern daß wir an selbstverschuldeter Unmündigkeit leiden.

H. Z.: Das gilt nicht nur für die Deutschen, nehme ich an.

G. G.: Nein, das ist insgesamt mein Menschenbild, mein unverdrossen zu wiederholender Versuch, aus dieser Unmündigkeit herauszukommen. Heute geschieht das natürlich in ganz anderen Bezugsfeldern und ganz anderen Gefährdungen gegenüber als im achtzehnten Jahrhundert, wo man noch meinte, durch den technischen Fortschritt die Unmündigkeit eingrenzen, verringern, überwinden zu können. Heute sehen wir, daß die Ergebnisse dieses Prozesses aus der Aufklärung heraus uns in neue Unmündigkeiten gebracht haben.

H. Z.: Ich stelle die Frage deshalb, weil Ihnen gelegentlich vorgehalten wurde, der deutsche Autor Grass warne hier vor unaufhebbaren Irrationalitäten seiner Landsleute, vor ihrer Unfähigkeit, sich selber Maße oder vernünftige Ziele zu setzen. Allein die Schäferhund-Mythologie in den »Hundejahren« sei Ausdruck der Kritik an den rassistischen Wahnvorstellungen der Deutschen, die möglicherweise immer noch vorhanden seien oder wieder auftreten könnten. Gab es bei Ihnen je eine parteiische, antideutsche Haltung?

G. G.: Meine Texte, meine Sprache und meine Bilder sind aus der Reibung an deutscher Wirklichkeit entstanden. Das ist die mir vertraute, das ist die, die mich, die uns alle beschädigt hat, in der wir leben, die ich zu ändern versuche. Das heißt aber nicht, daß der Zustand der Unmündigkeit im achtzehnten Jahrhundert oder der neuerliche Zustand der Unmündigkeit gegen Ende dieses Jahrhunderts an den deutschen Grenzen haltmacht. Diese Phänomene sind weltweit zu beobachten, zumal wir im Gegensatz zum achtzehnten Jahrhundert heute mit Problemen zu tun haben, die in der Tat weltweit sind. Der ökologische Raubbau macht an keiner Landesgrenze halt. Er mag zwar unterschiedlich stark betrieben werden, aber insgesamt ist die Welt davon bedroht. Und die Abhängigkeit von einer mediengestützten Scheinwelt ist auch grenzübergreifend. Es wäre heute unmöglich, in dieser so technisierten Welt ein Zensursystem aufzubauen, wie es noch bis weit über die Mitte dieses Jahrhunderts in geschlossenen Staatswesen möglich war. Auf der einen

Seite bedeutet das eine Befreiung, aber gleichzeitig kommt mit dieser Entwicklung ein neuer Prozeß des Unmündig- werdens in Gang, indem man Verantwortung an Com- putersysteme überträgt, indem man sich selbst im Sinne von Erleichterung unmündig macht.

H. Z.: Also schon zu Zeiten der »Hundejahre« war es nicht ein Einspruch gegen so etwas wie eine schicksalhafte Deutschheit, ein unvorgreiflicher deutscher Charakter, der sich immer wieder einmal seine rassistischen oder sonstwie zerstörerischen Bahnen bricht?

G. G.: Es gehört natürlich schon dazu, daß der Rassismus, den es auch in anderen Ländern gegeben hat und immer noch gibt, am radikalsten, am perfektesten und mit töd- licher Konsequenz in Deutschland betrieben wurde. Das ist meine Erfahrens- und Lebensvorlage, der ich bis heute konfrontiert bin.

H. Z.: Günther Blöcker hat damals in seiner Rezension der »Hundejahre« vom Haß gesprochen, den der Autor Grass auf die Bundesrepublik gehegt habe. Haben Sie jemals Haß auf dieses Land verspürt?

G. G.: Natürlich nicht. Sehen Sie, das ist dieser immer wie- der ungenaue, flüchtige Blick des einen und vieler ande- rer Rezensenten. Wenn mein Protagonist Walter Matern bei seinen untauglichen Geschäften des nachgeholten Antifaschismus Haßgesänge anstimmt, werden die dem Autor als Schuld übertragen. Dabei wird unterschlagen, daß drei Stimmen gegeneinander stehen und daß der Kosmos dieses Romans vielschichtig und konjunktivisch instrumentiert ist.

IV. Wider den linken Ästhetizismus –
Lob der melancholischen Aufklärung

HARRO ZIMMERMANN: 1966 wird Ihr Stück »Die Plebejer proben den Aufstand« uraufgeführt, 1969 erscheint »örtlich betäubt«. Mit beiden Texten wenden Sie sich der Nachkriegszeit zu, einerseits dem Arbeiteraufstand in der DDR und Bertolt Brecht, andererseits der Studentenbewegung in Westdeutschland. »Ein Anarchist entscheidet sich« hat Heinrich Vormweg diese Phase Ihres Lebens in seiner Biographie überschrieben, was wohl heißen soll, daß Günter Grass sich jetzt in konkreter Richtung politisiert habe, nicht länger indifferent gewesen sei in politischer Hinsicht. Ist diese Überschrift in Ihren Augen sinnvoll?

GÜNTER GRASS: Nein, ich halte sie für daneben, weil ich nie erklärtermaßen Anarchist gewesen bin. Man hat das in meine Art zu schreiben hineininterpretiert. Die Grundgleisstellung für meine politische Tätigkeit lag viel früher. Meine erste Frau Anna und ich sind 1956 nach Paris gegangen, und nur wenn ich besuchsweise in die Bundesrepublik kam, erlebte ich sie seit der Bundestagswahl 1957 unter der absoluten Mehrheit der CDU. 1960 zogen wir wieder nach Berlin, wo ich im Jahr darauf mit dem Mauerbau konfrontiert wurde. Ich muß in meiner Erinnerung zurückgehen auf das Jahr 1953. Ein halbes Jahr nach meiner ersten Ankunft in Berlin, also noch Jahre vor Paris – Anna war Tanzelevin bei Mary Whigman, ich schrieb lange und kurze Gedichte und setzte meine Ausbildung als Bildhauer an der Hochschule für Bildende Künste fort –, kam die Nachricht, die uns zum Potsdamer Platz trieb, wo wir von der Westseite den Aufstand vom 17. Juni gesehen haben. Haus Vaterland brannte, ein anderes Gebäude qualmte, und ein Kiosk stand in Flammen. Man sah russische Infanteristen, die sich an der Sektorengrenze eingegraben hatten, und im Hintergrund, bis in die Leipziger Straße hinein, Menschenmengen und Panzer und Arbeiter, die Steine gegen Panzer schleuderten. Dieses Bild ist bei mir haftengeblieben und führte zehn Jahre später dazu, daß ich einen Essay schrieb, von Shakespeare angefangen bis zu Brecht und meiner Umdeutung der Geschichte des »Coriolan«. Der Essay mündete dann in die Konzeption der »Plebejer«, die bei ihrer Berliner Uraufführung in beiden Staaten ein Ärgernis gewesen sind, weil das Stück gegen zweierlei Geschichtsverfälschung anging. Die westliche Geschichtsverfälschung hat in kurzer Zeit, Adenauers Sprechweise und Absicht folgend, aus dem Arbeiteraufstand eine Volkserhebung gemacht, was er nie gewesen ist. Es waren keine Studenten beteiligt, die Kirchen und das damals noch vorhandene Bürgertum standen ebenfalls abseits, der Aufstand wurde fast ausschließlich von Arbeitern bis zum blutigen Ende getragen. Im Osten war es natürlich die übliche Konterrevolution, die lange als Deutung herhalten mußte. Gegen diese Verfälschungen richtete sich das Stück unter anderem.

Wie gesagt, ich kam 1960 nach Berlin zurück. Dann wurde die Mauer gebaut, und in diese Zeit fällt ein Besuch von Hans Werner Richter, in der Tasche eine Einladung des Regierenden Bürgermeisters Willy Brandt, der das Gespräch mit Intellektuellen sucht. Durch Richter erfahre ich von Brandts Einladung und frage ihn: Warum hast du mich nicht genannt? Da sagte er lachend: Du bist doch ein Anarchist, dich interessiert das doch nicht. Das ist Unsinn, antwortete ich. Was immer dich dazu bringt, mich Anarchist zu nennen, ich habe nichts dagegen, es ist ja nichts Ehrenrühriges, weiß Gott nicht; aber mich interessiert Brandts Angebot, ich komme mit. Bei diesem Treffen hat Brandt erst einmal eine Analyse der Situation Berlins nach dem Mauerbau und der Schwierigkeit seiner Position gegeben, weil er gleichzeitig Wahlkampf betreiben mußte. Er war zum erstenmal Kanzlerkandidat der SPD – im September des Jahres fanden Bundestagswahlen statt – und suchte Hilfe, auch Formulierungshilfe, aber die anwesenden Intellektuellen und Schriftsteller vergnügten sich in der zum Teil sicher berechtigten Kritik an der SPD. Keiner wollte mitmachen, außer mir. Ich war der einzige, zur Überraschung aller. Auch vielleicht zum Erschrecken von Brandt, daß ausgerechnet ich bereit war, zu helfen. Diese Hilfe bestand darin, daß ich zweimal in der Woche zum Schöneberger Rathaus fuhr, mir von Egon Bahr, Brandts Mitarbeiter und Pressesprecher, Texte geben ließ, Reden, die Brandt halten wollte, redigierte, ganze Passagen von mir aus entwarf und versuchte, Brandt dazu zu bringen, mehr »Ich« zu sagen. Brandt hatte eine erkennbare Scheu, »Ich« zu sagen, und umschrieb die erste Person mit aberwitzigen Formulierungen wie: »Der hier spricht, sagt ...« Mir ist es in einigen Fällen gelungen, ihn zum »Ich« zu verlocken. So fing es an. Nachdem ich mir Wahlveranstaltungen Brandts angesehen hatte, habe ich 1965 dann mit Hilfe von Studenten des Sozialdemokratischen Hochschulbundes und des Liberalen Studentenbundes, der damals unter Mende aus der FDP ausgeschlossen war, zwei Wahlkampfreisen durch die gesamte Bundesrepublik organisiert.

Die Anfänge liegen also sehr früh. Ich wollte mich als Bürger einmischen und war mir natürlich bewußt, daß ich damit auch ein Risiko einging. Nicht nur weil das ungewohnt war in Deutschland, sondern weil der Umgang mit der politischen Sprache wie der Umgang mit einer Sekundärsprache ist und verführerisch sein kann. Diese Gefährdung, die ich im »Tagebuch einer Schnecke« thematisiert habe, ist mir von Anfang an bewußt gewesen.

H. Z.: Aber der Citoyen Grass, der sich politisch engagiert für Willy Brandt und die SPD, will keineswegs seine Kunstfertigkeit vergessen, seine Literatur links liegenlassen. Er will diese Literatur, entschiedener vielleicht noch als bisher, in die Auseinandersetzung mit Zeitverläufen, mit Zeitproblematiken hineinführen – immer natürlich im Hinblick auch auf Vergangenheiten, die ihre Nachwirkungen haben. Das gilt in unterschiedlichen Maßen und Formen für »örtlich betäubt« (1969), »Aus dem Tagebuch einer Schnecke« (1972) und für »Kopfgeburten« (1980).

G. G.: Mit den drei ersten Prosabüchern »Blechtrommel«, »Katz und Maus« und »Hundejahre« war für mich vorerst das Thema Danzig und die Vergangenheit, die sich damit verband, ausgeschöpft. Die Rückkehr nach Berlin bedeutete für mich eine Hinwendung zur doppeltdeutschen Realität, die man hier weiß Gott erleben konnte. All das reizte mich auch thematisch sehr, und es war durchaus möglich, damit umzugehen. So ist nach einem

Theaterentwurf, der »Verlorene Schlachten« hieß und den ich liegenließ oder nur teilweise verarbeitete, der Roman »örtlich betäubt« entstanden. Schon vom Titel her beschreibt er einen Gesellschaftszustand zur Zeit des Vietnamkrieges, am Vorabend der Studentenbewegung, wo sich der Protest bereits im Schülermilieu abzeichnet. Wichtig waren mir die Reaktionen der Menschen auf diese Ereignisse, zum Beispiel die absolut pragmatische des Zahnarztes oder die des Studienrates, der in seiner Jugend einmal ein Bandenführer gewesen ist und jetzt im Sinne der Aufklärung die gemäßigte Vernunft walten lassen will. Der Studienrat wiederum hat einen Schüler, der aus Protest gegen den Vietnamkrieg mit seiner Freundin zusammen seinen Lieblingshund, einen Dackel, vorm Kempinski verbrennen will. Dazu gehört noch eine Lehrerin, die dauernd von deutscher idealistischer Begeisterung getragen ist und diesen Schüler bewundert, auch dort, wo sie ihn eigentlich bremsen und in Frage stellen müßte.

Das ist die Situation, die vorgefunden wird. Die verschiedenen Stimmen der Aufgeklärten liegen im Streit miteinander. Eine der Hauptfiguren, der Studienrat Starusch, unterzieht sich im Verlauf des Buches einer langwierigen Zahnbehandlung; eine Progenie, ein vorstehender Unterbiß, soll behandelt werden. Er sitzt im Rittergestühl, und dort, wo früher der Herrgottswinkel war, steht heute ein Fernsehapparat. Der läuft, um den Patienten abzulenken, aber er bietet ihm auch gleichzeitig die Möglichkeit, seine Phantasien, Wunschvorstellungen und Befürchtungen auf die blinde Mattscheibe einzublenden. Fortwährend spricht der Zahnarzt, während der Patient nicht reden kann, er muß den Mund offenhalten. Diese verführerisch starre Erzählposition hat mich gereizt, auch mit dem damals noch relativ neuen Medium Fernsehen umzugehen.

H. Z.: Ich gehe einen Schritt zurück, Herr Grass, noch einmal zu den »Plebejern«. Ihre Reserve, Ihre Aversion gegen das realsozialistische Modell DDR haben wir schon angesprochen. Deutlich wird in diesem Stück auch Ihre Reserve gegen jeden linken ästhetischen Abstraktionismus und Egoismus. Die Figur Brechts wird als jemand sehr Ambivalentes dargestellt, der sich für die künstlerische Dimension seiner Bekenntnisse viel stärker interessiert als für ihre praktische Einlösung auf seiten der revoltierenden Arbeiter. Das ist eine gedankliche Figuration, die gerade in der Auseinandersetzung mit der westdeutschen Studentenbewegung eine Rolle spielen wird. 1965 haben Sie den Büchner-Preis erhalten und in Ihrer Dankrede aus der Position des »Revisionisten« eine vehemente Attacke gegen linke Attitüden der Studentenrevolte geritten. Sie haben für die SPD gesprochen und sich gegen das linke »Parteiengezänk« und gegen die »windstillen Reservate der Selbstbespiegelung« gewendet. Haben Sie damals schon befürchtet, daß die Studentenbewegung in Deutschland, sie begann ja erst zu dieser Zeit, zu einem idealistischen und unpolitischen Dilemma geraten würde?

G. G.: Da sprechen Sie gleich einen ganzen Problemkomplex an. Beginnen wir mit den »Plebejern«. Im Essay ist es Brecht, im Stück dagegen kommt der Name Brecht nicht vor. Es geht mir um eine intellektuelle Position: Jemand, der eine feste Vorstellung davon hat, wie die Revolution laufen muß, ist dabei, das Shakespeare-Stück

»Coriolanus« in ein klassenbewußtes Stück »Coriolan« zu verwandeln. Er will die Volkstribunen aufwerten, den Coriolanus abstufen zum Kriegsspezialisten, doch er kommt mit dem Stück nicht recht voran. Und mitten in die Probenarbeiten hinein dringt die Realität zur Bühne vor. Die Arbeiter der Stalinallee kommen und wollen von ihm Hilfe haben. Die benehmen sich nun nicht so, wie er es in seinem Revolutionsstück vorgesehen hat, und überraschen ihn dennoch durch den Einbruch von Realität. Es gelingt ihm, sie hinzuhalten, sie bekommen keine Unterschrift von ihm, vielmehr baut er sie ins Probengeschehen ein, er mißbraucht sie, er sammelt Material, Stoff. Seine Mitarbeiter fügen sich dem.

In diesem Stück tritt vielerlei zutage: ein törichtes, naives Verhalten der Arbeiter; der intellektuelle Hochmut des Chefs, der ihnen überlegen ist; und dann bricht aus den Arbeitern gelegentlich eine direkte Anklage heraus, bei der der Chef wie Coriolanus dasteht, der Zyniker und Volksverächter. Alle wollen seine Mitarbeit, es kommt sogar ein Parteisekretär hinein, der ihn vor den Karren spannen will; auch dem entzieht er sich. Zum Schluß des Stückes ist er fast schon bereit mitzumachen – verführt durch eine junge Arbeiterin, eine Friseuse, die an seine frühen Stücke erinnert und ihn auf pathetisch-romantische Art in das Aufstandsgeschehen verstricken will –, aber er kommt nicht mehr dazu. Die sowjetischen Panzer rollen, und der Aufstand bricht zusammen; am Ende werden die Proben zum »Coriolanus« abgebrochen, das Stück wird abgesetzt. Wir wollten Shakespeare ändern, wir können ihn nicht ändern, wenn wir uns nicht selber verändern, ist der Schluß aus der Sache. Am Ende stehen

Einsichten, die die »Buckower Elegien« von Brecht paraphrasieren: »Ihr Unwissenden! Schuldbewußt klag ich euch an« – die Wechselbeziehung zwischen der Schuld- und der Verantwortungsfrage, aus der das Stück seine Spannung bezieht. Ich habe es bewußt nicht Tragödie, sondern »Ein deutsches Trauerspiel« genannt und knüpfe damit an das barocke Trauerspiel an, wo die Schuldfrage ebenfalls nie eine geklärte ist, sondern immer ambivalent bleibt. Das Stück hat Aufsehen erregt und Streit ausgelöst, weil ich mit den zwei Geschichtsverfälschungen aufgeräumt und weil ich den linken, theoretisch abgehobenen Hochmut in Frage gestellt habe.

Das letztere trifft natürlich auch für die Büchner-Preisrede zu, in der ich vor allem Anstoß an dem linksintellektuellen Verhalten nahm, gelegentlich bei Resolutionen den Namen herzugeben, gegen dieses und jenes aus guten Gründen zu protestieren und es dabei zu belassen, sich also zu überheben über das, was den politischen Alltag ausmacht und was die miefige Provinz angeht. Meine Entscheidung war eben, in die Provinz zu gehen und den politischen Alltag von dort her zu begreifen. Damit prallten absolute Gegensätze aufeinander.

H. Z.: Nun waren das Beobachtungen, die Sie möglicherweise an den Linksintellektuellen und den Schriftstellern schon gemacht hatten. Die Studentenbewegung, die sich erst andeutete, war dagegen noch gar nicht entwickelt. Ihre Befürchtungen gegenüber den Impulsen aus den Universitäten bezeugen vielleicht auch gewisse Wiederholungsängste, die Sie damals gehabt haben.

G. G.: Ich kann mich recht gut an die Anfänge besinnen, weil ich 1965 im Wahlkampf unterwegs war und vor allen

Dingen in Universitätsstädten gesprochen habe. Zum damaligen Zeitpunkt herrschte an den Universitäten Windstille. Wenn gestreikt wurde, dann gegen das schlechte Mensaessen, aber es waren nie politische Themen. In einer Universität wie Köln hatte der Sozialdemokratische Hochschulbund zwanzig Mitglieder, und die anderen Vereinigungen hatten auch nicht viel mehr. 1966 gab es in Berlin die ersten Antivietnamproteste, was sich 1967 steigerte. Die Anstöße dazu kamen von außen, aus dem kalifornischen Berkeley zum Beispiel und aus Holland, wo die Provos einen neuen politischen Ton in den Alltag brachten. Interessanterweise entwickelten sich die Streikaktivitäten in Deutschland an einer nach dem Krieg gegründeten Hochschule, der Freien Universität, die der amerikanischen Campus-Universität nachempfunden war.

Die Bewegung griff um sich und hatte voll und ganz ihre Berechtigung. Doch schon nach kurzer Zeit ging es nicht mehr um gesellschaftliche Veränderungen, sondern in der Stillage des Seminarmarxismus um eine Revolution, für die jegliche Grundlage fehlte. Und das wurde in einem Deutsch vorgetragen, das außer einem Teil der Studenten niemand verstand. Auch hier wieder die Hochmutsgeste den Arbeitern gegenüber, die von jungen Menschen, die sich erst seit kurzer Zeit politisch engagierten, aufgeklärt werden sollten. Natürlich stieß das auf Widerstand und trug mit zu einer Atmosphäre bei, in der die Springer-Presse die Dinge bis zur Mordbereitschaft hochgereizt hat. Das erste Opfer, Benno Ohnesorg, geht ganz auf dieses Konto, als bei der Demonstration anläßlich des Schahbesuchs in Berlin die Polizei nicht etwa gegen die Jubelperser eingeschritten ist, die mit Dachlatten und Eisenstangen auf die Studenten losgingen, sondern die Jubelperser auch noch beschützt und auf die Studenten eingeschlagen hat. So schaukelten sich die Dinge immer weiter hoch und führten zu einer Agitationssprache, die mit der Realität der Bundesrepublik gar nichts mehr zu tun hatte.

Ich hätte diesen Studentenprotest gerne aktiver unterstützt, nur war ich nicht in der Lage, auf der Straße Ho Chi Minh zu rufen, weil ich kein Parteigänger dieses Mannes war. Ich habe den Vietnamkrieg weit früher als die Studenten als ein Verbrechen angesehen, aber nicht, um Ho Chi Minh zur Machtübernahme zu verhelfen, denn mir war klar, daß mit dem zu erhoffenden Rückzug und der zu erhoffenden Niederlage der Amerikaner dort ein System an die Macht kommen würde, das alles andere als demokratisch sein würde. Die demokratischen Ansätze in Vietnam sind von den Amerikanern selbst eliminiert worden, indem sie Diktatoren einsetzten, die ihnen entsprechend zuarbeiteten. Aber diese Differenzierungen fanden damals in Deutschland nicht mehr statt, und der Gratisparteinahme für Ho Chi Minh konnte ich mich nicht anschließen.

H. Z.: Um so unverständlicher eigentlich, daß dieses Diskursangebot, das »örtlich betäubt« auch ist – in seiner Thesenstruktur, in seiner Dialogizität, in seiner Vielfalt der Vermittlungsformen – weder von der Kritik noch von der Linken, noch offensichtlich von der Studentenbewegung überhaupt jemals ins Auge gefaßt wurde.

G. G.: Die »Plebejer« wie »örtlich betäubt« sind von der Kritik abgetan worden, so daß auch der Zugang zu den Studenten von vornherein versperrt war. Zudem wurde aus

intellektueller Sicht – also von Enzensberger bis sonstwohin – damals generell die Literatur verabschiedet; es
sollte nur noch die Agitation, die Aktion Geltung haben.
Und das im vollen Wissen, muß ich unterstellen, daß die
Agitpropkultur in der Sowjetunion schon Schiffbruch
erlitten hatte. Es sollte noch einmal etwas wiederholt werden, dessen Untauglichkeit im Grunde bewiesen war.

H. Z.: In der Literaturkritik ist unter anderem bemängelt
worden, in »örtlich betäubt« habe Grass seine Fabulier-
kunst völlig verloren, das Buch sei »dürftig« und »dürr«,
es gebe nur Argumente statt Erzählbilder, und – so hat
Reich-Ranicki formuliert – es sei eine »Bagatellisierung«
der ziemlich schlimmen Protestbewegung dabei herausgekommen.

G. G.: Dazu kann ich nichts sagen. Ich habe das Buch
geschrieben und werde alles andere tun, als mich mit diesem Westentaschen-Lukács noch weiter auseinandersetzen. Das ist vorbei für mich.

H. Z.: Dabei scheint es mir eine besondere Qualität von
»örtlich betäubt« zu sein, daß Sie versuchen, hier auch
eine historische Vermittlung zu ermöglichen, die Über-
tragbarkeit geschichtlicher Erfahrungen von damals auf
heute zu bedenken und aus ihrem argumentativen Widerstreit etwas zu lernen, zum Beispiel unter dem Stichwort
der persönlichen Ideologisierung.

G. G.: Ja, genau das war die Schwierigkeit, der dieses Buch
gerecht werden sollte: nämlich der sinistren Bilanz, daß
Erfahrungen nicht übertragbar sind oder nur in ganz
begrenztem Maße.

H. Z.: Die Studenten wollten zwar über die Verstrickung
ihrer Väter in den Nazismus diskutieren und eben die

beklagen, aber sie wollten nicht an sich selber erfahren müssen, daß ihre eigenen Aktionsformen oder ihre Art zu politisieren keineswegs unbedenklich waren.

G. G.: Wenn Sie sich jene Jahre zurückrufen, wo eine dummdreiste These wie »Trau keinem über Dreißig« Schlagzeilen machte und Leute meiner Generation dazu verführt hat, sich noch einmal die kurzen Hosen anzuziehen, dann ist das in der Tat lachhaft gewesen. In »örtlich betäubt« wird etwa die Party eines Verlegers geschildert, wo die Leute mit Castro-Deckeln herumlaufen und in einem pseudorevolutionären Jargon miteinander reden – eine Situation, die an Komik kaum zu übertreffen ist, aber bezeichnend war für diese Zeit.

H. Z.: Sie haben mehrfach den Idealismus, das hundertprozenthafte Wollen, das Alles oder Garnichts hervorgehoben.

G. G.: Es ist immer dasselbe: der begeisterte Aufschwung, der prompte resignative Absturz und die Flucht in den Zynismus hinein, wie wir ihn heute tagtäglich als Geisteshaltung erleben. Der deutsche Idealismus ist eine wunderbare Startsituation, um im Zynismus zu landen.

H. Z.: Sie haben neben Fichte gleichsam einen »Stammvater« im deutschen Idealismus namhaft gemacht, nämlich Hegel, dem Sie eine Art Ur-Initiation aller Herrschaftslegitimationen und aller Großideologien zusprechen. Nun ist Hegel in jenen Jahren vermittelt worden über die Kritische Theorie, über Adorno, auch über Ernst Bloch. Wie sind diese Gedanken an Sie gekommen, was und wen haben Sie wahrgenommen unter dem Rubrum Kritische Theorie? Ich weiß, daß Ihre Auseinandersetzung unter anderem mit Adorno prägend gewesen ist, aber damit war nicht ohne weiteres die kritische Haltung gegenüber Hegel vorgegeben.

G. G.: Ich habe einiges von diesen Dingen, soweit sie sich in Büchern oder Broschüren niederschlugen, gelesen, ohne daß es mir viel gesagt hätte. Camus hat mich in jungen Jahren stärker geprägt. Was Adorno betrifft, gab es sein Verdikt, daß nach Auschwitz ein Gedicht zu schreiben Barbarei sei. Das habe ich mehr als ein Menetekel verstanden, in dem Sinne, daß es nicht mehr möglich sein könne, nach Auschwitz ein Gedicht zu schreiben, das Auschwitz nicht zur Kenntnis nimmt – was eine ganz andere Sache ist. Ich habe also geschrieben.

1968 mußte ich mit Entsetzen erleben, ich sagte das schon, wie die gläubige Adorno-Gemeinde diesen alten Mann auf der Buchmesse regelrecht fertiggemacht hat. Adorno ist darüber gestorben, wenige Monate später war er tot. Wenn heute Botho Strauß davon spricht, es müsse auch ohne Aufklärung, ohne Adorno gehen, handelt es sich um einen zeittypischen Pendelschlag ins andere Extrem: das Überschwappen ins Mystische, ins romantizierende Muster, fast bis ins Blut- und Bodenhafte gelegentlich. Von solchen Extremen habe ich mich ferngehalten, weil sie mir nicht liegen und mir fremd sind, weil sie zu sehr im Abstrakten stecken und zu wenig von der Anschauung leben. Das beginnt bei mir schon mit der Hegel-Lektüre – wie sehr dort die vorgefaßte Idee da ist, bevor es zur Anschauung kommt.

H. Z.: Sie sind damals sehr weit gegangen in der Kritik der Studentenbewegung, haben ihr eine Art Zivilisationsfeindlichkeit unter linker Maske vorgeworfen, einen verdeckten Nietzscheanismus, der auf die Umwertung aller

Werte aus sei. Diese Konstruktion Linksbewußtsein plus rechte Nietzsche-Rezeption scheint mir bemerkenswert. Sie ist ja später sehr stark zum Zuge gekommen, bis hin zu den Theoremen von der zynischen Vernunft. Das haben Sie erstaunlich früh wahrgenommen.

G. G.: Ich habe damals heftige Diskussionen geführt, zum Beispiel mit Professor Johannes Agnoli an der Technischen Universität Berlin, der blankweg die These vertrat, Kapitalismus führe zum Faschismus. Eine interessante Veranstaltung, an die sich manche heute noch erinnern. Ich habe gesagt: Sicher, Kapitalismus kann zum Faschismus führen, aber auch Sozialismus kann zum Faschismus führen. Da Agnoli als Mussolini-Forscher bekannt war, glaubte ich einen kenntnisreichen Diskussionspartner zu haben. Er wollte aber nicht wahrhaben, daß sein Forschungsobjekt Mussolini ein linksextremer Vertreter des frühen italienischen Sozialismus gewesen war, Chef des »Avanti!« und Vorsitzender der Jugendorganisation, und wenige Jahre später Faschist; wie überhaupt, ich glaube, sieben oder neun Gründungsmitglieder der faschistischen Partei Italiens ehemalige Sozialisten waren. Damit wollte ich nicht *den* Sozialismus angreifen, sondern aufzeigen, was alles zum Faschismus führen kann. Das erzeugte Entsetzensschreie im Saal. Ich stellte die handfeste These, Kapitalismus führt zum Faschismus, nicht grundsätzlich in Frage, aber relativierte sie, und das wollte man nicht ertragen.

H. Z.: Würden Sie denn Ihre Befürchtung eines Bürgerkrieges, der von der Studentenbewegung ausgelöst werden könnte, heute noch aufrechterhalten?

G. G.: Das kann ich nicht gesagt haben, denn das Hetzen zum Bürgerkrieg, mit der Instrumentalisierung des Studentenprotestes durch einige SDS-Spitzen und die Springer-Presse, war ein wechselseitiges Geschäft. So sehr diese Fraktionen Antipoden waren, so stark haben sie sich zugearbeitet.

H. Z.: Sie haben schon sehr deutlich unterschieden zwischen radikalisierten Teilen der Studentenschaft damals.

G. G.: Ich habe während dieser Zeit und später mit Studenten zusammengearbeitet, die aus der Protestbewegung kamen und die den weiteren Weg in die extreme außerparlamentarische Opposition – denken Sie an den Zerfall der Bewegung in lauter K-Gruppen und in den Terrorismus – nicht mitmachen wollten. Die Entwicklung des radikalsten Teils dieses Studentenprotestes hin zum Terrorismus habe ich für möglich gehalten und vorausgesehen, denn vom verbalen zum wirklichen Terror sind es immer nur wenige Schritte.

H. Z.: Sie haben einmal so etwas wie Inbegriffe des studentischen Aktionismus als ein verbales Sündenregister der damals radikalsten Studenten zusammengetragen: »Vernichten, entlarven, bekehren, zerschlagen, abschaffen, umerziehen.« Das ist offensichtlich gemünzt auf die kurz vor der Terrorisierung stehenden Gruppierungen?

G. G.: Ja, sicher.

H. Z.: Ansonsten haben Sie eine sehr bedachtsame Interpretation der damaligen Jugendproblematik vorgelegt, was heute kaum noch bekannt sein dürfte. Die Jugend sei, so haben Sie gesagt, »hilflos« in der Situation von damals, sich selbst überlassen und einer »abstrakten« Politisierung ausgesetzt, weil sie ohne gesellschaftliche Integration gewesen sei. Insofern waren Sie durchaus kein entsetzter Analytiker der Studentenbewegung, wie auch Ihr Roman »örtlich betäubt« beweist.

G. G.: Im Gegenteil, ich hatte darauf gewartet, daß sich an den Universitäten endlich einmal etwas rühren würde – aber doch im Hinblick auf die Wirklichkeit in der Bundesrepublik, auf das Veränderbare.

H. Z.: Ich sage das deswegen, weil in linken Rezensionen von »örtlich betäubt« Ihnen damals Dinge angekreidet worden sind wie erschlaffter bürgerlicher Skeptizismus, liberale Posen, die sich nicht bekennen wollten zum wirklichen »linken« Kräftespektrum.

G. G.: Das traf ja zu: Ich bin ein Skeptiker und hoffe liberale Tugenden zu pflegen. Nur haben wir in Deutschland heute leider keine Partei, die einen ernstzunehmenden Liberalismus vertritt; denn was sich FDP nennt, ist eine Wirtschaftsinteressengemeinschaft, und das war sie damals schon. Die bürgerlichen, liberalen Freiheiten kommen aus der Aufklärung, für sie wurde Jahrzehnte, Jahrhunderte lang gekämpft. Und auf einmal sehe ich Lenin-Plakate und höre einen nachgemachten Klassenkampfton, dieses Seminardeutsch des Marxismus, und ich entdecke den Freislerfinger an Lenins Hand. Das ist das Gefährliche an der Sache, und ich habe leider mit dieser Prognose nicht Unrecht behalten.

H. Z.: Sie haben damals gesagt, die Studenten suchten deshalb einen neuen Mythos, weil sie sich in keine konkrete Kraft einbinden wollten oder könnten – in die Kraftströme einer links zu erneuernden SPD etwa –, und haben den Begriff vom »Stillstand im Fortschritt« geprägt. Man würde also, weil sich Fortschritt nur sehr langsam ergeben könne – Fortschritt sei kein Problem der Geschwindigkeit –, nicht bemerken, daß es auch im Stillstand so etwas wie Fortschritt gebe. Kann man sagen, daß die drei Bücher, von denen wir reden, »örtlich betäubt«, »Aus dem Tagebuch einer Schnecke« und »Kopfgeburten«, so etwas wie die erzählerische Entfaltung dieses langsam fortschreitenden Stillstandes darstellen in Form von Situationsbeschreibungen und Gesprächsangeboten?

G. G.: »Vom Stillstand im Fortschritt« heißt ein Essay über Dürers Kupferstich »Melencolia I«, der am Ende des »Tagebuchs einer Schnecke« zu finden ist. In diesem Buch, in dem ich ganz neue Erzählformen ausprobiere, was das Werk auch für mich zu einem entscheidenden Wendepunkt macht, der später zum »Butt«, zum »Treffen in Telgte« und zu einem ganz anderen Umgang mit der Zeit führt, versuche ich mehrere Dinge zugleich. Ich gehe einem alten gescheiterten Plan nach, Heines Fragment »Der Rabbi von Bacherach« weiterzuerzählen. Das gelingt nicht, weil ich in Frankfurt nicht heimisch bin. Aber mir ist anderes vertraut, und so kehre ich mit der Geschichte von der Zerstörung der Danziger Synagogengemeinde nach Danzig zurück. Diese Geschichte des Dr. Zweifel erzähle ich, während ich 1969 permanent im Wahlkampf unterwegs bin und während ich mir gleichzeitig Notizen mache zu einem Vortrag, den ich zum Dürer-Gedenkjahr in Nürnberg halten soll.

Dürers Kupferstich »Melencolia I«, der von den vier Eckpositionen, den vier Temperamenten her, noch ganz mittelalterlich erscheint, enthält in der zentralen Bildgestaltung Requisiten des Fortschritts zuhauf: Meßinstrumente etwa, lauter Ausweise der Renaissance, des erwachten Bürgersinns, der neuen Weltsicht, des Endes der Scholastik. Und inmitten des Fortschrittmülls sitzt die Melencolia mit einem Zirkel. Dieses Bild kam mir sehr gegenständlich vor. Ich habe es auf unsere Gegenwart bezogen, auf eine von Rechts- wie Linksextremen positiv gestimmte Welt. Entgegen dem Happiness-Gebot der amerikanischen Ideologie und dem Fortschrittsgebot der starren linken Ideologie versuche ich, die Melancholie als einen Normalzustand des Menschen zu legitimieren, als etwas, was mitten im Fortschrittsgeschehen einbrechen kann und Stillstand befiehlt im Sinne von Melencolia. Das war ein Diskussionsangebot, das weitgehend ins Leere lief.

H. Z.: Ein Diskussionsangebot, das der Anthropologie Raum gibt, was damals fast überhaupt nicht der Fall war, weil man nur der geschichtsphilosophischen Reflexion Zutrauen entgegenbrachte. Mit dem leib-seelischen Menschen und seinen Kalamitäten in Geschichte, Gesellschaft und Politik hat man in den sechziger und siebziger Jahren nicht wirklich gerechnet, bei aller Libertinage und sinnlichen Freizügigkeit.

G. G.: Das mag mit ein Grund sein, aber man hätte sich nur zutrauen müssen, in den Spiegel zu schauen und die eigene Melancholie zu bemerken inmitten der tausendhaften Menge mit ihren Fortschritts- und Siegesparolen, mit ihren revolutionären Thesen. Wenn man heute ein Resümee zieht, muß man sagen, daß die Studenten- und Schülerbewegung – die ja eine wirkliche Volksbewegung war, der Konflikt spielte sich in jeder Familie ab – gesellschaftlich immens viel verändert hat, das meiste zum Positiven. Nur hatten die Wortführer des Protestes ganz andere Ziele, nämlich eine Revolution, so daß sie nicht einmal in der Lage gewesen sind, den Erfolg ihrer Anstrengungen wahrzunehmen. Enttäuscht fielen sie zurück in Zynismus, weil die Revolution nicht zustande kam. Das ist mit ein Grund, weshalb viele von ihnen heute von rechts argumentieren, stockkonservativ bis reaktionär geworden sind.

H. Z.: Weshalb es auch keine bedeutende Literatur der Studentenbewegung gibt.

G. G.: Diese große, gesellschaftsverändernde Bewegung hat sich bis auf wenige Ausnahmen wie F. C. Delius literarisch unzureichend niedergeschlagen. Oder es sind sehr stark ichbezogene Texte entstanden, wo jemand seine Ich-Werdung innerhalb des Studentenprotestes mehr oder weniger triftig beschreibt; zum Teil durchaus einleuchtend, aber es ist keine gestaltende Kraft zu erkennen.

H. Z.: Noch einmal die Frage, was eigentlich aus heutiger Sicht als Resümee bleibt. Sie haben gesagt, es seien viele gesellschaftliche und kulturelle Veränderungen möglich geworden. Vielleicht ist die Studentenrevolte nichts anderes gewesen als eine Art kulturelle Modernisierung dieser Republik, die sich auf das Niveau der westeuropäischen kapitalistischen Gesellschaften bringen mußte und wollte?

G. G.: Wir hatten eine der heutigen vergleichbare Situation, einen ungeheuren Reformstau, wo es endlich zu einem Regierungswechsel kommen mußte – im demokratischen Sinn, nicht zu einer Revolution. Das war schwierig genug zu erreichen. Aber dem Schwierigen wird gern ausgewichen, wenn sich ein phantastisch an die Wand zu pinselndes Ziel projektieren läßt. Der Wechsel fand dann statt und hat in seinen glücklichsten Momenten einen Teil der vom auslaufenden Studentenprotest frustrierten Generation in den Gesellschaftsprozeß hineingezogen, was sicher ein Verdienst von Willy Brandt, Karl Schiller und Gustav Heinemann war. Ich habe das beim Aufbau von Wählerinitiativen erlebt, die vielfach von Studenten getragen wurden, die beim Studentenprotest mitgemacht hatten. Nach der Auflösung der Wählerinitiativen sind daraus Bürgerinitiativen entstanden – die Grünen hatten hier ihre Ursprünge. Das war ein fortwirkender Prozeß, von dem wir heute noch zehren. Aber nehmen Sie nur einmal das Spektrum der Grünen. Wer ist von den studentischen Wortführern außer Daniel Cohn-Bendit übriggeblieben? Was Cohn-Bendit betrifft, so waren das damals nicht meine Positionen, aber er hat einen wirklichen Wandlungsprozeß durchgemacht. Und vielleicht hat es ihm geholfen, daß er mit beiden Ländern zu tun hatte, mit Frankreich und Deutschland: Er ist nicht so eng und beliebig geworden, wie es die meisten sich erlaubt haben.

H. Z.: Wenn wir nach den Wirkungen und Folgen der Studentenbewegung fragen, müssen wir natürlich auch der medialen Zurichtung dieser Bewegung nachgehen. Ihr Roman »örtlich betäubt« ist von der gesamten Erzähllage her inspiriert vom Thema Medien, besonders vom Fernsehen als dem damals avanciertesten Medium. Es ist ein Roman, der reflektiert, wie gesellschaftliche Projektionen und Ideologeme zustande kommen, wie gleichsam auch eine Entwirklichung der Wirklichkeit Einzug halten kann in den Medien. Insofern ist dieses Buch seiner Zeit voraus, denn die Bedingungen, unter denen die Studenten ihr telegenes Mütchen kühlen konnten, sind von ihnen selbst kaum durchschaut worden.

G. G.: Obgleich man damals schon anfing, Benjamin dauernd im Munde zu führen. Aber die Konsequenzen daraus wurden nicht wahrgenommen.

H. Z.: Sie haben von der »telegenen Geste« der Studenten gesprochen und prognostiziert, daß ihre kulturelle Kraft, ihre Ziele irgendwann in diesem Öffentlichkeitsbetrieb untergehen würden. Ist vielleicht deswegen die Studentenbewegung im Übergang zur konkreten Reformbewegung so schwächlich gewesen, etwa im Verhältnis zur SPD oder zu den Gewerkschaften?

G. G.: Zu Anfang war ein gewisser Einfluß noch möglich, aber später unter Helmut Schmidt ist das dann völlig eingeschlafen, weil auch von den Gewerkschaften ein konservativ abwehrendes Moment ausging. Die SPD zeigte schließlich keine Bereitschaft mehr, ihr Spektrum so zu erweitern, daß ein Teil der Reformbewegung nicht nur Unterschlupf, sondern eine Wirkungsstätte hätte finden können.

H. Z.: Sie haben damals beklagt, daß Sie, obwohl Sie den Roman »örtlich betäubt« geschrieben haben, es nicht vermocht hätten, den Studenten die »Absurdität vernünftig gemeinter Handlungen« vorzuführen, also die Dialektik der Aufklärung, die an ihnen selber sich gerade vollstreckte. Ich erinnere mich, eine Rede von Ihnen gelesen zu haben, in der Sie davon sprechen, daß gerade die Medienentwicklung dazu führen könnte, der Gesellschaft gleichsam ihre Rationalität auszutreiben. Es würde alles aufgelöst in Gerede, in ein abstraktes Für und Wider, in Rituale der Entwirklichung, und die politische

Kraft der Bürger könne nicht mehr zu sich selber finden. Worauf ich aufmerksam machen möchte, ist, daß es bei Ihnen schon in dieser recht frühen Werkphase die Befürchtung gibt, das Mediensystem, das wir heute in globaler Dimension vor Augen haben, könne allein schon aufgrund seiner Systemstruktur zu einer großen Gefahr für die Aufklärung und die gesellschaftliche Emanzipation werden.

G. G.: Das Gerede begann früh, indem man aus Amerika die Panel-Diskussion als öffentliche Diskussionsform übernahm. Vor allem wegen des Moderators in der Mitte, dessen Aufgabe darin bestand, die Spitzen der Diskussion zu kappen, ging das Ganze aus wie das Hornberger Schießen und wurde dann auch noch als ein demokratischer Prozeß mißverstanden. Ich habe ohne Erfolg immer dafür plädiert, doch auf eine frühere Form der Auseinandersetzung, auf den Disput zurückzugreifen: zwei Positionen gegeneinander, vielleicht noch ein Schiedsrichter in der Mitte, damit sie wirklich nur mit Worten fechten und nicht mit Tintenfässern schmeißen, aber doch der Zwang, die Dinge zur klaren An- und Aussprache zu bringen. Ausgehend von der Panel-Diskussion sind wir mittlerweile bei der Talkshow gelandet und verquasseln alles, indem wir es auf den trivialsten Nenner bringen. Wir tragen allenfalls noch zur Unterhaltungsindustrie bei.

H. Z.: Sie haben in dieser Zeit einmal gesagt, die Medien könnten sich so sehr vom gesellschaftlichen und kulturellen Prozeß abheben und sich verselbständigen, daß sie nicht mehr rational kontrollierbar wären und so etwas wie »unpersönliche Religionsstifter« würden. Ist das im multimedialen Globalsystem der rechnergestützten Vernetzung von heute eingelöst?

G. G.: Die Voraussetzungen dafür waren in den sechziger Jahren schon geschaffen. Der Springer-Konzern in seiner damaligen Form verbreitete auf rabiate Art und Weise Bilder, die vorhandene Emotionen bündelten und auf einen bestimmten, ausgesuchten Nenner brachten, ob es Kampagnen der Bild-Zeitung zur Wiedereinführung der Todesstrafe waren oder gegen den »Studentenpöbel« gehetzt wurde. So sahen die signifikanten Zeichen für die Medienentwicklung aus. Aber in diesen Jahren griff auch bereits die Scheinidyllik der Unterhaltungswelt mehr und mehr um sich, die heute die Medien mit ihren einlullenden, von der Realität wegführenden Surrogaten beherrscht. Im Grunde war damals schon alles angelegt, ließ sich für die Zukunft voraussehen und auch beschreiben wie in »örtlich betäubt«.

Wir reden jetzt von Springer. Es gab auch den umgekehrten Fall, der mich in einigermaßen bedrohliche oder zumindest peinliche Situationen gebracht hat. In den Münchener Kammerspielen sollte unter Heinar Kipphardt als Chefdramaturg die Drachentöterschau »Der Dra-Dra« von Wolf Biermann, die Bearbeitung eines russischen Stückes, aufgeführt werden. Für das Programmheft war ein Beitrag vorgesehen, in dem das Märchenstück wortwörtlich genommen wurde und die Drachen unserer Gesellschaft – als zu tötende Objekte – in Paßfoto-Format abgebildet wurden. Franz Josef Strauß, Kardinal Döpfner, der Bürgermeister Vogel – quer durch die Gesellschaft waren die Drachen unserer Republik abgebildet. Dagegen habe ich zwei Artikel in der »Süddeutschen Zeitung« geschrieben, der eine unter dem Titel »Abschußlisten«, in denen ich vor der Gefahr solcher verdeckten Mordaufrufe gewarnt habe; ich wollte das nicht einfach als Spiel verstehen. Die Kritik an dem Vorhaben hatte einen relativen Erfolg, der Programmheftbeitrag war zurückgezogen worden.

Doch genau dieser Einspruch führte dazu, daß ich eine böse Erfahrung machen mußte, als ich mir in Berlin zusammen mit meiner Frau in der Schaubühne »Peer Gynt« ansehen wollte. Die Bühne des Theaters, dessen Spielfläche bis in den Zuschauerraum hineingezogen war, füllte sich nicht nur mit den Schauspielern, sondern auch mit den Garderobefrauen und den Beleuchtern und allem, was zum Theater gehörte; Peter Stein war ebenfalls dabei. Dieter Laser, ein Schauspieler, las einen vorgefaßten Text, in dem das Publikum aufgefordert wurde, wahrzunehmen, daß hier im Theater der Schriftsteller Grass sitze, der »unseren Genossen« Kipphardt verraten habe. Ich wurde aufgefordert, das Theater zu verlassen, worauf frenetischer Beifall ausbrach. Nur hatten die nicht damit gerechnet, daß ich so etwas nicht wortlos hinnehme. Bevor sie von der Spielfläche verschwinden konnten, stand ich auf und hielt eine Gegenrede. Ich erinnerte die Anwesenden daran, daß so etwas zum letzten Mal 1933 in Berlin geschehen sei – daß Leute aufgefordert wurden, das Theater zu verlassen – und daß ich die Karten bezahlt hätte und jetzt mit großer Spannung auf den Beginn von »Peer Gynt« wartete. Wieder großer Beifall, von den gleichen Leuten. Komisch war das Ganze; komisch und peinlich, auch peinlich für die, die dabei mitgemacht hatten. Ich habe Jahre später mit einigen Mitgliedern des Ensembles gesprochen, einzelne haben sich bei mir für ihr damaliges Auftreten entschuldigt. Es war bezeichnend für die Zeit, wie hier selbst mit einem Minimedium Programmheft regelrechte Hetze betrieben wurde und wie die Kritik an dieser Hetze als Genossenverrat dargestellt werden sollte, mit öffentlicher Zurschaustellung und all dem bekannten Bühnenzauber, der uns aus schlimmen Zeiten vertraut ist.

H. Z.: Verhetzung durch Medien, aber auch Infantilisierung von Öffentlichkeit ist unser Stichwort. Ich zitiere den Studienrat aus »örtlich betäubt«: »Man wird mit Hilfe der Massenmedien, innerhalb eines weltweiten Lernprozesses, den Schülerstatus bis ins Greisenalter verlängern.« Medien wirken infantilisierend, sie verhindern, daß besonders junge Menschen in der Wirklichkeit ankommen. In ähnlichen Kreisen bewegt sich Ihre Romanfigur Oskar, besonders in der »Rättin«, wo er zum Medienmanager, zum Produzenten von Zukunft wird.

G. G.: Oskar Matzerath hat immer mit einem Medium gearbeitet, die Entwicklung ist naheliegend bei ihm. Und schon in der »Blechtrommel« beginnt die Umwertung, ja die Auswertung der Blechtrommel als Marktinstrument, indem Oskar sich selbst vermarktet. Im Verlauf der Jahre – er wird in der »Rättin« sechzig Jahre alt – sind neue Medien im Schwange, und er ist natürlich prädestiniert, nicht nur einzusteigen, sondern weiterführende Ideen zu entwickeln.

H. Z.: Bei »Aus dem Tagebuch einer Schnecke« handelt es sich, wie Sie schreiben, um ein »Sudelbuch«. Das ist mir schon deshalb besonders sympathisch, weil es auf Lichtenberg hindeutet, auf den gewitzten Gnom der Aufklärung des achtzehnten Jahrhunderts, also auf die Formen des konjunktivischen Schreibens, des Experimentierens mit Erzählhaltungen, verschiedenen Perspektivierungen und Wahrheitsansprüchen der Darstellung. In diesem Sudelbuch kommt nun ein sehr persönlicher Günter Grass zum Ausdruck, mit Frau und Familie. Warum gerade hier diese bekenntnishafte Nähe zu den eigenen Lebensumständen?

G. G.: Die Entscheidung, den Autor zum Ich-Erzähler zu machen, ist wahrscheinlich durch die Thematik zu erklären, durch den Stoff, den ich zu bewältigen hatte. Zudem war es sehr reizvoll, im Verlauf der Erzählung gelegentlich das Autor-Ich wieder in eine Fiktion zu verwandeln. Wir hatten damals mit Kurt Georg Kiesinger einen Bundeskanzler, der alt-nationalsozialistisches Mitglied in bedeutender Position gewesen war, und ich – umgeben von vier Kindern und meiner Frau – war über einen längeren Zeitraum permanent unterwegs auf Wahlkampfreise. Ganz abgesehen von meinem Roman mußte ich meinen Kindern erklären, warum ich immer abwesend war. Ich mußte ihnen in einfachen Worten sagen, warum ich Wahlkampf machte, was sehr schwer war – das Buch spiegelt dies. Mein jüngster Sohn Bruno hat lange angenommen, ich würde dort Walfische erlegen; eine absurde, aber sehr schöne und auch poetische Vorstellung von meinen Wahlkampfauftritten. Das ist das eine. Dann kommt hinzu, daß durch meine viele Tätigkeit außerhalb, durch wachsenden Ruhm und Belastungen anderer Art das Verhältnis zwischen Anna und mir, die wir ja gleichrangig als Studenten angefangen hatten, plötzlich schieflastig wurde. Unser eheliches Verhältnis geriet in eine

Rutschlage, in der wir uns voneinander mehr und mehr entfernten, ohne daß schon das Ende abzusehen gewesen wäre, zu dem es bald danach gekommen ist. Dieses Einander-fremd-Werden, das Distanznehmen, spielt im »Tagebuch einer Schnecke« eine sehr dezente, zurückgenommene Rolle.

H. Z.: Auf der anderen Seite spielt natürlich die Aufklärungsproblematik beziehungsweise Ihre Aufklärungsrezeption hier wieder eine erhebliche Rolle. Sie sprechen nicht ganz zufällig in diesem Buch von der Bundesrepublik jener Jahre als einer »Zeit des Mündigwerdens«. Das ist doch wohl die Perspektive der Brandt-Ära, die Hoffnung auf eine Sozialdemokratie, die sich politisch endlich durchsetzen kann in Deutschland?

G. G.: Zum erstenmal nehme ich Gedichte in den Text hinein, zum Beispiel das Gedicht an meinen Sohn Franz, in dem ich ihn darauf aufmerksam mache, daß er schon manches Mal die Hoffnung verloren habe und sich nun erst recht wieder bewegen müsse – ein Sisyphos-Thema. Weil in die Vorwahlkampfzeit im Jahre 1968 die Okkupation der Tschechoslowakei fällt, nehme ich gleichzeitig die Gelegenheit wahr, an meine Kinder gerichtet vor absoluten Ideen zu warnen. Das ist sicher auch ein aufklärendes Moment, wenn Sie so wollen ein pädagogisches Moment, zu dem ich stehe.

H. Z.: Die fast zärtliche Nähe zu Lichtenberg, die Sie in »Aus dem Tagebuch einer Schnecke« zeigen, habe ich unter anderem als eine späte Hommage an Oskar wahrgenommen. Das Buch erzählt die Lebensgeschichte des Studienrats Hermann Ott, der für die Danziger Synagogengemeinde arbeitet. Wenn Sie ihn unter anderem als ein

»verrutschtes Kerlchen« beschreiben, »reich an schnarrenden Nebengeräuschen, schwach auf der Brust«, deutet sich für mich so etwas wie eine Doppelfigur aus Lichtenberg und Oskar an, bei allen nötigen Differenzen zwischen diesen beiden Geistesphysiognomien. Hermann Ott wird Dr. Zweifel genannt und ist auch zweiter Sekretär der Schopenhauer-Gesellschaft. Das Lichtenbergische rückt also in die Nähe des Schopenhauerschen Skeptizismus. Sie wollen, glaube ich, in diesem Buch sich mit all den Konnotationen auseinandersetzen, die einer ritualisierten, entkräfteten Vernunft anhängen, und möchten das Aufklärungsdenken in praktischer Analyse zeigen.

G. G.: Ich möchte das Aufklärungsdenken auch erweitern. Ich möchte nicht von der Vernunft weggehen, sie aber von den Fesseln der Vernunft befreien, um wieder Phantasie, Lebensnähe, Anschauung hineinzubringen. Das war mein Versuch: die Aufklärung der Vernunft mit den Mitteln der Aufklärung.

H. Z.: Die Schneckensymbolik, die Schneckenmetaphorik, das Plädoyer für Langsamkeit, für Organik – Sie sollten diese Zusammenhänge einmal herauspräparieren, wie wir ohnehin demnächst auf die Tiere, auf das Natürliche bei Günter Grass zu sprechen kommen müssen. Das Schneckenhafte – welche Konnotationen schweben dem Autor dabei vor?

G. G.: Dieses Buch habe ich im Anschluß an eine Periode geschrieben, in der man meinte, Sprungschnecken züchten zu können, also der »Revolution« das Wort reden zu sollen. Meiner Einsicht und Erfahrung nach kann man zwar Sprünge machen – in der Geschichte dieses Jahrhunderts haben wir sie mehrmals erlebt –, aber die jeweils übersprungene Phase bleibt liegen, sie beeilt sich nicht, sie rückt langsam nach, und dann erleben wir das, was man »Konterrevolution« nennt. Deswegen habe ich die Schneckenmetapher geprägt und den Fortschritt, den man sich immer gern als geschwind und zupackend vorstellt, mit dem Bild der Schnecke verbunden. Heute müßte ich mich revidieren, denn es zeigt sich, daß die Schnecke uns überholt hat, daß wir ihr hinterdrein hinken, daß die technischen Prozesse, die wir ausgelöst, angerührt, eingerührt haben, uns davongelaufen sind und wir in jeder Beziehung – bis in die Gesetzgebung hinein – diesem beschleunigten Schneckenprozeß nicht mehr gewachsen sind. Das ist natürlich eine katastrophale Entdeckung, denn wie sollen wir den ökologischen Zerstörungsprozessen mit unseren Halbherzigkeiten, den langsamen demokratischen Vorgängen beikommen? Wie soll der Gesetzgeber angefangen mit dem Staatsbürgerrecht, das noch vom neunzehnten Jahrhundert gezeichnet ist, bis zu einem neuen Urheberrecht der Entwicklung zum Beispiel auf dem Medienmarkt gerecht werden, wenn er nicht einmal in der Lage ist, die Versäumnisse der achtziger Jahre, den Reformstau der gesamten Kohl-Ära aufzuholen?

Das ist, glaube ich, die ganz große Schwierigkeit, die uns noch bevorsteht. Wir fassen weitreichende Entschlüsse zu einem Europa ohne zureichende demokratische Legitimationen, mit einem Spielparlament zwischen Brüssel, Straßburg und Luxemburg, ohne auf Landesebene diesem beschleunigten Prozeß auch nur nahe zu kommen. Das kann zu neuen Formen von Wirtschaftsdiktatur führen, aber auch – falls wir in nächster Zukunft, was ja nicht auszuschließen ist, ein nukleares Desaster vergleichbar Tschernobyl erleben – zu einer Mischform von Ökologie und Ökodiktatur, wie sie einmal Wolfgang Harich an die Wand gepinselt hat, damals mit stalinistischen Vorzeichen. Solche Befürchtungen habe ich, weil uns die Kraft fehlt, erkannte Fehler im Entwicklungsprozeß zu revidieren. Die Unfähigkeit, erkannte Fehler zu korrigieren, hat zum Zusammenbruch des Sowjetsystems geführt, und wir befinden uns heute in einem vergleichbaren Prozeß.

H. Z.: Das sind die umfassenden geschichtlichen Implikationen zum Beispiel der Schneckenmetapher. Es gibt noch andere: Die Schnecke ist auch eine Gegenzeugin wider das geschichtsphilosophische Bekenntnis, gegen das Ganze, das System, darauf haben Sie immer bestanden. Das »Ganze« könne man nie anschauen, es sei Spekulation, man könne allenfalls durch Erfahrung zu Teilerkenntnissen kommen und dürfe schon gar keine überzeichnende Utopie, keine Endzeiterwartung, keine Erlösung von der Alltagslast daraufsetzen. Herr Grass, das ist zumindest ein Reibungspunkt, der zu Ihrem Aufklärungsanspruch in Spannung steht, denn Aufklärung – das haben Sie selber einmal gesagt – bedarf der Zukunft, bedarf wenigstens einer teilweisen, vielleicht konkreten Utopie.

G. G.: Das sind Prozesse, die ich in Aussicht stelle, aber deren Ende nicht abzusehen ist, gar nicht einmal wünschbar ist. Ich wünsche mir keine Endzustände. Ich wünsche nicht, daß der Stein oben liegenbleibt, sagt Sisyphos, er muß weiter bewegt werden, er gehört zu mir, er gehört dazu. Diese Sicht kommt mir realistischer vor; wir können es im kleinsten Detail erleben. Eine lange überfällige Reform im Steuer- oder im Rentenwesen, wenn sie denn stattfindet, beseitigt Ungerechtigkeiten, aber sie schafft an anderer Stelle neue, reißt anderweitige Löcher ins soziale Netz, führt zu Gegenreaktionen im Sozial- und Politiksystem, hintertreibt am Ende die gut und vernünftig gemeinten und als gerecht empfundenen Absichten, verkehrt sie nahezu ins Gegenteil. Und wieder müssen wir an die Reform herangehen.

H. Z.: Also sprechen Sie sich nicht gegen gesellschaftliche Zielprojektionen aus, die ja auch handlungsanleitende Bedeutung erhalten und stimulierend sein können? Ohne die wird keine Richtungsweisung und Sinngebung von kulturellen und politischen Kräften möglich sein.

G. G.: Aber an solchen Zielgebungen mangelt es nicht, nur an der Einlösung. Selbst wenn ich die Postulate der Französischen Revolution nehme – Freiheit, Gleichheit, Brüderlichkeit –, sind wir noch weit davon entfernt, diese Zielsetzungen eingelöst zu haben. Oder denken Sie an die Solidarität als das Prinzip der europäischen Arbeiterbewegung. Durch regelrechte Aufkündigung von Solidarität und einen Zynismus, der dieses Aufkündigen sogar noch als schick und dem Zeitgeist entsprechend empfindet, sind wir heute weiter davon entfernt, als wir es jemals waren. Wir haben gar keinen Mangel an solchen Zielsetzungen. Wenn ich Christ wäre, der ich nicht bin, wären mir die Postulate der Bergpredigt Zielsetzung genug. Nur geschieht nichts dergleichen, auch in der Kirche nicht. Wir müssen keine neuen Zielsetzungen erfinden, sondern müssen alle Anstrengungen unternehmen, um die Postulate, die überkommen sind, wieder ernst zu nehmen und

mit neuem Inhalt zu füllen. Natürlich versteht sich Solidarität heute anders als während der Zeit der Sozialistengesetze im neunzehnten Jahrhundert.

H. Z.: Sie haben in den siebziger und achtziger Jahren vom
»Mythos der Vernunft« gesprochen. Die Vernunft in
ihrer technokratischen, bürokratischen, rationalistischen
Potenz werde völlig überbewertet, gerate zur alleinigen
Richtschnur des Handelns.

G. G.: Und zwar schon zu einem sehr frühen Zeitpunkt.
Dem entspricht bereits im Aufklärungsprozeß des achtzehnten Jahrhunderts die Vergöttlichung der Vernunft,
die in Frankreich dazu geführt hat, Vernunft-Tempel zu
bauen. Diese Anzeichen hat es früh gegeben.

H. Z.: In der »Rättin« haben Sie ein schönes Bild für ein
Gegenzeugnis wider diese Art Vernunft gefunden: das
Verlaufen im Wald. Hänsel und Gretel verlaufen sich im
Wald als Modus des Irregulären, des Nicht-Normierten,
des Vagierens, des Suchens und des offenen Endes.

G. G.: Auch des Unnützen. Am Rande eines SPD-Parteitags
in Nürnberg, nach einem Tag mit lauter vernünftigen
Debatten und Programmverabschiedungen, traf ich in
der Hotelhalle Carlo Schmid bei einem Glas Rotwein. Er
winkte mich zu sich, ich möge ihm ein bißchen Gesellschaft leisten. Und dann sagte er nachdenklich: Jetzt habe
ich den ganzen Tag auf dem Parteitag gesessen und habe
in Sachen Schulpolitik und Gesamtschule und was alles
zur Debatte stand, lauter richtige Dinge diskutiert und
meine Zustimmung für dieses und jenes gegeben, aber am
Ende dieses Tages frage ich mich: Wer wird in Zukunft
bereit sein, das Unnütze zu lehren und zu lernen? Er
meinte, daß wir alles Wissen, das sich nicht aus einem

Zweck ableiten läßt, heute geringschätzen und als störend empfinden, als etwas, das man aus dem Unterricht herausnehmen müsse, weil es die Zielstrebigkeit, die Effizienz behindere. Was der alte Carlo Schmid da sagte, hat mich sehr nachdenklich gemacht.

H. Z.: Sie haben selber einmal gesagt, daß ohne »zwielichtiges Geheimnis« Aufklärung nicht sein könne. Deswegen auch die Nähe Ihres Schreibens zu Märchen, Mythen und Sagen?

G. G.: Das alles muß man mit hineinnehmen. Ich gehe nochmals zu Montaigne zurück, denn er hat das, was später als irrational diffamiert wurde, noch als etwas zum Menschen Gehöriges erkannt und respektiert. Montaigne wehrte sich zwar gegen die Vorherrschaft der Fabelwelt, des Aberglaubens etwa im Mittelalter bis zur Scholastik hin, aber er hat immer gewußt, daß dies alles zum Menschen gehört.

H. Z.: Inwiefern ist dann die Literatur der »Aufklärung ungeratenes Kind«, so darf ich Sie noch einmal zitieren?

G. G.: Wenn sie sich nur an die Postulate der Aufklärung hielte, würde sie langweilig. Dafür gibt es viele Belege. Wenn sie sich aber an die Ursprünge der Aufklärung erinnert, dann ist sie fabelhaft, fabuliert, dann nimmt sie das Erzählen in den Schreibprozeß mit hinein, erklärt allenfalls die kreative Lüge zum Prinzip, zur Voraussetzung für das Erzählen, dann erprobt sie sich in wechselnden Stilen. Das glaubhafte Lügen gehört zum Metier, zum Handwerk und zur schriftstellerischen Kunstfertigkeit. Das alles sind Dinge, die sich in einem engen Aufklärungskonzept nicht finden.

H. Z.: In Märchen, Mythen und Sagen ist etwas, was wir vom Hörensagen kennen, oder ist das gewissermaßen in uns als ein Bedürfnis nach Ursprünglichkeit, nach Sinnfülle angelegt?

G. G.: Es ist in uns, und zugleich ist es ein anderer Ausdruck von Wirklichkeit. Für mich sind die Märchen durchaus realistisch. Wir haben doch durch die Weiterentwicklung der Erzähltechnik vom neunzehnten ins zwanzigste Jahrhundert hinein – manche sehen das als Fortschritt an, ich nenne es lieber Weiterentwicklung – von Joyce und Proust gelernt, daß es außer dem hörbaren Dialog und Monolog auch den inneren Monolog gibt. Durch Maler wie Braque und Picasso oder Juan Gris haben wir das kubistische Sehen als etwas uns Angemessenes aufgenommen. Unser Realitätsbegriff hat sich durch die Moderne erweitert. Wie sollen da nicht Märchen und Sagen und Fabeln als Teile unserer Realität auch ihren Platz haben?

H. Z.: Sind Sie sicher, daß Sie da keinen Herderschen oder romantischen Projektionen aufsitzen?

G. G.: Warum nicht? Herder sitze ich gerne auf. Wenn wir uns schon den Weltgeist zu Pferd vorstellen, dann lieber Herder als Hegel.

H. Z.: Über die prognostischen Elemente von »örtlich betäubt« und »Aus dem Tagebuch einer Schnecke« haben wir gesprochen. Sie haben all das geleistet mit dem »heiteren Pessimismus des ungläubigen« Günter Grass, der Zweifel erfinden und nicht auf Erlösung hoffen wollte und will. Über die Bestandteile oder über die Fernwirkungen des Christentums, insbesondere die abgearbeitete Katholizität bei Ihnen, sollten wir noch einmal reden.

Sie haben vorhin gesagt, die christliche Liebesethik würde Ihnen am ehesten nahestehen. Dieser Prozeß des Abarbeitens oder des Wegarbeitens von der christlichen Tradition, wie ist der bei Ihnen vonstatten gegangen?

G. G.: Ich bin in Danzig, geprägt durch meine Mutter, innerhalb der recht zahlreichen katholischen Diaspora aufgewachsen. Mein Vater war Protestant, aber wie in solchen Mischehen üblich, war das katholische Element bestimmender. Bis zum zwölften oder dreizehnten Lebensjahr wahrscheinlich bin ich gläubig gewesen. Das verlor sich dann aber, ohne daß ich später aus der katholischen Kirche ausgetreten wäre. Bei aller Kritik der Institution Kirche gegenüber empfand ich den gelebten Katholizismus, vor allem auch in den romanischen Ländern, als etwas Heidnisch-Sinnliches.

Erst politische Anlässe brachten mich zum Umdenken. Bei der geforderten Reform des Paragraphen 218 sollte die Abtreibungspraxis durch eine neue Gesetzgebung aus der Kriminalität herausgehoben werden – also weg von der üblichen Engelmacherei, während nur diejenigen, die Geld hatten, nach Holland oder sonstwohin fahren konnten. Die katholische Amtskirche diffamierte diese Reformbewegung, indem sie Schwangerschaftsunterbrechungen mit Euthanasie und Nazizeit gleichsetzte. Damit war meine Geduld erschöpft, und ich trat 1974 aus der Kirche aus, ohne mich als Atheisten zu bezeichnen, denn für mich ist Atheismus auch schon wieder ein Glaubenspostulat, nur in umgekehrter Beziehung. Ich komme ohne Glaubenspostulat aus. Aber ich verkenne natürlich nicht, daß unsere gesamte Umwelt im Dafür und im Dagegen vom Christentum, von christlicher Tradition, von eingeübten christlichen Verhaltensweisen gezeichnet ist, bis in unsere Sprache, in unsere Sprichwörter hinein. Das nehme ich zur Kenntnis, und das geht in meinen literarischen Prozeß ein.

H. Z.: Aber es ist für Sie doch eine immer wiederkehrende Herausforderung gewesen, sich mit christlichem Gedankengut auseinanderzusetzen. Wie oft findet man etwa in der »Blechtrommel« Konterkarierungen des Christlichen, scheinbar blasphemische Satirisierungen von Oskars Verhältnis zu Jesus, dann in der »Rättin« die Adaption der Apokalypse. Das Christliche taucht immer wieder in den Konstruktionen des Erzählens und in vielen Motiven auf.

G. G.: Beim Kontrastpaar »Glauben« und »Zweifeln« setzt das eine das andere voraus und umgekehrt. Ein Ich-Erzähler wie Oskar Matzerath muß einfach an allem kratzen und tut das auch. Zu »Katz und Maus« gehört diese Schüleratmosphäre mit einer Erfahrung, die ich nur im heidnischen Katholizismus habe machen können: Gott als abstrakter Begriff ist weit weg, aber die Jungfrau Maria hat eine sinnliche, in die Pubertät hineinreichende Gegenwärtigkeit, die ganz virulent ist wie eine Art Onaniervorlage. Deshalb spielt sie in der katholischen Jugend, der männlichen zumindest, eine große Rolle.

H. Z.: Nun hat das Christentum natürlich, gerade wenn wir im Zusammenhang mit der Aufklärungsrezeption davon sprechen, immer auch in einer problematischen Beziehung zur Vernunfttradition gestanden. Das achtzehnte Jahrhundert als das Zeitalter der beginnenden Säkularisation hatte mit dem entstehenden Vakuum in der christlichen Gläubigkeit zu tun, die Aufklärung war ein Versuch, diese Sinnleere neu zu füllen – aber säkular und mit

Perspektiven innerweltlicher Moralisierung und entsprechenden Glücksvorstellungen. Hier gibt es also seit Anbeginn erhebliche Reibungen. Glauben und Zweifel hängen miteinander zusammen, sind Positionen in einer Auseinandersetzung, die auch heute noch geführt wird.

G. G.: Aber es stehen natürlich auch andere Dinge zur Debatte. Was mich und mein politisches und gesellschaftliches Tun betrifft, so ist es eine Absage an ein Jenseitsleben. Das heißt, die Probleme, die wir haben, müssen hier und jetzt angegangen werden. Wir haben sie selber angerührt und bleiben ihnen konfrontiert. Sobald Religion und Glaube eine Ausflucht ins Jenseits bedeuten, ins Verschieben der Dinge, spreche ich dagegen an. In der europäischen Philosophie gibt es eine frühe Hinwendung zur Jenseitskritik, die man in Deutschland meiner Meinung nach nicht genügend berücksichtigt. Der Jude Spinoza, dessen Eltern aus Spanien nach Holland vertrieben wurden und der aus seiner Familientradition weiß, wie Judentum gelebt und verfolgt wurde, wie die spanischen Juden das Christentum als Scheinglauben annahmen und damit eine starke Hinwendung zum Jenseits verbanden, vollzieht den radikalen Schnitt und wird aus der jüdischen Gemeinde von Amsterdam ausgestoßen. Er trifft die Entscheidung für das Diesseits, die zur Grundlage seiner gesamten Philosophie wird – mit Folgen weit über die Aufklärung hinaus.

H. Z.: Kann es sein, daß die Reibungsfläche, die Ihr Denken seit mehr als dreißig Jahren entzündet, darin besteht, daß das Christentum, zumindest der Protestantismus, der Aufklärung die befreiende Sinnlichkeit ausgetrieben hat?

G. G.: Ich gehe noch einmal zurück zu Montaigne, der, um den Religionsfrieden zu stützen, in der katholischen Kirche blieb, obgleich er von seinem Denken her weit mehr den Hugenotten zuneigte. Wahrscheinlich hat seine Lebensart mit dazu beigetragen, dem alten Glauben die Treue zu halten und ihn dennoch auf seine frühaufklärerische Weise mit Leben zu erfüllen. Montaigne fehlt eben dieses protestantische Element, das zur absoluten Versachlichung geführt hat – mit all den Verlusten, die damit zusammenhängen.

H. Z.: Sie haben mehrfach auf Montaigne hingewiesen. Vorhin haben wir über den Zusammenhang von Utopie und Melancholie gesprochen, über das Saturnalische, über die nötige Leib- und Phantasiesättigung des Vernunftbegriffs. Das ist die eine Seite, die mir in Ihrer Aufklärungsrezeption deutlich und wichtig erscheint. Die andere Seite, und damit kommen wir wieder mehr auf die politische Thematik zu sprechen, betrifft Ihr schon frühes Plädoyer für zwei deutsche Staaten als *eine* Kulturnation, was den Zusammenhang von »Aufklärung« und »Nation« berührt. An diesem Bestandteil Ihrer politisch-kulturellen Überzeugungen halten Sie bis heute hartnäckig fest.

G. G.: Bei den Auseinandersetzungen um meine Position in den neunziger Jahren, wo Dummköpfe mich einfach als Gegner der Vereinigung darstellen wollten, wurde vielfach übersehen, daß ich zu einem Zeitpunkt von einer Kulturnation, von einer deutschen Einheit gesprochen habe, als dieses Thema weit und breit kaum noch Fürsprecher fand und man sich mit der Teilung bis in den kulturellen Bereich hinein abgefunden hatte, was zu Blockaden auf beiden Seiten führte. Denken Sie an die

Brecht-Blockaden hier im Westen und an die Zensur-blockaden, wie wir sie im Osten gehabt haben. Beides hat sich wechselseitig hochgeschaukelt. Die Teilung, wie sie dann vierzig Jahre lang gelebt wurde, hat sicher der Kalte Krieg verursacht, den in erster Linie die Großmächte geführt haben. Aber vom Mauerbau angefangen war ein Stück deutsch-deutsche Gemeinsamkeit bis zum Schluß wirksam. Dagegen habe ich angesprochen, auch weil ich immer der Meinung war, daß von der Verantwortung für die Naziverbrechen her natürlich nicht nur die Bundesre-publik, sondern auch die DDR ein Nachfolgestaat des Dritten Reiches war. Aber beide Staaten meinten, sich auf die Siegerseite schlagen und den Kalten Krieg benutzen zu dürfen, um sich aus der Verantwortung hinauszustehlen. In bezug auf die sechziger Jahre darf man eines nicht ver-gessen: Nachdem der erste Versuch, all das zu verdrän-gen, in den fünfziger Jahren, auch mit Hilfe der Literatur, zunichte gemacht worden ist – die Literatur erinnert, das liegt in ihrem Wesen –, kam alles mit der Verurteilung Eichmanns Anfang der sechziger Jahre und dem Auschwitz-Prozeß 1964 wieder hoch. In unregelmäßigen Abständen erleben wir die großen Verkünder der neuer-lichen Stunde Null und der historisierenden Erklärungen, das alles sei nun Geschichte und vorbei. Und kaum ist das ausgesprochen, holt uns die Geschichte wieder ein, bis in die neunziger Jahre hinein. Wenn Sie sich an das Jahr 1990 erinnern, wie im Feuilleton der »FAZ« und auch in der »Zeit« wieder einmal eine Stunde Null eingeläutet werden sollte, die »Gesinnungsästhetik« totgesagt wurde und mit ihr die gesamte Nachkriegsliteratur, die völlig fern der Ästhetik sich erkühnt hatte, Moral zum Inhalt zu haben, Erinnerungsarbeit zu leisten. Was ist von dieser Schaumschlägerei übriggeblieben? Dagegen anzusprechen ist manchmal ein mühsamer Vorgang, auch langweilig durch seine Wiederholungen; das krankt einfach daran, daß das Festhalten an einmal gefaßten Positionen trotz der Schnellebigkeit der Zeit einen schrecklichen Stillstand im Denken zur Folge hat.

H. Z.: Weil das so ist, noch einmal zurück zum Zusammenhang von Nation und Aufklärung, Kulturnation und Staat. Da gehen Sie auf das achtzehnte Jahrhundert zurück, in dem aber nicht einfach die Präfiguration unserer heutigen Staatsnation angelegt ist. Das achtzehnte Jahrhundert hat mit seinem Patriotismus durchaus etwas anderes und mit seinem Nationbegriff nicht ohne weiteres eine politische Staatlichkeit gewollt, wie wir sie auch unter den Gesichtspunkten der deutschen Teilung später erlebt haben. Was ist das also für eine Tradition? Ist es nicht eher eine Tradition der moralischen Gemeinsamkeitsbeschwörung denn eine gleichsam etatistische?

G. G.: Wir haben den Nationbegriff in Deutschland entweder zu einer Sache der Akademiker gemacht, und so war dann auch ein Teil der Paulskirchen-Reden, oder haben ihn im späteren Verlauf der Rechten überlassen, obgleich der Begriff »Patriotismus« aus der linken Tradition kommt und sich gegen den Separatismus, den Eigennutz und Egoismus der Fürsten richtete, die keine übergreifende bürgerliche Identität zuließen. Wenn ein Herder von der Kulturnation spricht und Uhland das später in der Paulskirche aufgreift, ist das natürlich etwas ganz anderes als heute, denn damals handelte es sich um Deutsche. Mittlerweile hat sich diese undefinierte Nation um etwa sieben Millionen sogenannter Ausländer mit einem ganz anderen Kulturverständnis erweitert, mit ihrem ganz anderen Herkommen, aber auch mit Kindern, die hier geboren und aufgewachsen sind – was man mit einem Schlagwort »multikulturell« nennt. Und so müßte der Begriff der Kulturnation um die Dimension der Toleranz erweitert werden, in dem Sinne, daß es sich nicht um eine Zumutung, sondern um eine Bereicherung handelt.

Im Gegensatz zu anderen europäischen Ländern, die mehr zentralistisch geführt werden – ich nenne Frankreich, aber auch Spanien und Polen, wo jeweils die Hauptstadt den großen Wasserkopf bildet und die Provinz flach danebenliegt –, hat die deutsche Vielstaaterei als kuriose Frucht einen kulturellen Reichtum erzeugt, eine große Unterschiedlichkeit, die es nicht nur, sozial bedingt, zwischen Ost- und Westdeutschen gibt, sondern auch zwischen Bayern und Niedersachsen. Wahrscheinlich unterscheiden sich die Bayern und die Niedersachsen sogar stärker als die Niedersachsen und die Mecklenburger. Überall beobachten wir die historisch gewachsenen kulturellen Eigenheiten, wie sie sich unter anderem in der Sprache, in den Dialekten niederschlagen, nur sehen wir deren immensen Reichtum nicht. Wir haben zu unserem Schaden unseren Reichtum immer auf anderen Feldern, unter anderem auf den militärischen, gesucht und gefunden und in diesem Jahrhundert verhängnisvolle Niederlagen erlitten, wobei unsere Nachbarn mitleiden mußten. Die Verfassung der Bundesrepublik – soweit sie noch instand ist, sie hat schwere Beschädigungen erfahren – stellt nicht umsonst fest: Die Kulturhoheit liegt bei den Ländern. Bei dieser Definition sollte es bleiben, denn sie tut dem Föderalismus gut. Wünschenswert wäre aus meiner Sicht allerdings, daß man die über den Länderrahmen hinaus vorhandenen Kulturaufgaben, die zur Zeit überall in den Ministerien verstreut sind, zusammenfaßt und einen, wenn nicht Minister, dann doch Staatssekretär, sei es im Bundeskanzleramt, sei es eigenständig, beruft – ohne der Kulturhoheit der Länder Schaden zu bereiten. Es ist nicht einzusehen, warum die Arbeit des Goethe-Instituts beim Auswärtigen Amt liegt. Es ist nicht einzusehen, warum ein Innenminister wie Herr Kanther den Bundesfilmpreis verleiht. Hinzu kommt die europäische Zusammenarbeit, welche die wirtschaftliche Schieflage, die Überbetonung des Ökonomischen korrigieren muß, damit der Bereich Kultur stärker im europäischen Sinne zum Tragen kommt. Das kann man nicht mehr allein aus der Länderkompetenz heraus machen.

Es geht also um eine Kulturnation aus der gewachsenen föderalistischen Struktur heraus, wuchernd mit dem Reichtum dieser Verschiedenartigkeit, wobei es uns dann auch leichter fallen sollte, die Unterschiede zwischen den Ostdeutschen in den neuen Bundesländern und den Westdeutschen zu tolerieren. Das heißt nicht, daß wir die vom Westen verursachten sozialen Ungerechtigkeiten gutheißen – die müssen behoben werden. Aber dennoch wird der Osten anders sein und hat auch ein Recht darauf: Er hatte über vierzig Jahre hinweg eine andere Biographie. Es war einer der größten Fehler im Einigungsprozeß, auf gleichmacherische Art und Weise zu verlangen, daß die übriggebliebenen sechzehn Millionen ihrer Vergangenheit adieu sagen und sich gefälligst den westlichen Lebensverhältnissen angleichen sollten. Dieser verhängnisvolle Fehler hat zu einer neuerlichen Spaltung beigetragen.

So verstehe ich die Weiterführung eines von Herder herkommenden Begriffs »Kulturnation« in unser ausgehendes Jahrhundert hinein, in die Zukunft hinein, in eine künftige europäische Öffnung, die im Grunde bei Herder vorgezeichnet ist.

H. Z.: Nun sind diese Patrioten im achtzehnten Jahrhundert, bis hin zu den Liberalen im Vormärz, schon auch Unitaristen gewesen. Sie wollten durchaus ein gesamtstaatliches und einheitliches, aber natürlich nicht gleichmachendes, sondern ein aufgeklärtes, republikanisches und verfassungsmäßiges Staatswesen. Insofern ist Ihr Plädoyer für den Föderalismus, für die Verschiedenartigkeit der Regionen, kein recht ziehendes Gegenargument, glaube ich, denn Einheitsstaatlichkeit und Zentralismus müssen ja nicht automatisch in Autoritarismus, in falsches und nationalistisches Staatsgebaren umkippen.

G. G.: Nein. Ich warne nur davor, daß mit der Verlagerung der Hauptstadt nach Berlin zumindest die Tendenz zu einem stärkeren Zentralismus verbunden ist. Diese Gefahr sehe ich deutlich, und ich sehe auch Bestrebungen, genau das zu betreiben. Der Bundeskanzler hat auf aberwitzige Art in die Kulturhoheit der Länder eingegriffen; er hat das Vakuum genutzt und hat Entscheidungen getroffen, die durch nichts demokratisch legitimiert waren. Davon müssen wir wieder Abstand nehmen.

H. Z.: Ein weiterer Aspekt, der in »örtlich betäubt« und im »Tagebuch einer Schnecke« wichtig ist – auch in politischer, in nationaler Hinsicht –, ist der von Bildung und Erziehung. Nicht umsonst sind »örtlich betäubt« und das

»Tagebuch« auf einen Diskurs mit jungen Leuten angelegt, womit Sie Erfahrungen aufgreifen, die viele Refor-
mer dieser Jahre hatten, nämlich daß gesellschaftliche und
politische Veränderungen, daß eine Humanisierung der
Gesellschaft über Erziehungsprozesse würde laufen müssen. Ist das eigentlich eingetreten?

G. G.: Natürlich nicht. Ich bin nach wie vor ein Vertreter
der Gesamtschule, weil sie mehr Gerechtigkeit, mehr Bil-
dungschancen eröffnet. Aber wenn Sie sich erinnern, wie
dieses Schulmodell von seinen Befürwortern in einem
pädagogischen Kauderwelsch zerquatscht worden ist, so
daß Schüler wie Eltern schließlich nichts mehr davon verstanden, dann sieht man, wohin das Ganze geraten ist. Es
hat sich mittlerweile gebessert, aber das, was das Gesamt-
schulmodell an Möglichkeiten bietet, wie der fächerüber-
greifende Unterricht, das Zusammenfassen von Geschichte und Deutsch, wird meiner Meinung nach kaum
oder zu wenig praktiziert.

Mir fehlen auch ein paar Dinge, über die unsere leis-
tungsbezogenen Schulexperten sicherlich die Nase rümp-
fen. Ich würde gerne Muße als Schulfach einrichten. Wie
lernt man das? Wie bringt man jungen Menschen bei, in
Stille mit einem Buch auszukommen? Gegen die Praxis,
die ich von meinen Kindern und nun auch von den Enkelkindern her kenne – sie betreten einen Raum, bedienen
ein paar Knöpfe und stellen ein Geräusch her –, habe ich
Worte und Ratschläge zu setzen versucht. Es fällt ihnen
schwer, allein in einem stillen Zimmer zu sein, sich der
Medienüberflutung und ihren unendlichen Angeboten zu
entziehen. Aber das Sich-Zurückziehen, das Alleinsein
mit einem Buch oder mit sich selber, muß wieder gelernt

werden, denn es ist die Voraussetzung für alles Weiterführende, da wir alle unter der Zerstreuung leiden. Wenn wir heute so viel Freizeit haben, wie sie das Menschengeschlecht nie zuvor hatte, um im Jargon der Aufklärung zu bleiben, muß man doch fragen: Wie gehen wir damit um? Das fehlt mir im pädagogischen Angebot.

H. Z.: Wobei Sie diese Situation schon sehr ähnlich in den »Kopfgeburten« beschrieben haben. Denn Harm und Dörte, die beiden Hauptfiguren, versetzen Sie in ein Gesellschaftsspiel des »Einerseits – Andererseits«: Sie sind nicht in der Lage, sich »vernünftig« zu verhalten, sondern wollen sich lösen, wollen sich fallenlassen, suchen im Grunde Entspannung und Befreiung von ihren Problemen. Daher können sie diese Probleme weder austragen noch als Ideen konkret verwirklichen. Und ihre Unterrichtsfächer, so heißt es in den »Kopfgeburten«, hätten sie »dumm« gemacht, sie lebten im »geistigen Notstand«. War dies eine der frühen Hypotheken der Republik, vor allem der Linken, oder ist das eher ein genereller Befund?

G. G.: Ich glaube schon, daß das generell zutrifft, nur reibe ich mich, weil ich aus der Ecke komme, an den Linken, die vernünftige Reformvorhaben zerquatscht haben. Es ist nicht damit getan, im Deutschunterricht einen den ganzen Winter anhaltenden Unterricht über »Hermann und Dorothea« abzulösen, indem man den ganzen Winter über Leitartikel der »FAZ« oder »Bild«-Zeitungsartikel analysiert. Das bedeutet einen Wechsel von einem Extrem ins andere. Und es nicht damit getan, daß man die Titel der zu behandelnden Bücher austauscht, wenn man weiterhin mit Vorrang ein Interpretationsmodell pflegt, bei dem die Schüler zwangsläufig versuchen, die

»richtige« Interpretation des Gelesenen aus dem Lehrer herauszuhören, damit sie sie bestätigen können. Das ist Erziehung zum Opportunismus und führt dazu, daß den jungen Menschen schon im frühen Alter die in den meisten Fällen angeborene Lust am Schmökern ausgetrieben wird.

H. Z.: Um so schlimmer, als der Kalte Krieg damals immer deutlicher in Erscheinung trat, um noch einmal auf die »Kopfgeburten« zurückzukommen. In beiden Systemen, im Kapitalismus und im Kommunismus, haben Sie gesagt, »vernünftele der Wahnsinn«, beide trieben immer mehr in Extreme hinein. Dazu kam für Günter Grass die Lektüre George Orwells. Sie glaubten in diesen Jahren immer mehr an die Austauschbarkeit, an die Angleichung der ideologischen und politischen Mechanismen dieser großen Herrschaftsideologien und -systeme des zwanzigsten Jahrhunderts.

G. G.: Ja, weil diese beiden Systeme im Kalten Krieg vieles gemeinsam hatten. Beide hingen einem Vulgärmaterialismus an, und daran hat sich nichts geändert. Nach dem Wegfall des einen Systems herrscht allerdings nur noch der andere Vulgärmaterialismus, der in dem ganzen osteuropäischen Befreiungsvorgang in erster Linie eine Markterweiterung sieht. Das andere, die demokratischen Rechte und so weiter, wird dann nachgeliefert. Man schaut schon gar nicht mehr genau hin, ob etwa in Rußland die demokratische Freiheit, die Zensurfreiheit eingehalten wird. All das ist sekundär, wenn nur die Markterweiterung klappt.

H. Z.: Und die demokratischen Gesellschaften sind dem, was um sie herum brandet, weder in der Geschichte noch in der Gegenwart von innen her gewachsen. Das scheint mir eine Aussage Ihrer Bücher in den siebziger und frühen achtziger Jahren zu sein. Die tosenden Ideologien überwältigen die Reform- und Selbstbestimmungskräfte der Demokratien. Kann man das so sehen?

G. G.: In meinen Erzählwelten stelle ich Gesellschaftliches immer schon so dar, daß nichts klar und übersichtlich ist, gar nicht sein kann und auch nicht sein sollte. Wir haben heute eine Gesellschaft, in der ein Teil der Bevölkerung in der wirtschaftlichen Lage ist, sich alles zu leisten, und auf dem technischen Niveau des kommenden Jahrhunderts lebt. Und wir haben einen nicht geringen Teil der Gesellschaft, der in seinen Verhaltensweisen noch vom neunzehnten Jahrhundert bestimmt wird. Wir haben, allein von der materiellen Grundlage her, immensen zu vererbenden Reichtum, was für sich genommen zu einer Gesellschaftsveränderung führt, weil damit eine durch Erbschaft begünstigte Schicht in die Lage versetzt wird, in der Tat ohne Arbeit auszukommen. Und wir haben eine immer größer werdende Schicht, die ohne Arbeit und ohne gesicherten Wohnraum sich entweder schon im Zustand der Verelendung befindet oder dorthin abdriftet. Die Verunsicherungen reichen bis in den Mittelstand hinein. In dieser Situation geschieht nichts Entscheidendes, obgleich vieles machbar wäre, um Ungerechtigkeiten auszugleichen. Man könnte zum Beispiel zu vererbende Vermögen mit einer erkennbaren Besteuerung belegen, um einerseits die voraussichtliche Nutznießer- oder Drohnenschicht zu beschränken und andererseits die freiwerdenden Mittel für Aufgaben zu verwenden – von der Kultur bis in den sozialen Bereich hinein. Solche Einschnitte geschehen nicht, und das führt zu weiterer Stagnation. Es bleibt abzuwarten, inwieweit eine neue Regierung bereit oder in der Lage ist, auch nur einen Teil dieser Dinge anzugehen.

H. Z.: Jedenfalls sehen Sie in der Bundesrepublik der siebziger Jahre schon die »falschen Konjunktive sich allseits rückversichernder Meinungsträger« am Werke. Das heißt, Sie haben Medienritter im Auge, die die öffentlichen Inszenierungstechniken beherrschen, die gleichsam Rücknahmevirtuosen sind auf dem Feld der politischen Verantwortlichkeit. Schon damals sehen Sie ein Auseinanderklaffen des politischen und des kulturellen Diskurses, die Blockade von sozialen Werthaltungen in der Politik, die heute zu den von Ihnen geschilderten sozialen Ungerechtigkeiten führen mußte?

G. G.: Vor allem in den achtziger Jahren, die ich als lähmend empfunden habe, ist diese Entwicklung immer stärker geworden und hält sich bis jetzt zum Ende der neunziger Jahre. Man wird die Kohl-Ära als eine sehr lange Periode der Stagnation ansehen müssen. Aber diese Tendenz zeigte sich schon in den siebziger Jahren unter Helmut Schmidt. Belebende Elemente kamen dann allerdings von den Grünen, in den Anfängen jedenfalls. Der eigentliche Erfinder der Grünen ist Helmut Schmidt, der diese Thematik in der SPD nicht zugelassen und somit überhaupt erst die Grundlage für die Gründung einer neuen Partei geschaffen hat. Auch die Grünen sind inzwischen in die Jahre gekommen. Auch sie zeigen Verschleißerscheinungen und sogar Momente des Hinwegaktierens von wichtigen gesellschaftlichen Problemen. Ungeachtet der Belebung durch die Grünen ist natürlich insgesamt ein

Verlust ohnegleichen eingetreten. Es wird Zeit, daß diese Partei, die in den ersten Jahren parlamentarisch kaum anerkannt war und aus den Ausschüssen ferngehalten wurde, die nun aber etabliert ist, endlich in politische Verantwortung hineinkommt, damit sich relativ unverbrauchte Kräfte an die Arbeit machen. Wahnsinnig viel ist liegengeblieben, viel mehr, als wir in diesem Gespräch benennen können.

V. Vom Leib der Zivilität –
Eine Märchenreise ins Sinnenwesen der Moderne

HARRO ZIMMERMANN: Die »lähmenden« achtziger Jahre
waren auch der Erfolgsboden des Poststrukturalismus,
der Postmoderne, der Aufklärungskritik aus dem Geiste
der Beliebigkeit, des Verspielten, des bloß Zeichen- und
Scheinhaften. Sehen Sie neben sich selber in diesen Jahren literarische Gegenzeugen? War die Literatur dazu
lebenskräftig genug?

GÜNTER GRASS: Wissen Sie, diesen Anspruch auf das Spielerische und auch auf das Virtuelle, was man heute
Dekonstruktion und Intertextualität nennt – all das findet man der Intention nach von den frühen pikaresken
Romanen bis in die Gegenwart hinein. Es gab und gibt
längst einen Spielbegriff, der ernst genommen wurde und
wird. Ich weiß bis heute nicht genau, was seine postmoderne Variante bezwecken sollte.

H. Z.: Noch einmal die Frage nach der Literatur. Gab es
dort die Kraft von Gegenzeugnissen in den achtziger Jahren?

G. G.: Die Autoren, die ich meine und schätze, haben sich
an das Geschwätz der Postmoderne nicht gehalten.
Romane von Salman Rushdie oder von südamerikani-
schen Autoren oder auch meine literarischen Bemühungen waren von dieser Debatte nicht angekränkelt. Und
das sind die eigentlichen Gegengewichte.

H. Z.: Ist die Literatur in dieser Zeit resistenter gewesen als
die Kultur- und Sozialwissenschaften oder die Philosophie beispielsweise?

G. G.: In der jüngeren Generation sind sicherlich eine ganze Reihe Autoren der postmodernen Mode nachgelaufen. Grotesterweise gehen aber – auch wenn man das öffentlich nicht wahrnehmen will – die literarischen Impulse im deutschsprachigen Bereich nach wie vor von der Generation aus, die sich Ende der fünfziger, Anfang der sechziger Jahre zu Wort gemeldet hat. Ob das Martin Walser ist oder Hans Magnus Enzensberger oder Peter Rühmkorf oder Christa Wolf oder auch ich, unsere nun an der Schwelle zum Greisenalter stehende Generation setzt nach wie vor die Akzente. Und das finde ich nicht gut.

H. Z.: In dem launigen »Tagebuch einer Schnecke« – es ist ja wie »Kopfgeburten«, aber auch wie »örtlich betäubt« wirklich ein vergnügliches Buch, was man in der Kritik oft übersehen hat zugunsten vermeintlich belehrender Töne – ist die Rede von einem erzählenden Kochbuch, das Sie schreiben wollten. Was ist damals in Ihrem Kopf gewachsen, wie gestaltete sich die Realisation dieser Ursprungsidee?

G. G.: Das war ein Aufseufzen inmitten einer Wahlkampfreise: Wahlkampf heißt tagtäglich die Sprache der Politik, das Kurze und Mittelfristige, Kohleanpassungsförderungsgesetz und ähnliche Bandwurmwortgebilde – und da steigt bei mir der Wunsch auf, wieder ganz in Sprache aufzugehen, eine Geröllhalde von Prosamaterial vor mir zu haben. Ich skizzierte dieses erzählende Kochbuch, in dem aber nicht nur vom Essen, sondern auch vom Hunger, vom Überfluß und vom Mangel die Rede sein soll, um eine Geschichte der Ernährung erzählend vorzubereiten. Mir schwebten neun bis elf Köchinnen vor, von denen ich vermutete, daß sie in mir steckten, und die zu verschiedenen Zeiten gelebt haben; die wollte ich zum Sprechen bringen.

Aber es blieb bei der Skizzierung, ich steckte ja noch inmitten von Wahlkämpfen – nicht nur die Wahl 1969 und verschiedene Landtagswahlen, sondern drei Jahre später, nach dem mißlungenen Mißtrauensvotum gegen Brandt, die Bundestagswahl und die abermalige Aktion »Bürger für Brandt«, bei der ich die schon vorhandenen Wählerinitiativen erweitert habe und wieder wochenlang unterwegs war. Es war eine erfolgreiche Wahl, und erst dann meinte ich: Jetzt habe ich genug getan aus meiner Bürgersicht und Bürgerpflicht. Mit einer Rede unter dem Motto »Die Lokomotive muß zurück ins Depot« habe ich mich von der Wählerinitiative verabschiedet, denn es war mir noch etwas Weiteres aufgefallen: Seit drei oder vier Jahren zeichnete ich nicht mehr. Schreiben ging noch. Notizen, woraus dann später »Aus dem Tagebuch einer Schnecke« geworden ist – das ließ sich, ich will nicht sagen nebenbei, aber in kurzen oder längeren Pausen, in Arbeitsklausuren machen. Doch für das Zeichnen war es zu laut.

Kaum setzte die von mir selbst angeordnete Stille ein, ging es auch wieder mit dem Zeichnen los, zunächst mit den Begleitumständen des »Tagebuchs einer Schnecke«, also mit Schneckenzeichnungen und ersten Radierungen. 1972 begann ich in einer Berliner Werkstatt Kupferplatten zu bearbeiten: Ätzradierungen, Kaltnadelradierungen, Aquatinta dann später – was ich das letzte Mal während meines Kunststudiums gemacht hatte. Das ist dann über Jahrzehnte hinweg eine meiner Disziplinen geblieben. Mit dem Zeichnen näherte ich mich über die

Schnecke hinaus dem Butt an; wie oft bei epischen Arbeiten gab es das Abstecken des Geländes durch markierende Zeichnungen. Gedichte entstanden, in der Anfangsphase auch programmatische Gedichte wie »Worüber ich schreibe«, in dem die ganze Thematik im aufzählenden Rhythmus ausgebreitet wird. Und es stellte sich sehr rasch heraus – schon in der zweiten Niederschrift –, daß ich diesmal die Gedichte in den erzählerischen Komplex mit hineinnehmen würde.

Ich hatte bislang drei Gedichtbände veröffentlicht: 1956 »Die Vorzüge der Windhühner«, 1960 »Gleisdreieck« und 1967 »Ausgefragt« – Gedichte, die in ihrem Bändchen wie üblich gefangen sitzen, die immer die Scheu des Lesers vor Lyrik aushalten müssen. Nun erinnerte ich mich an die Barockliteratur, auch in der Romantik gibt es Fälle, in denen das Gedicht in den Prosaraum hineingenommen wird, was die abgrenzenden Unterschiede zwischen Prosa und Lyrik deutlicher macht, ohne sie als trennend zu empfinden. Während im »Tagebuch einer Schnecke« bereits versuchsweise einige Gedichte vorkommen, bilden sie im »Butt« ein ganz starkes Stilelement. Ich habe das noch in einem späteren Roman, der »Rättin«, weitergeführt.

H. Z.: Diese Komposition aus Epik und Gedichten hat Ihnen damals in der Literaturkritik prompt den Verdacht eingetragen, Grass treibe sich auf romantischen Feldern herum.

G. G.: Wissen Sie, ich will auf all den Quatsch nicht eingehen. Das Niveau der deutschen Literaturkritik ist seit den siebziger Jahren immer tiefer gesunken – Ausnahmen gibt es natürlich immer –, und sobald man sich darauf einläßt, landet man selbst auf diesem Niveau. Das hat mit Literatur und mit literarischer Bildung nichts zu tun, es fehlt offenbar die Geduld zur Lektüre, es fehlt die Kraft und wahrscheinlich auch die Konzentration, sich auf ein vielschichtiges Erzählkonzept einzulassen. Das Ohr ist vermutlich durch zu viele Nebengeräusche in unserer Gegenwart so abgetötet, daß ironische Zwischentöne – was Sie vorhin »launig« nannten und was beste Teile der deutschen Literaturtradition ausmacht, denken Sie an Jean Paul und Wieland – nicht mehr gehört werden. Während dieses Stilelement meiner Bücher, sicher geschwächt durch die Übersetzung, im Ausland wahrgenommen wird, habe ich hierzulande mit lauter Dröhnbeuteln zu tun, die nicht in der Lage sind, solche ironischen Töne zu hören, die mit vorgefaßten Meinungen und kästchenhaftem Denken an Bücher herangehen.

H. Z.: Ich habe den »Butt« unter anderem als ein Gegenbuch wider den Idealismus in Geschichts-, Politik- und Traditionsauffassungen gelesen, als eine literarische Insinuation Ihrer Anthropologie und Wirklichkeitsauffassung. Das heißt also: Geschichte von unten, Geschichte, die mit der Natürlichkeit des Menschen in einem ganzheitlichen Sinne rechnet, die auch der Leiblichkeit des Vernünftigen im Zivilisationsprozeß, also – sagen wir – der Körperlichkeit von Aufklärung gewärtig ist.

G. G.: Ich glaube, das anreizende Moment war für mich, daß in der herkömmlichen Geschichtsschreibung eigentlich immer nur das stattfindet, was sich an Daten festmachen läßt: Dynastien, Ablösung von Dynastien, Kriege, Friedensschlüsse, Kirchenspaltungen. Was datiert und überliefert ist, ist Herrschaftsgeschichte, wurde meist mit

Waffen ausgetragen. Andere Entwicklungsprozesse, die ja auch geschichtlich sind, kommen so gut wie nicht vor oder nur nebenbei. Wenn die Entwicklung unserer Ernährung, also mein Thema, am Rande vorkommt, dann wird zumeist mit Erstaunen wahrgenommen, daß natürlich die Einführung der Kartoffel geschichtlich mehr verändert hat, als der gesamte Siebenjährige Krieg oder dieser und jener Friedensschluß Folgen hatten. Mit dem Dazukommen neuer Grundnahrungsmittel durch die Entdeckung Amerikas konnten Hungersnöte leichter überwunden werden: Wenn Hirse und Gerste ausfielen, war eine Kartoffelernte oder eine Reisernte oder eine Maisernte vorhanden. Daraus folgte das Anwachsen der Bevölkerung, was eine Grundlage für die spätere Industrialisierung schuf. Das klingt jetzt alles sehr ernst und historisch, aber mit dem Eröffnen dieses Bereiches war ein unbeackertes Feld, auch sprachlich, auszumachen.

Eine weitere Entdeckung war die Frage: Wer hat denn diese Geschichte geschrieben, wer hat sie tagtäglich gemacht? Und siehe da, es waren die Frauen. Mir wurde, was ich im Grunde ja wußte, immer deutlicher, daß die uns überlieferte Geschichte eine reine Männersache ist: von Männern gemacht und von Männern geschrieben. Sofort war der Geschlechterkonflikt, war die während meiner Schreibzeit aufkommende Emanzipationsfrage virulent – deren zweite und dritte Welle in diesem Jahrhundert – und bezeichnete meinen Erzählort: nämlich die Gegenwart und den Rückblick in die Vergangenheit bis tief hinein in die Steinzeit. Das war nur möglich mit einem immer wieder unter neuem Namen, in neuer Gewandung auftretenden Helden, stets im Konflikt mit Frauen und umgeben von Frauen, abhängig von Frauen, und dazwischen die alles vermittelnde Geschichte vom Butt. Dieses wunderbare Märchen plattdeutscher Spiel- und Machart verträgt ja vielerlei Deutungen. Ich schrieb eben die andere Wahrheit.

H. Z.: Ich möchte einmal meine Lesart des »Butt« genauer darlegen. Der Butt ist natürlich wiederum eine Kunstfigur, auch eine Art erkenntnisvermittelnde und -ermöglichende Erzählkonstruktion. Ich habe den Butt, dieses Romanwesen, wahrgenommen als eine Verkörperung des Männlichen, des Vaterrechts, des Vernunft- und Fortschrittsprinzips, der Abmessung, der Planung, der Leistung und Unrast, der Rationalität, des begrifflichen Denkens, der Schriftlichkeit, des Individualismus, der Geschlechtertrennung, der Arbeitsteilung und Zivilisation, der Entmythologisierung. Das sind Konnotationen, die bei meiner Lektüre eine Rolle gespielt haben. Ein ganzes philosophisches und geschichtstheoretisches Erzählkonstrukt steckt also in diesem epischen Tierwesen. Aber woher kommt der Butt seinerseits? Er taucht urplötzlich aus dem Meer auf. Hat er eigentlich eine erkennbare Genese? Wie kommt sonst dieses Abstraktions- und Leistungsprinzip, wie kommen die Trennungen, die Spannungen und Widersprüche der rationalistischen Zivilisation in die Welt?

G. G.: Fische werden generell als stumm bezeichnet. Aber im Märchen spricht der Fisch, und sofort nimmt er verwunschene Gestalt an. Er erfüllt die Wünsche des Fischers – das ist die männliche Ausrichtung der Geschichte. In einem Kapitel des »Butt« kommt es in kriegsbedrohter Zeit, mit Napoleon im Hintergrund, zu einem fiktiven, von mir erfundenen Treffen der Romantiker. Philipp Otto Runge, Bettina und Achim von Arnim und Clemens Brentano haben sich dort in der Einsamkeit des Waldes auf ganz romantische Art und Weise gefunden und wollen »Des Knaben Wunderhorn« aus lauter Sammelstücken zusammensetzen. Runge berichtet, daß ihm beim Aufzeichnen des Butt-Märchens eine alte Frau von der Insel Oehe zwei Fassungen der Erzählung vorgetragen hat, und er bietet eigentlich die andere an, bei der der Mann das zerstörerische Prinzip und die Frau das lebenserhaltende verkörpert, wobei der Butt auf ihrer Seite ist und in beratender Funktion auftritt. Doch diese Fassung wird unterdrückt, weil sie die ohnehin gefährdete Position des Mannes weiter aufweichen könnte.

Also erzählt mein Roman diese andere Wahrheit, die unterdrückte Wahrheit, die Geschichte der Ernährung, den Beitrag der Frauen zur Geschichte und ihr Heraustreten aus der Geschichte in der Gegenwart – weshalb sich der Butt zum Schluß weigert, weiter die Männer zu beraten, und sich, ein wenig opportunistisch, auf die Seite der Frauen schlägt. Aber das alles wird mit Ironie erzählt, denn es spielt sich ja im Rahmen einer Gerichtsverhandlung, eines »Feminals«, ab. Hier wollen ihm die Frauen, mit all dem männlichen Organisationsdrang, den sie übernommen haben, den Prozeß machen. Zum Schluß sitzt er in seinem Aquarium und muß zusehen, wie das gesamte Feminal Butt ißt.

H. Z.: Was der Butt verkörpert und wie er dazu beiträgt, die Welt der Frauen, die mythische, harmonische, natürliche und ausgeglichene Welt des Weiblichen unter den Druck des Männlichen und Zivilisatorischen zu bringen, kann man als Gegenprinzip beschreiben. Eine Naturordnung wird aufgestört oder stark verwandelt. Deshalb noch einmal die Frage, was ist der historische Ursprung des neuen Prinzips? Ist das ein Vorgang von Arbeitsteilung, von zunehmender Rationalität, von Herrschaftsbildung, von Entmythologisierung, der sich hier ausbildet?

G. G.: Das Buch hebt an unter jungsteinzeitlichen Bedingungen, der Herrschaft des Matriarchats. Die Männer werden mit den Kindern gesäugt und sind zufrieden. Der Legende nach war das möglich, weil die Frau drei Brüste hatte, damit sich auch der unruhige Mann, der dauernd das Utopische sucht, der immer etwas Drittes finden will, schon von der Brustzeit an befriedigt sehen konnte. Der Wegfall der dritten Brust und das Entdecken des Feuers – hat es Prometheus vom Himmel geholt, oder hatte die Frau das Feuer in der Möse aufbewahrt und mitgebracht? –, mit diesem und anderem Material spiele ich in einer unendlichen Zahl von Geschichten und Episoden erzählerisch, mich stetig durch die Jahrhunderte hindurchhangelnd. Im Mittelpunkt steht immer wieder die wechselnde Rolle der Männer und Frauen in der jeweiligen Zeit. Alles andere ist nicht meine Sache. Was man später an Einzelheiten herausfiltert, kann ich gar nicht recht beurteilen. Wie ich schon in bezug auf »Die Blechtrommel« sagte: Ich habe so lange an dem Buch gearbeitet, es hat eine so starke Tiefenschürfung und Oberflächenbehandlung zugleich erfahren, daß ich, wenn ich Deutendes zum »Butt« äußern sollte, unterhalb des Niveaus bliebe.

H. Z.: Ich habe den »Butt« auch als eine tiefgründende Vernunftgeschichte gelesen. Erzählerisch, imaginativ aufge fächert wird unter anderem die Frage, wo die Grenzen von Vernünftigkeit liegen.

G. G.: Es geht immer wieder um die Vernunft und die Antivernunft, auch um die Kraft der Antivernunft. Nehmen Sie eine Figur aus gotischen Zeiten wie Dorothea von Montau, die eine sehr starke Person ist, aber ganz und gar die Antivernunft verkörpert. Der Vertreter der Vernunft, das Männlein an ihrer Seite, ist äußerst schwach auf der Brust, ist seiner hysterischen und doch zu großen Anstrengungen fähigen Frau gar nicht gewachsen. Allein schon in diesen Personen ist beides im Widerstreit: Vernunft bis ins knöcherne Prinzip hinein und Willensstärke, zerstörerische Antivernunft mit großer vitaler Kraft.

H. Z.: Vor allem ist der »Butt« auch ein Buch, das die Wirksamkeit von menschlichen Bedürfnissen und deswegen auch menschlichen Interessen zeigt, die ja keine argumentativen und vernünftigen sein müssen oder sein können.

G. G.: Das Essen in Mangelzeiten wird als Grundbedürfnis dargestellt, um satt zu werden, und daneben gibt es das Essen als Fresserei und als Genuß, über das bloße Bedürfnis des Sattwerdens hinaus – was auch schon vernunftwidrig ist, wenn man Vernunft als strengen Maßstab anlegt. Das Wechselspiel zwischen Mangel und Überfluß und Überdruß aus dem Überfluß heraus spielt in meinem Roman eine große Rolle.

H. Z.: Der alte Adam ist in dieser Geschichtskonstruktion wenig wandlungsfähig, er ist eigentlich immer derselbe. Die Frage nach der humanitären Sinnengeschichte, nach der Zivilisationsgeschichte der Sinne beantworten Sie eher negativ.

G. G.: Er ist festgelegt auf die Funktion des Mannes, die ihm vom Butt im Grunde vorgegeben wird. Zivilisation, Weiterentwicklung, Fortschritt – er verbraucht sich dabei. Sein Instrumentarium ist mangelhaft. Er setzt zwar immer etwas Neues in die Welt und immer etwas Größeres und Schnelleres, aber das Gesetz, nach dem er angetreten ist, mündet jeweils im Recht des Stärkeren, das heißt im Krieg. Es wechseln im Grunde nur die Waffensysteme; der Gestus bleibt sich gleich. Das ist das Traurige und Erbärmliche an der Männergeschichte, und dementsprechend entwickelt sich das Gegenkonzept.

H. Z.: Wenn ich einmal aus der sozialwissenschaftlichen und historischen Forschung dagegenrechne, was man »Modernisierungsgeschichte« nennt, so erkennt man dort sehr wohl differenzierte Lernformen an, man sieht schon, daß unsere westeuropäischen Gesellschaften in den letzten zweihundert Jahren erhebliche Rationalitätsfortschritte gemacht haben – im Rechtswesen, im System von Fürsorge und Moral, in der staatlichen Bindung an Menschenrechte zum Beispiel. Zumindest institutionell haben sich Lern- und Zivilisationsprozesse in unserer Wirklichkeit niedergeschlagen. Diese schwierige, so entbehrungs- und widerspruchsreiche Rationalitätsgeschichte vermisse ich im »Butt«.

G. G.: Was die zerstörerischen Durchbrüche besonders in der deutschen Geschichte betrifft, so lassen Sie mich noch einmal das Stichwort »Auschwitz« bemühen. Wir sprachen schon von dem großen Entsetzen und Erstaunen, daß jenes überdimensionale Verbrechen in einem wohlorganisierten, von all den Fortschritten im Rechtswesen umzäunten Land geschehen ist, das sich zu den aufgeklärten rechnete. Dennoch, so muß man sagen, kam es zu diesem Durchbruch. Oder nehmen Sie Jugoslawien. Auf dem Balkan hat Tito unter kommunistischen Vorzeichen eine große Leistung vollbracht, indem er unter den vielen ethnischen Gruppen ein politisches Konzept durchgesetzt hat. Nach einem mörderischen, von den Deutschen dort hineingetragenen Krieg, in dem es den beteiligten Serben und Kroaten um ihr wechselseitiges Auslöschen ging, war das nur mit Zwang möglich. Tito kam aus der Partisanenbewegung, ihm war das alles bewußt, und so hat er sehr überlegt sein Konzept für den Vielvölkerstaat umgesetzt. Schon nach Titos Tod war deutlich abzusehen, wie schwer es sein würde, dies zu halten. 1991 fiel Jugoslawien dann auf eine mörderische Art und Weise auseinander, die ans Mittelalter gemahnt; wo all diese mühsam errichteten Kontrollmechanismen und geistigen Differenzierungen wie Flitterkram zerrissen wurden und nichts mehr galt als die Kehle des Nachbarn, die durchgeschnitten werden mußte.

H. Z.: Also ist in Ihrer Geschichtskonstruktion die Krisengeschichte eigentlich entscheidender, weniger die Normalität, die Alltagsgeschichte der Menschen, soweit sie in historisch beruhigten Zeiträumen leben konnten. Die Dominanz des Konflikthaften scheint mir für Ihr Geschichtsverständnis bezeichnend zu sein, was sicherlich vor dem Hintergrund Ihrer Biographie zu sehen ist.

G. G.: Im Grunde erzähle ich im »Butt« Alltagsgeschichten – nicht die großen Geschichten, sondern die Pausen dazwischen. Die Gesindeköchin Amanda Woyke erlebt den Siebenjährigen Krieg nur aufgrund der gelegentlichen Rückkehr ihres Mannes, wenn er zumeist aus dem

Winterquartier mit einer neuen Blessur nach Hause findet, worauf sie ein neues Kind zu bekommen pflegt. Und nehmen Sie ihre Begegnung mit dem alten, tabakbefleckten König, der die Kriege hinter sich hat und nun, und sei es mit Prügel, eine Friedenswohltat durchsetzen will, nämlich das Anpflanzen von Kartoffeln. Friedrich sucht in dieser Amanda eine Verbündete, weil er nicht weiterkommt. Sie schafft es. Er hat die Order gegeben, die Kartoffel anzupflanzen, aber durchgesetzt hat sie das Ganze. In solchen Geschichten stoßen die beiden Prinzipien aufeinander. Dort wird auch gezeigt, ohne daß es groß proklamiert würde, daß sie sich gelegentlich wohltuend ergänzen können.

H. Z.: Ich habe mit Vergnügen die sinnliche, manchmal geradezu dampfende, tief atemschöpfende Prosa des Buches gelesen und deswegen auch die Märchenpartien sehr eindrücklich gefunden. Entmystifikation ist ein Stichwort des Buches. Es wird über ein Märchen aufgeklärt, aber das Märchen ist nicht nur Zielpunkt der Darstellung, sondern auch das Erzählverfahren selber ist eine Auseinandersetzung mit dem Märchenhaften. Entmystifikation als Erzählinhalt und als Erzählform. Ist das ein richtiger Eindruck?

G. G.: Ich weiß nicht, ob es in erster Linie um Entmystifikation geht. Wenn ich dieses Stichwort akzeptiere, dann geschieht es, indem ich neue Märchen erzähle.

H. Z.: Es ist schon ein Aufklärungsprozeß. Sie haben ja gerade gesagt, das unterdrückte Prinzip, die verzerrte Lesart des Märchens wird gleichsam nach vorn gezogen und in der Realzeit auseinandergelegt, also erkennbar gemacht.

G. G.: Und kaum an die Oberfläche gekommen, entstehen neue Mythen. Das reicht sich weiter, das ist die Wahrheit, jedesmal anders erzählt.

H. Z.: Von der Leiblichkeit des Themas und des Erzählens im »Butt« haben wir schon gesprochen. Sie haben der epischen Konstruktion des Romans einen Neunmonatszyklus unterlegt. Warum?

G. G.: Diese schöne Möglichkeit bot sich mir an. Das Ganze geht ja bis ins Private: Meine erste Ehe ließ sich nicht mehr fortsetzen, ich lebte mit einer anderen Frau zusammen, und es begann eine Schwangerschaft. Ein Kind sollte geboren werden. In der streitgewohnten und streitliebenden, ja den Streit zum Kult erhebenden Zeit der siebziger Jahre war das ein aufregendes Unterfangen, das für unruhige Monate sorgte. Der Zeitraum der neun Schwangerschaftsmonate, nun auch mit meinen neun Köchinnen, bot sich zwanglos als Erzählrahmen für diese große, immer mit dem Auswuchern drohende epische Erzählmasse an, die ich schon bei Manuskriptbeginn vorfand. Und so wird das Thema von Monat zu Monat fortgetragen, bis hin zur Geburt des Kindes und der offenen Frage, wie es danach weitergeht.

H. Z.: Der Geburtszyklus einerseits, die Köchinnen andererseits – was ist das für eine innere Verwandtschaft? Köchinnen sind vorsorgende, fürsorgende Frauen, Mutter-Imagines?

G. G.: Ja, aber sie haben auf andere Art und Weise auch ein gewisses Gewaltmonopol, ein Machtmonopol. Ich weiß, daß die emanzipierten Frauen von heute es nicht gern hören, doch man sollte sich ruhig einmal anschauen, welche Macht eine Frau im Mittelalter mit ihrem Schlüsselbund hatte: Sie allein war für die Vorratswirtschaft im Haus verantwortlich, hatte sie unter dem Daumen und besaß damit ein immenses Machtpotential, über das Frauen heute in der Art und Weise unseres Wirtschaftens, bis in die Ernährung hinein, nicht mehr verfügen. Das darzustellen hat auch Spaß bereitet. Ich wollte auf diese Dinge zurückschauen und den Vergleich mit dem gegenwärtigen Machtanspruch wagen, der für Frauen oft – das »Feminal« zeigt das – nur dann zum Erfolg führt, wenn sie sich den männlichen Methoden anpassen, also zu Karrierefrauen werden, die männliche Erfolgsleiter besteigen und die Rigorosität des Mannes übernehmen, ja sogar übertrumpfen, weil man als Frau gezwungen ist, noch härter, noch effektiver zu sein. Das führt zu Entstellungen, die weit von dem ablenken, was eigentlich mit Emanzipation gemeint war. Auch das spiegelt sich im Roman in der ganz individuellen Zusammensetzung des »Feminals«, weil die Köchinnen dort mit Figuren der Gegenwart gedoppelt sind.

H. Z.: Da ergibt sich aber auch ein großer Zeit- und Problembruch. Sie sprechen von der Hausmacht der Frauen im Mittelalter, während es in der Gegenwart keine weibliche Hausmacht mehr gebe, sondern nur noch streitende, in ihrer gesellschaftlichen Funktion auf »männliches« Konkurrenzverhalten eingestimmte Frauen. Ist auch etwas gewonnen oder ist nur verloren worden, von damals auf heute?

G. G.: Sicher ist vor allem etwas verloren worden, weil mit dem Verlust der Hausmacht heute die geringere Bedeutung von Haus und Vorrat und all dem parallel läuft. Auch mit dem Delegieren der Erziehung, der Aufzucht der Kinder an ein Schulwesen außerhalb des Hauses war ein Machtverlust verbunden. Dann der ganze Bereich der Säkularisierung: In den Kirchen war einmal ein weiblicher Herrschaftsbereich fest umrissen und übrigens auch bebildert. Wenn Sie so wollen, war in der christlichen Ikonographie nicht nur allein mit der Jungfrau Maria, sondern durch eine Vielzahl von Frauengestalten ein Stück Gleichberechtigung verwirklicht. Die katholische Kirche von heute ist durch die Marginalisierung der Klöster weitaus männlicher bestimmt als im Mittelalter, denn damals gab es mächtige Frauenorden, die in Wechselbeziehung zu den männlich dominierten Orden standen. Das Liebesverhältnis zwischen Franz von Assisi und Klara ist eine wunderbare Geschichte, deren Doppeldeutigkeit, bis ins vermutet Sexuelle hinein, große Auswirkungen gehabt hat.

H. Z.: Tatsächlich scheint es aber diesen Lernprozeß bei den emanzipationswilligen Frauen der Gegenwart nicht zu geben, die offenbar verkennen, daß hier auch eine Verlustgeschichte eingetreten ist.

G. G.: Das hängt wohl damit zusammen, daß der abermalige und sicher notwendige Prozeß der Emanzipation schon wieder, wie um die Jahrhundertwende, von den Frauen des Mittelstandes und der Oberschicht getragen wird. Deswegen führe ich zum Beispiel meinen August Bebel ein, der sich in seinem Hauptwerk »Die Frau und der Sozialismus« den bis heute vernachlässigten Frauen am Arbeitsplatz, den Frauen der Leichtlohngruppen zuwendet. Um die hat sich Alice Schwarzer nicht gekümmert. Diese zähe Masse, die nur schwer über Tarifkämpfe zu gewinnen ist, ließ man lieber links liegen. Die Wünsche und Vorstellungen, die Machtzuwächse, die man sich erkämpfen wollte, gingen in eine ganz andere Richtung. Bis heute leidet darunter der Emanzipationsprozeß, der unter Arbeiterinnen kaum Unterstützung erfahren hat. Warum auch? Was kümmert es eine Frau in einer Leichtlohngruppe, ob sich Frau Gabriele XY mit Doppelnamen in ihrer Chefetage aus Emanzipationsprinzip noch eine Stufe höher hangelt? Das interessiert sie nicht. Sie muß sogar Furcht davor haben, denn wenn diese Frau an die Macht kommt, wird sie unter Umständen härter sein als der verunsicherte männliche Vorgesetzte, den sie in zurückliegenden Zeiten hatte. Bei Erscheinen ist der »Butt« von feministischer Seite entsprechend aufgenommen worden. Ein vergnüglicher Streit war das – vergnüglich, aber auch zum Teil von Frauenseite mit einem verbitterten Ernst betrieben, ohne Einsicht in das feucht und klebrig Humorvolle des Buches. Der humoreske Saft ist im »Butt« überall zu erahnen, zu riechen und zu schlürfen. Dazu waren sie nicht bereit.

H. Z.: Was hat man Ihnen denn vorgehalten?

G. G.: Die dumme Unterstellung, dies sei ein Buch gegen die Frauen, was es nun absolut nicht ist.

H. Z.: Herr Grass, ich würde gern noch ein wenig auf das Erzählverfahren des »Butt« eingehen, das von einer riesenhaften Konstruktion geprägt ist. Nicht nur Jahrhundert-, sondern Jahrtausendsprünge und -spannungen führen Sie vor, »Zeitweilen« finden statt, ein sich permanent wandelnder, in viele Rollen schlüpfender, sterbender und wiedererstehender Erzähler hält all das zusammen, eine »Vergegenkunft« wird gleichsam sichtbar gemacht. Haben Sie mit der Gefahr gerechnet, daß die Konstruktion auch zerfasern könnte, daß der Stoff die Komposition sprengen könnte?

G. G.: Diese Gefahr war von Anfang an deutlich: der große Zeitraum, die Fülle von Figuren, keine dominierende Hauptperson außer dem Butt, also einer Kunstfigur. Ich habe sie zu bewältigen versucht durch das strenge Konzept der neun Schwangerschaftsmonate und durch die Freiräume eines solches Erzählens im Übergang vom Gedicht zur Prosa: Wiederaufnehmen des erzählerisch angeschlagenen Themas durch das Gedicht, auch die Möglichkeit, mit dem Gedicht dem zuvor Erzählten zu widersprechen oder das, was jetzt erzählt werden wird, mit einem vorangestellten Gedicht vorwegzunehmen, einen Grundakkord anzuschlagen. Durch die Wechselbeziehung von Lyrik und Prosa ergaben sich andere Möglichkeiten des Erzählens, bis ins erzählende Gedicht hinein. »Klage und Gebet der Gesindeköchin Amanda Woyke« ist zum Beispiel eine Weiterführung der Balladenform, die im Buch immer wieder benutzt wird.

H. Z.: Wobei Sie auch mit Rückverweisen arbeiten, angefangene Geschichten später weitererzählen oder noch einmal aus einer anderen Perspektive neu erzählen.

G. G.: Hinzu kommt der Reiz – wie schon im »Tagebuch einer Schnecke«, das mir neue stilistische Möglichkeiten und andere Erzählformen eröffnet hat –, mich als Autor hineinzunehmen und gleichzeitig kraft Fiktion aufzulösen, zu zerstören, wieder neu erstehen zu lassen. Ich tauche anfangs kenntlich in das Buch ein, und verwandelt und verfremdet tauche ich an irgendeiner Stelle des Erzählprozesses wieder auf. Diese Versteckspiele, die Vexierspiele des Autors im Buch, eröffnen neue Erzählmöglichkeiten und bieten die Chance, bestimmte Gegenwartspartikel kraft der »Vergegenkunft«, also der Zusammennahme von Vergangenheit, Gegenwart und Zukunft, an die Oberfläche zu spielen.

H. Z.: Vielleicht sollten wir noch einmal diesen epischen Neueinsatz der Vergegenkunft herausheben und versuchen zu klären, woher der bei Ihnen kommt, wo Sie zum erstenmal mit der Notwendigkeit dieser Großkonstruktion konfrontiert waren.

G. G.: Unserem Ordnungs- und Vernunftprinzip folgend, leben wir ins Korsett bestimmter Abläufe gezwängt: Vergangenheit, Gegenwart, Zukunft. Doch die Realität widerspricht dem Zwang zur Chronologie. Wenn wir unseren Apparat unter der Hirnschale beobachten – wie wir denken, wie wir träumen, wie wir uns erinnern –, so geschieht das absolut nicht chronologisch. Das ist die eine Realitätserfahrung.

Die zweite beziehe ich aus der deutschen Geschichte: Wir haben nach 1945 verzweifelt versucht, die uns belastende Vergangenheit, wenn nicht in dieser, dann in der nächsten Legislaturperiode zu bewältigen, das hieß, in der Regel auch zu verdrängen. Ich erinnere mich an die notwendigen endlosen und oft gloriosen Debatten im Bundestag, wenn es um die »Verjährung« ging. Ein schönes Wort. Die Bundestagsreden von Adolf Arndt gegen die Verjährung sind Sternstunden des Parlamentarismus gewesen. Die Vergangenheit holte uns also immer wieder ein, und sie tut das bis in diese Tage hinein. Bestimmte Dinge, die unscharf geworden sind und lange zurückliegen, kommen mit größerer Distanz wieder an die Oberfläche, werden sogar klarer und deutlicher, aber auch erschreckender als je zuvor. Das ist die Vergangenheit, die in der Gegenwart präsent ist.

Was nun die Zukunft als dritte Dimension angeht: 1945 als Siebzehnjähriger war ich von Trümmern und Trümmerlandschaften umgeben – nicht nur die Gebäude lagen in Trümmern, auch die Personen glichen Ruinen. Dennoch hatte meine Generation nach einer gewissen Zeit so etwas wie eine Zukunftsperspektive: Wir wollten es besser machen, wollten es anders machen. Und das in jeder Beziehung. Die ausgesprochene Tüchtigkeit der Kriegsgeneration ist ablesbar an dem, was sie kurz vor ihrem Tod zu vererben hat. Wir machten uns also ans Werk und behandelten Zukunft wie einen leeren Raum, in den man hineinprojektieren konnte mit jener überschüssigen Kraft, die aus dem Krieg noch geblieben war. Das ist bei der heutigen jungen Generation ganz anders. Deren Zukunft ist bebildert, vordatiert, mit schrecklichen Statistiken gepflastert und bietet wenig Spielraum. Das heißt, das, was zukünftig sein sollte, ist gegenwärtig schon auf erschreckende Art und Weise präsent.

Aus diesen Überlappungen von drei geordneten Begriffen – Vergangenheit, Gegenwart, Zukunft – hat sich bei mir durch den Schreibprozeß, durch die Auseinandersetzung mit dem chronologisch geordneten Stoff die Notwendigkeit und Möglichkeit ergeben, mit einer Vergegenkunft, mit einem neuen Zeitbegriff weiter zu erzählen. Das setzt im »Tagebuch einer Schnecke« ein, ist im »Butt« ganz und gar präsent, wird dann noch einmal in kleineren Büchern, die auch wieder experimentierenden Charakter haben wie »Kopfgeburten«, neu erprobt und ist bis hin zum »Weiten Feld« als Erzählmöglichkeit fortentwickelt worden.

H. Z.: Das heißt, die eigenartige Zeitstruktur, die diese Bücher beanspruchen, verdankt sich einer Kombination von ästhetischen und geschichtstheoretischen Reflexionen. Insofern ist darin mehr enthalten als nur ein episches Konstrukt.

G. G.: Was ist Geschichte? Geschichte nennen wir etwas, von dem wir annehmen, daß es abgelagert sei. Wir ordnen es der Vergangenheit zu. Und ich kann mich hier nur wiederholen: Wir erleben mit Erschrecken, wie abgelebte Geschichte virulent wird, wie sie in die Gegenwart hineinragt. Also ist sie für mich Teil der Realität: Sie ist nicht abgelagert, sie ist belebt und immer wieder zu beleben, insbesondere durch erzählerische Kraft, durch epischen Einfallsreichtum, durch den Mutwillen, das Abgesegnete aus den Grabkammern herauszuholen, die Leichen zu fleddern. Das ist die unermeßliche Möglichkeit der Literatur und insbesondere des Erzählens, wenn Erzählen nicht nur unterhalten will.

H. Z.: Beim »Weiten Feld« hat man Ihnen vielfach angekreidet, Sie würden willkürlich und regellos in irgendwelchen Geschichtsphasen herumspringen. Doch ist es nicht im Grunde so, daß die eigenartige Zeitwirklichkeit des Romans auf Realzeitprobleme hindeutet und Sie mit diesem Kunstgriff die Tiefen- und Vielschichtigkeit von Gegenwart, von Jetztzeit deutlich machen wollen?

G. G.: Sie haben das regellose Herumspringen erwähnt. Das stimmt in gewissem Sinne, weil ich mich nicht an die vorgegebenen Regeln halte; denn diese Regeln bilden ein Korsett und sind ihrerseits begleitet von Willkür. Wir haben in der Historiker-Debatte die wiederholten Anläufe erlebt, etwas, das virulent ist, was selbst noch meine

Enkelkinder, die absolut unschuldig sind an den Nazi-verbrechen, dennoch einholen und begleiten wird, einfach abzustreifen. Man möchte das abbuchen, will es loswerden. Aber diese Art »Geschichte« als ständiger Prozeß der Liquidierung von Gegenwart stößt auf meinen erzählerischen Widerstand. Ich schreibe, so erklärte ich es meinen Kindern, »gegen die verstreichende Zeit«.

H. Z.: Erstaunt hat mich bei der Lektüre des »Butt«, wie vernünftig ausschöpfbar Mythen und Märchen für Sie sind und wie zupackend Sie sich deren numinose Erzählwelten erschließen konnten. Sie haben einmal von der »Doppelbödigkeit«, auch von einer Art zwielichtigen Geheimnisstruktur unserer Realität gesprochen. Sind Märchen und Mythen wirklich als »Grundsuppe« des Volkes, wie Herder gesagt hat, so ohne weiteres zugänglich? Oder wie sonst haben Sie diese Erfahrungsschichten aufbereiten können?

G. G.: Wir erleben Märchen zunächst einmal als etwas, das Kinder völlig unbefangen wie Realität aufnehmen, mit dem sie sich auch heutzutage aus ihrer Erlebniswelt, aus ihren Vorstellungen und Wunschvorstellungen heraus identifizieren können: mit Märchenfiguren wie dem Rumpelstilzchen, mit Hänsel und Gretel – mit König Drosselbart ist es problematischer. Oder mit Erscheinungsformen wie dem Verwunschensein etwa, wo der Prinz auf das erlösende Wort hin aus dem Frosch herausspringt. Eine solche Identifikation fällt den Erwachsenen schon schwerer. Sie müssen zu sich selber als Kindern zurückgehen, sie müssen den Realitätsgehalt aus den Märchen herausklopfen.

Wie erschreckend umstandslos und ganz nah Märchen an die Realität herankommen, wird durch einen drohenden

Verlust doppelt deutlich: Stellen Sie sich die deutschen Märchen – das gleiche trifft auf russische und andere zu – ohne Wälder vor. Wenn sich der Verlust der Wälder abzeichnet, sind die Märchen ohne Hintergrund, bekommen sie einen Realitätsverlust oktroyiert, der sie wahrscheinlich – auf künftige Generationen bezogen – unverständlicher machen wird. In der »Rättin« entfalte ich in dem Erzählstrang »Grimms Wälder« die These, daß mit den Wäldern die Märchen aussterben.

Das sind die Dinge, die mich interessieren: das Märchen nicht losgelöst von der Welt, als bloßer Buchinhalt, sondern auf die Frage zurückgeführt, wo und aus welchen Bedingungen es entstanden ist. Warum kommt man ins Schlaraffenland, indem man sich durch einen Hirseberg fressen muß? Daß dies kein Kartoffelbrei ist, wirft ein Schlaglicht auf die Ernährungsgeschichte. Auf diese Weise läßt sich vieles an verschütteter Geschichte ausbuddeln und wieder beleben.

H. Z.: Würden Sie so weit gehen, daß in den Trivialmythen von heute, in den Science-fictions und bilderflirrenden Märchensurrogaten solche sozusagen aktivierbaren Erfahrungsgelüste immer noch begründet liegen?

G. G.: Vieles von dem, was über die Medien vermittelt wird und über die Bildschirme flimmert, ist äußerst synthetisch und hintergrundlos. Es muß schon jemand mit einer immensen Begabung wie der französische Autor kommen, der uns die herrlichen Geschichten von »Asterix und Obelix« erzählt. Er hat die Comics mit der herkömmlichen Zeichenmanier weiterentwickelt, aber mit einem märchenhaft tragenden Grundeinfall. Ich glaube, nicht nur der Generation unserer Kinder, sondern bis in die Erwachsenenwelt hinein wurde dort ein geschichtsträchtiges Märchen sinnlich, komisch, tragisch, im jeweiligen Wechselspiel erzählt. Ich wünschte, wir hätten jemanden, der mit den Nibelungen so umginge. Doch Comics von gleichem Rang haben wir im deutschen Sprachgebiet leider nicht aufzuweisen.

H. Z.: Ich meine gar nicht so sehr die ästhetische Faktur, sondern das Bedürfnis, so etwas zu sehen, zu erleben, zu lesen.

G. G.: Trotz der Medienüberschüttung und -überfütterung steckt das immer noch in den Kindern.

H. Z.: Was ist das für ein Bedürfnis, worauf richtet es sich?

G. G.: Das Lesebedürfnis ist etwas sehr Allgemeines, Elementares. Wenn ich nach den Dingen suchen müßte, die uns Menschen auszeichnen und uns vom Tier unterscheiden – es gibt ja viele Angleichungen ans tierische Wesen bis ins Anmutige und ins Fürchterliche hinein –, so fällt mir zuerst die Lesehaltung ein, das Versunkensein in ein Buch. Der Barlachsche Klosterschüler ist ein wunderbares Bild dafür, das man benutzen sollte, um für die verschüttete Lesekultur zu werben. Das unvorgreiflich Menschliche hängt schon mit diesem Sich-Verlieren in einem Buch zusammen: etwas, sich selbst, in einem Buch zu entdecken, sich zu verlaufen im Wald oder sich mitzuteilen an fiktive Personen, deren Leben mitzuleben, sich selbst in anderem Gewand, in anderer Kostümierung zu erleben, auf Abenteuerreise zu gehen, ohne den Ort zu verlassen. Darin sind so viele Verlockungen enthalten. Und dann kommt auch noch das Belehrende dazu, aber das will ich nicht voranstellen. Denn es macht so viel kaputt, wenn immer die Famulus-Frage aus dem »Faust« gestellt wird: Was kann ich schwarz auf weiß nach Hause tragen, welchen Gewinn kann ich abziehen? Diese Frage versperrt eher den Zugang zum Buch, als daß sie ihn eröffnete. Nicht vergessen sollten wir den Zuspruch an den Leser, durch Phantasie, die er im Buch findet, ermuntert zu werden, eigene Phantasie in Kraft zu setzen. Er muß sich ja fürchten, ausgelacht zu werden, wenn er sonst im Leben seiner Phantasie laut nachgeht. Aber im Buch darf er das. Es ist ein immenser Freiraum.

H. Z.: Das ist ein Stück Archäologie des Lesens. Wenn wir nun aber Mythen, Märchen, Sagen und Legenden lesen, sind das auch inhaltliche Spezifika. Was suchen wir, mit dieser Frage spielt Ihr Roman, wenn wir solche vormodernen Sinnwelten und ihre ganz besonderen Phantasieproduktionen aufsuchen?

G. G.: Sie zeichnen sich dadurch aus, daß sie anonym sind. Irgendwo, irgendwann haben sie einmal einen erzählenden Verfasser gehabt. Dann sind es schon mehrere gewesen, die Erzählmasse hat sich abgeschliffen und sich neu erfunden, immer wieder neu erfunden. Irgendwann – nein, nicht irgendwann, wir können es datieren – gibt es auf einmal ein großes Interesse an den Märchen. In der Romantik werden sie gesammelt und aufgeschrieben, werden damit in ihrem Entwicklungsprozeß allerdings aufgehalten. Indem sie schriftlich fixiert sind, gehören sie zur Literatur. Hier setzt dann die Möglichkeit des namentlichen Autors ein, sie wiederum aus dieser Fixierung zu befreien und sie weiterzuerzählen.

H. Z.: Sind Märchen und Mythen vielleicht auch Versöhnungsversprechen mit der Wirklichkeit, mit sich selber, mit den eigenen Bedürfnissen und Orientierungsproblemen?

G. G.: Viele Märchen sprechen für diese These, weil sie einen versöhnenden Schluß haben. Der ist aber oft so hanebüchen, daß man den Satz »Und sie lebten glücklich bis ans Ende ihrer Tage« nur ironisch verstehen kann. Natürlich gibt es auch eine Vielzahl von Märchen, die keinen versöhnlichen Schluß haben. Autoren wie Hans Christian Andersen wußten das sehr genau und schrieben zahlreiche Märchen mit erbarmungslosem und aussichtslosem Schluß.

H. Z.: Vielleicht muß es gar nicht auf den Schluß eines Märchens ankommen, sondern auf die imaginierte Verfassung der Wirklichkeit, auf die Gestaltbarkeit und die Zugeordnetheit dieser Welt zum Menschen. Ist im Märchen der Mensch seiner Realität vielleicht noch mächtig, auch negativ?

G. G.: Das trifft dann aber auf jedes Kunstprodukt zu, dem es gelingt, dem Schmerz Gestalt zu geben. Dann wäre auch der Grünewald-Altar versöhnend, obgleich er dem Schmerz äußersten Ausdruck gibt. Ich bin mit dem Wort »Versöhnen« immer sehr vorsichtig, weil es gleichzeitig diesen beschwichtigenden Charakter hat. Es stellt sich bei uns, beim einzelnen Betrachter, eine gewisse, ich will nicht sagen Zufriedenheit, aber eine Beruhigung ein, wenn man sieht, daß es einem Künstler gelungen ist, dem Ungeheuerlichen, dem Terror Ausdruck zu geben – wie zum Beispiel Picasso mit seinem »Guernica«-Bild. Aber das würde ich nicht als versöhnend empfinden. Es beruhigt mich, daß es möglich ist, dem Unbenennbaren, dem Unfaßbaren dennoch, wie Picasso es tut, ein künstlerisches Gesicht zu geben. Das empfinde ich auch, wenn ich Musik höre. Schützens »Sieben Worte Jesu am Kreuz« sind die Bewältigung eines trostlosen Endzustandes in Form und Ausdruck zugleich, aber versöhnen tun sie nicht.

H. Z.: Im »Butt« wird ja auch weder im Märchen noch durch das Märchen versöhnt. Das Buch spielt vielmehr in ironischer Weise mit dem Märchen, es wird eine Art Entdeckung und Aufklärung über das Märchen vermittels der Märchenform betrieben. Märchen als Ausdruck der Volkstradition, als Kondensat gleichsam versunkener Bedürfnisse und verschollener Identitäten – das ist eine von Herder her kommende Projektion. Derzufolge sind Märchen rekonstruierbar, ausschöpfbar, reaktivierbar, weil sie etwas Authentisches über die innere und äußere Naturgeschichte der Menschen zum Ausdruck bringen, zum abermaligen Bedürfnis machen können. Daran halten Sie fest und spielen zugleich damit aus dem Blickwinkel einer desillusionierten Moderne. Ist das richtig beobachtet?

G. G.: Ich erzähle sie weiter. Ich feiere sie nicht ab. Es bleibt nichts in Bewunderung vor diesem Wunderwerk stecken sondern es ist die Wahrheit, jedesmal anders erzählt, wobei ich die Form des Märchens variiere, erneuere, aufnehme, bis hinein in das Vatertagskapitel des »Butt«, das hart und grausam in der Wirklichkeit steht.

H. Z.: Das Märchen ist für Sie also auch eine Form der Transzendierung des vernunftmäßig Festgezurrten, eine Gegenkraft wider die falschen Ordnungen und Chronologien, wider die fragwürdigen Regularitäten, Einseitigkeiten und Phantasielosigkeiten des Lebens. Die »Schran-

175

ke Vernunft wird überhüpft« haben Sie einmal formuliert. Erlauben es diese numinosen Gebilde, die Märchen, als Schreibimpulse tatsächlich, rationale oder auch irrationale geschichtliche Projektionen zu konterkarieren, zu unterlaufen, in Frage zu stellen?

G. G.: Ich habe den Märchenton gleich in der »Blechtrommel« angeschlagen – in dem zentralen Kapitel »Glaube Hoffnung Liebe«, in dem es real um die »Kristallnacht«, die Zerstörung der Synagoge, geht. Das Kapitel hebt an mit »Es war einmal« und zählt dann die handelnden Personen auf, was wie ein Rondo durch das ganze Kapitel hindurchläuft. Die Überschrift bezieht sich darauf, daß dort, wo die Synagoge abgebrannt wird, ein paar frierende häßliche Mädchen stehen und mit dem Korinther-Brief für ihre Sekte werben. Und hart dazu im Gegensatz verläuft die Realität. So werden die drei Glaubensartikel in diesem Kapitel wie Marktartikel, aber immer im Märchenton »Es war einmal« abgehandelt.

In den »Hundejahren« habe ich das Märchenmotiv wieder aufgenommen, zum Beispiel in der Geschichte des Untergangs von Berlin. Die Suche nach des Führers Hund ist ganz und gar – mitsamt der Heidegger- und OKW-Sprache, mit diesem Sprachwust des Terrors und der Mystifizierung des Terrors – im Märchenton des »Es war einmal« gehalten. Denn ich habe erfahren und sicher auch gelernt, daß die überlieferten Märchen im Gegensatz zur herkömmlichen Literatur die Grausamkeiten nicht aussparen, sie vielmehr geradewegs zum wundersamen Hauptthema machen. Denken Sie an das Mädchen mit den abgehackten Händen oder auch an Hänsel und Gretel, an das Prüfen des Fingers, ob Hänsel aus Sicht der

Hexe denn nun bratreif sei, denken Sie an die witzigen Übertölpelungseinfälle, die Hänsel hat, um die Hexe zu linken. Es sind wunderbare Beobachtungen und Erfahrungen, die sich in solchen Märchen mitteilen – zumeist Erfahrungen der kleinen Leute, die im Überlebenskampf stehen.

H. Z.: Die Märchenmotive, wo sie auftreten, verlangsamen das Erzähltempo ...

G. G.: Nehmen sich Zeit ...

H. Z.: ... nehmen sich Zeit, heben Zeit gar auf, zeigen Tiefe, halten Einreden, schaffen eine Wirklichkeit, die die Liquidierung von Gegenwart bestreitet. Kann man das so sagen?

G. G.: Das kann man, ja. Aber wissen Sie, ich habe ein angeborenes Mißtrauen allen Fixierungen gegenüber ...

H. Z.: Ich muß mir selber helfen als Leser, die Überfülle der Eindrücke zu ordnen ...

G. G.: Ich bin noch bei dem Wort »Zeitnehmen« steckengeblieben. Wir stellten fest, Märchen nehmen sich Zeit. Lesen ist auch ein Sich-Zeit-Nehmen. Schon beim Schreiben fängt das an. Sich umfänglich Zeit nehmen ist zum Beispiel Voraussetzung für solch ein vermessenes Vorhaben wie den »Butt« zu schreiben. Von der Jungsteinzeit bis in die Gegenwart hatte ich den Bogen zu spannen und dabei auch noch einerseits die Chronologie zu wahren und sie andererseits dauernd zu sprengen und aufzuheben – also das zu praktizieren, was sich wie ein reines Theorem anhört: »Vergegenkunft«. Das wollte ich wirklich in Erzählhaltung und Erzählfluß umsetzen. Dazu mußte ich etwas tun, was uns in der Gegenwart zunehmend schwer fällt: mir Zeit nehmen. Die große Hemmung gegenüber dem Buch liegt in der Scheu vor der Konzentration, die zum Lesen gehört. Das setzt den Willen oder die Einsicht voraus, daß man sich Zeit nehmen müsse, um zum Buch zu kommen.

H. Z.: Herr Grass, damit ein Buch, das einen fiktiven historischen, menschlichen, jedenfalls riesenhaften Erfahrungskreis ausschreitet, den Leser der Gegenwart berührt und interessiert, muß der Impulse finden, die ihn bemerken lassen, daß hier Probleme und Zusammenhänge dargestellt werden, die nicht einem fernab liegenden Kontinuum von Historie angehören, sondern in die Jetztzeit hineinreichen. Mir scheint, daß Sie dem dort sehr nahekommen, wo Sie die »Gegengeschichte« im Zusammenhang mit der Arbeiterbewegung des neunzehnten Jahrhunderts deutlich machen. Ich meine etwa die dampfenden Kochgeschichten aus den Freiküchen der proletarischen Emanzipationsbetriebsamkeit oder die schwitzenden Biographien ihrer Protagonisten. Ist die Geschichte der Arbeiterbewegung heute – 1998 – noch so etwas wie ein Erfahrungswert, ein Inspirations- oder Kritikpotential für Leser, macht die das noch nachdenklich, sensibel, kritisch?

G. G.: Für mich als Leser schon. Für mich ist die Geschichte der deutschen und der europäischen Arbeiterbewegung ein Quell der Erkenntnis und auch des Vergnügens, der Trauer. Das Nicht-zur-Kenntnis-Nehmen der eigenen Geschichte – selbst in weiten Teilen der heutigen Sozialdemokratie – ist ein immenses Versäumnis, das noch einmal bitter zu stehen kommen wird. Wenn diese älteste demokratische Institution, die wir in Deutschland haben, die alle Systeme trotz der Verbote und Verfolgungen und der Selbstauflösungsprozesse überstanden hat, nicht mitsamt ihrer Geschichte wahrgenommen wird, verlieren nicht nur die Mitglieder der Partei, sondern auch dieses nach wie vor fragile Gebäude der Demokratie ein Stück Rückhalt.

Deswegen kam es mir im »Butt« darauf an, auf den ollen Bebel zurückzugehen und von der Gesindeköchin Amanda Woyke zu Lena Stubbe zu kommen, die – unter einem versoffenen Proletarier und Sozialdemokraten als Ehemann – mit ihrer Gästeküche den Haushalt aufbessern muß. Sie gelangt dabei zu Einsichten darüber, was an richtigen Gerichten – vom Einkaufen angefangen bis zum Zubereiten des Essens – dem Arbeiter frommt. Sie erkennt, daß der Arbeiter dauernd nach den höheren Klassen schielt und sich dabei übernimmt. Lena Stubbe schreibt die Rezepte nieder und versucht in dem Kapitel »Bebel zu Gast« August Bebel zu überreden – er hat doch schließlich »Die Frau und der Sozialismus« geschrieben –, für die Edition ihres »Proletarischen Kochbuchs« zu sorgen und ein Vorwort zu schreiben. Er zeigt sich vom Kochbuch begeistert, aber dann fällt ihm ein: Was werden die männlichen Genossen dazu sagen, wenn ich nun auch noch das Vorwort zu einem Kochbuch schreibe? Und so verweigert er das Ganze, worauf sie am Ende sagt: »Na macht nuscht«, aber das ist sehr bitter gesprochen.

Andererseits macht sie zu Bebels Beerdigung ihre erste und einzige Reise nach Zürich, gemeinsam mit zwei radikalen Sozialdemokraten im Abteil: Rosa Luxemburg, die später zur Abspaltung drängt und 1919 ermordet wird, und Robert Michels, der schließlich zu den Faschisten geht. Ein merkwürdiges Dreiergespann fährt in die Geld-stadt Zürich, wo bei dieser Beerdigung hunderttausend Menschen zusammenkommen und alle Glocken läuten, weil die Küster alle Sozialdemokraten waren.

Aus heutiger Sicht ist das eine merkwürdige Geschichte, fast wie ein Märchen. Und ich bin jedesmal erstaunt und erschrocken, wenn auch führende Sozialdemokraten oder Funktionsträger, die ich schätze, August Bebels »Aus meinem Leben« nicht gelesen haben – Sie auch nicht, wie ich merke. Ein wunderbares Buch, toll erzählt und geschrieben. Die ganzen zwölf Jahre der Sozialistengesetze sind sehr eindrucksvoll geschildert, mit all den durch das Verbot notwendigen Tricks. Denken Sie an die Geschichte des roten Postmeisters: wie der »Sozialdemokrat«, der in Zürich gedruckt werden mußte, als die Schweiz noch ein mutiges und liberales Land war, mit Hilfe von sozialdemokratischen Postbeamten auf beiden Seiten der Grenze nach Deutschland geschmuggelt wurde. Das ist wunderbar zu lesen und belehrend im besten Sinne, wenn man die notwendigen ideologischen Auseinandersetzungen in dieser Partei begreifen will. So kann man zum Beispiel sehen, wie Bebel den Revisionismusstreit hat durchstehen müssen – mit Kautsky auf der einen Seite und Bernstein auf der anderen Seite, von den verschiedensten Flügelkämpfen gar nicht zu reden – und dabei die Partei zusammengehalten hat.

Aber ich möchte noch ein Stück zurückgehen. Sie wollten ja darauf hinaus, wie man Geschichte abklopft, wie man sie neuerzählt nutzbar macht, wie man zwanglos einen Bezug zur Gegenwart herstellt. Ich glaube nicht, daß man sich das als Konzept einfach vornehmen kann.

Mich jedenfalls leitet das Eigeninteresse – anders könnte ich nicht schreiben. Ich befasse mich mit abgelegenen Stoffen und Schichten, und auf einmal klingt es. Ich schaue mir an, wie so ein ausgehungerter Bub namens Andreas Gryphius im Alter von neunzehn oder zwanzig Jahren aus Schlesien kommt, in Danzig Zuflucht sucht, noch aufs Gymnasium geht, aber schon Kinder reicher Leute unterrichtet, damit seinen Unterhalt verdient und nun einem anderen begegnet, einem älteren, der ein gebrochenes und zerbrochenes Leben hinter sich hat. Bei dem weiß man nie so genau, ist er Protestant, oder ist er Calvinist, warum hat er dann eine lange Zeit den Katholiken zugearbeitet, was hat er in Siebenbürgen getrieben, und warum ist er nun auf einmal hochdotiert in Danzig als Hofhistoriograph des Königs von Polen tätig? Man sieht doch, daß er auch mit Agenten, die aus Schweden kommen, verkehrt! Eine undurchsichtige Gestalt ist dieser Martin Opitz, der gleichzeitig von dem jungen Burschen bewundert wird, denn ohne ihn hätte der seine ersten Sonette in deutscher Sprache nicht schreiben können. Im Jahre 1621 nämlich hatte Opitz eine erste deutsche Poetik vorgelegt.
Diese beiden führe ich nun zusammen. Sie waren beide zu dem Zeitpunkt in Danzig, und es ist naheliegend, daß sie einander begegnet sind. So entsteht das Kapitel »Von der Last böser Zeit«, in dem der Junge den verbrauchten Alten angreift. Er frißt sich bei ihm satt, aber er setzt ihm zu. Hilfe möchte er von ihm, auch sucht er nach einem Verleger; er bekommt sogar Hilfe geboten, dennoch attackiert er den alten Opitz scharf wegen seiner politischen Tätigkeit. Aber dieser Opitz ist nicht etwa nur ein

einkaufbarer Agent – mal von den Katholiken, mal von den Polen, mal von den Schweden bezahlt –, nein, er ist ein Ireniker, er gehört der damaligen Friedensbewegung an, die allerdings den Gedanken pflegte, durch größere Teilnahme von nicht kriegführenden Parteien den Krieg am ehesten beenden zu können. Opitz hatte sich auf Anstiften der Schweden, aber auch aus eigener Einsicht die Aufgabe gestellt, Polen in den Dreißigjährigen Krieg zu verwickeln, Wladislaw IV. zu bewegen, als Katholik auf protestantischer Seite Habsburg zu bekämpfen. Wie wir wissen, hat sich Wladislaw IV. darauf nicht eingelassen, er hatte noch vom Nordischen Krieg die Nase voll, der nach dem Ende des Dreißigjährigen Krieges auch sofort wieder einsetzte. Gryphius stellt das alles in Frage, wieso Opitz seine doch vorhandene poetische Kraft im politischen Streit verzettelt hat, wieso er Magdeburg, die Hochburg des Protestantismus, beschimpft. Es ist wirklich ein anklägerischer Ton beim jungen Gryphius vorhanden, und genau dieser Widerstreit ist für mich dasjenige, was in die Neuzeit hineinklingt und was ich nahezu zwanglos habe aufnehmen und erzählen können, als sei die Geschichte aus dem siebzehnten Jahrhundert eine von heute.

H. Z.: Noch einmal zurück zum Zusammenhang von Sozialdemokratie und Arbeiterbewegung. Die Aura des Emanzipatorischen, des Mitmenschlichen und Solidarischen, des Utopisch-Freundlichen, die Perspektive der kleinen Leute also, hat – möchte ich behaupten – mit der SPD von heute nichts mehr zu tun, sie ist so gut wie aufgekündigt.

G. G.: Aufgekündigt wurde die Solidarität erst einmal durch die seit langer Zeit regierenden Parteien CDU/CSU und

FDP, die den Gesellschaftsvertrag als Grundlage der sozialen Marktwirtschaft zunächst zögerlich, aber seit dem Zusammenbruch der Sowjetunion immer hemmungsloser gebrochen haben. Den Sozialdemokraten kann man vorwerfen, daß der Widerstand dagegen nicht vehement genug gewesen ist, daß sie sich immer nur den jeweiligen Vorgaben der Regierungsparteien entsprechend verhalten haben. Erst spät und bis heute unzureichend treten sie mit Gegenkonzepten auf, die einen neuen Gesellschaftsvertrag anstreben und damit eine neue Form von Solidarität möglich machen sollen.

Das Wort Solidarität ist ohnehin – das darf man nicht vergessen – im Machtbereich der Kommunisten derart verhunzt und mißbraucht worden, daß viele es ohne Nebenerklärung oder ohne einen Nebenton kaum noch benutzen wollen. Ich habe keine Hemmungen, denn ich sehe nicht ein, wieso der Mißbrauch des Begriffs Solidarität dazu führen soll, daß wir nun auch das Wort streichen, nachdem schon die Bedingungen dafür weitgehend reduziert worden sind. Das geht nicht an und war für mich auch ein Grund, im »Butt« und in anderen Büchern die vergessene Geschichte der Arbeiterbewegung erzählend zu beleben.

H. Z.: Aber ist das nicht eher ein Erinnerungsimpuls als ein Anschlußimpuls an Gegenwartserfahrungen?

G. G.: Eine kurze Passage im »Butt« schildert ein Treffen von Sozialisten im französischen Bièvre, bei dem vor allem tschechoslowakische Reformkommunisten zusammenkamen, die nach der Okkupation 1968 ihre Heimat verlassen mußten und die nun ortlos einen Weg des demokratischen Sozialismus suchten. Ich bin dorthin gefahren und habe deren Hilflosigkeit gesehen, und gleichzeitig hat mich das Treffen sehr angerührt. Da waren selbst Trotzkisten in den verschiedensten Schattierungen dabei. Allen merkte man an, daß sie von der Solidarität nicht lassen wollten und daß sie darunter litten, wie rechthaberisch sie immer nach dem genaueren Ausdruck gesucht hatten, der dann jeweils den anderen Ausdruck ausschließen wollte. Es war eine Gesellschaft von Gestrandeten, in denen doch eine große Kraft zu beobachten war, die auch mir dazu verholfen hat, meinen eher laxen Begriff vom demokratischen Sozialismus – der mir zur Begründung meiner politischen Nebentätigkeiten immer ausgereicht hatte – einmal thesenhaft aufzulisten, um zu klären, was demokratischer Sozialismus wirklich ist.

Auf keinen Fall eine Ideologie, bitte keine neuen Festlegungen, keine Dogmen, aber doch – das habe ich dort auch vorgetragen – die unablässige Anstrengung, soziale Rechte und liberale Rechte miteinander zu verbinden, die von Anfang an auseinanderzufallen drohten. Beim Höchstmaß von liberalen Rechten ist eine Knechtschaft der arbeitenden Massen durchaus möglich; der heutige Neoliberalismus zeigt das deutlich. Der demokratische Sozialismus hat daher, gewandt an die Kommunisten, gesagt: Was nützen euch die sozialen Rechte, die ihr diktatorisch erzwingt und durchsetzt, wenn der Mensch nicht atmen kann, wenn ihm die Menschenrechte versagt werden. Und umgekehrt, was nützen die Menschenrechte, wenn nur eine Oberschicht in der Lage ist, die Wohltat nicht vorhandener Zensur wahrzunehmen, aber unten stimmt es nicht? Unten fehlt dem polnischen Bauern, der sich einen Dreck darum kümmert, daß es in seinem Land keine Zensur mehr gibt, jetzt das Geld für das Saatgut. Er gehört wieder, wie in zurückliegenden Jahrhunderten, zur unterprivilegierten Schicht und ist vom Fortschritt der Geschichte wie vergessen zurückgelassen.

H. Z.: Noch einmal zurück zur Erzählwelt des »Butt«. Die Gegengeschichte endet in ihrem Realitätsanschluß heute auf der Lenin-Werft, in der osteuropäischen Opposition also und nicht in der westeuropäischen Linken. Warum?

G. G.: Weil der Zerfall von Solidarität dort am deutlichsten wird, wo man sie zum dogmatischen Anspruch erhoben hatte. In einer kommunistisch regierten Gesellschaft wird auf Arbeiter geschossen. Damals gab es den Namen »Solidarność« noch nicht, aber der Streik in den Hafenstädten und die Schüsse in Gdańsk und Gdynia sind zugleich die Geburtsstunde von »Solidarność« gewesen. Diese Geschichte schreibe ich erst in der »Rättin« weiter, allerdings nachdem es keine Menschen mehr gibt – die Ratten sind es dann, die im Zeichen von »Solidarność« wieder Solidarität üben.

H. Z.: Herr Grass, ein besonderes Gewicht liegt im »Butt« auf den Barock-Kapiteln, aus denen später »Das Treffen in Telgte« hervorging. Was macht die Faszination des frühbürgerlichen Zeitalters aus, das der Aufklärung vorangeht, aber schon mit ihr verwoben ist, sie vorbereitet?

G. G.: Das war das Interessante: festzustellen, wie bei einem Friedrich von Logau, dessen Texte zu seinen Lebzeiten nie gedruckt wurden, schon die Elemente der Aufklärung zutage treten. Es ist kein Wunder, daß Lessing ihn später entdeckt und der Öffentlichkeit bekannt gemacht hat. Oder zu sehen, wie ein eigentlich enger Lutheraner, Paul Gerhard, der als Pfarrherr jede religiöse Abweichung bekämpft hat und deshalb nach dem Toleranzedikt in Brandenburg-Preußen abgesetzt wurde und das Land verlassen mußte, gleichzeitig Texte geschrieben hat, die frei sind von jeglicher religiösen Dogmatik, die Natur aufnehmen, die einen ganz neuen Ton in den Choral, ins Kirchenlied hineinbringen.

Je mehr ich mich mit der Materie befaßte, desto größer wurde mein Erstaunen, wie dieses erste Auftreten deutschsprachiger Literatur gleich so reich orchestriert sein konnte. Es ist außerordentlich, was dort vom Figurengedicht bis zur Naturlyrik, vom pikaresken Roman bis zu Empfindsamkeitsgeschichten – bei Zesen etwa – schon vorhanden ist oder vorweggenommen wird. Gleichzeitig habe ich entdecken müssen, daß Germanistik und Schulgebrauch diese großartige Literatur in einen unübersehbaren Wust verwandelt haben. Denken Sie etwa an die Einkastelungen in »Frühbarock« und »Spätbarock«, bei denen es hinten und vorne nicht stimmt. Ein Hoffmannswaldau zum Beispiel, der genauso alt ist wie Gryphius, befleißigt sich einer so manierierten Schreibweise, wie sie dann im sogenannten Spätbarock durchgängig anzutreffen ist. Das alles ist von den Anfängen her da.

H. Z.: Sehen Sie im Barock eine Art Achsenzeitalter, verbunden mit einer gewissen Wegweisungsfunktion? Der Westfälische Frieden besaß ja für die politische Territorialität Deutschlands, für die kulturelle Entwicklung eine ganz besondere Bedeutung.

G. G.: Sie sprechen jetzt vom Ende des Krieges. Die Schriftsteller, die ich dort im »Treffen in Telgte« versammele, sind alle Kinder des Krieges. Manch einer ist zu Kriegsbeginn geboren, Greflinger etwa, und nur von dieser Zeit geformt. Dämliche Streitfragen von heute wie: Darf sich der Schriftsteller mit Politik befassen, ja oder nein, konnten dort gar keine Rolle spielen, weil die Politik und die Beschädigungen der Welt so vordergründig waren, daß Sie von Opitz bis zu Gryphius Niederschläge dieser politischen, militärisch ausgetragenen Konflikte und Zeiterscheinungen finden. Selbst ein Idylliker wie Simon Dach beklagt in seinem langen Gedicht über die Zerstörung der Kürbislaube das heimgesuchte Magdeburg. Magdeburgs unendliche Verwüstung und der Terror, der nach der Besetzung der Stadt durch Tillys Truppen dort stattgefunden hat, waren im siebzehnten Jahrhundert zeichenhaft als das Schrecklichste, was passieren konnte – vergleichbar dem, was Dresden in unserem Jahrhundert an Zerstörung bedeutet.

So sehr diese Lyriker an Formen gebunden sind und noch bis in die Kriegszeit hinein zur Idyllik neigen oder sich zum erstenmal überhaupt in den überkommenen Formen Elegie, Ode, Sonett erproben, so stark sind zum Beispiel die frühen Sonette von Gryphius wie »Tränen des Vaterlands« von der erfahrenen Realität des Dreißigjährigen Krieges getragen. Auch die Pest spielt eine große Rolle. Die Abwendung vom Diesseits zeigt sich vor allem bei Gryphius deutlich: Was ist dieses Leben, Schall und Rauch, Erlösung aus dem Jammertal. Doch in einem Wechselbad der Empfindungen verbindet sich die Jammertal-Metapher, die die Stunde regiert und alle Ängste, mit einem ungeheuren Wortprunk, mit einer Lebenslust und Lebensgier ohnegleichen. Wo Freude in den Barockgedichten nicht aufkommt, bleibt noch die Gier nach dem Leben zu erkennen. Und diese Widersprüchlichkeit von jammertaliger Sehnsucht nach dem Jenseits auf der einen Seite und Lustempfinden und Lustsuche auf der anderen Seite hat mich fasziniert. So etwas setzt ganze Wortfelder in Bewegung.

H. Z.: »Das Treffen in Telgte« ist so etwas wie eine Collage aus zwei sehr weit auseinanderliegenden Zeitfolien: 1647 und 1947. Dreihundert Jahre deutscher Kultur und Geschichte werden in Erzählbildern überbrückt, die vergangene und gegenwärtige Autorerfahrungen zusammenziehen. Es entsteht dabei eine eigentümliche Zeitwirklichkeit sehr grundsätzlicher Dilemmata von Schriftstellern.

G. G.: Zunächst einmal war das Ganze ein launiger Einfall. Hans Werner Richter – wir sind jetzt in der Gegenwart der Gruppe 47 –, ein Mann, dem ich zeitlebens dankbar sein werde, der mein literarischer Ziehvater gewesen ist, wird siebzig Jahre alt, und ich will ihm ein Geschenk machen. Ich denke an eine etwa fünfzehnseitige Geschichte und beginne zu schreiben. Doch es wird eine ausgewachsene Erzählung von hundertachtzig Seiten daraus: »Das Treffen in Telgte«. Ich habe ihm den Text in erster Fassung auf seiner Geburtstagsfeier vorlesen können. Aber es stimmt schon, diese selbstgemachte Erfahrung im Umgang mit Kollegen hat mich inspiriert, uns, diesen verlorenen Haufen, um einmal den Söldnerausdruck zu gebrauchen, diese Außenseiter und Quergeister, diese Geltungsbedürftigen, Empfindlichen und Empfindsamen um dreihundert Jahre zurückzuversetzen, sie in eine Phase hineinzubringen, die vergleichbar ist mit der Gegenwart: ein zerstörtes Land, die Friedenssehnsucht, der noch anhaltende Krieg, woanders bricht er schon wieder aus, die Gründungsphase der Gruppe 47 und dann das

Treffen in Telgte dreihundert Jahre zuvor 1647. Mich hat gereizt, wie sich hier Vergegenkunft in Erzählung umsetzen läßt.

H. Z.: Auf die Vergleichbarkeit der Zeitebenen möchte ich kurz noch eingehen. Gelegentlich wurde Ihnen der Vorwurf gemacht, Grass verfahre ahistorisch, er vergleiche alles mit allem. Darauf müssen wir nicht eingehen. Aber um noch einmal auf den »Butt« zurückzukommen, der ja auch eine Desillusionsgeschichte darstellt: Dort gibt es eine Art Rückkehr in den Anfang, so etwas wie eine Kreisbewegung. Am Ende hat man das Gefühl, die Katastrophe eines leerlaufenden Fortschritts erlebt zu haben, die kritische Aufarbeitung eines Aufklärungsprozesses mit fatalistischem Finale. Wird hier ein statisches Geschichtsbild deutlich, die Absurdität einer Kreisbewegung, die nicht von der Stelle kommt?

G. G.: Das Statische daran ist, daß nichts zur Ruhe kommen wird, das nichts auf einen Endpunkt gebracht wird, daß es keine Erlösung gibt, daß der Stein oben nicht liegenbleibt. Ich komme immer wieder auf diese wunderbare Neudeutung des Sisyphos zurück, die uns Camus überliefert hat. Er widerspricht natürlich dem absoluten Fortschrittsdenken im technischen wie im ideologischen Bereich. Der Stein bleibt oben nicht liegen, er muß wieder hinaufbefördert werden. Wir finden ihn, doch immer nur unten auf der Talsohle. Und er muß wieder bergauf gewälzt werden in dem Wissen, wenn es nun endlich geschafft ist – und das ist Mal um Mal sehr mühevoll –, daß er dennoch nicht oben liegenbleiben wird. Und dann die Kraft zu haben, nach der Camusschen Deutung zu sagen: Wir dürfen uns Sisyphos als einen glücklichen

Menschen vorstellen, das trifft auf mich zu. Ich bin ein glücklicher Mensch.

H. Z.: Zum glücklichen Menschen Günter Grass gehört aber auch das Gegenzeugnis, die beschworene Gegenmacht wider diese Geschichte, die im Essen, in der Lust, in der Liebe zu finden ist.

G. G.: Selbstverständlich, das ist alles noch da; auch im beschädigten Zustand ist es noch zu erkennen. Die Dinge, die ich zeichnend oder beschreibend wahrnehme, sind in der Regel wunderbare, aber bereits beschädigte Gegenstände.

VI. Unmündigkeit und Apokalypse –
Erzählen als Welterprobungsdiskurs

HARRO ZIMMERMANN: Herr Grass, »Die Rättin« kommt 1986 heraus, und mir scheint, daß ganz besonders dieses Buch in der öffentlichen Rezeption Ihres Werkes – für die wissenschaftliche Grass-Forschung gilt das keineswegs – einen frappierenden Bruch darstellt. Das Buch ist in der Literaturkritik auf massives Unverständnis gestoßen. Ich zitiere nur beiläufig: »Die Rättin« sei »ungenießbar«, sei ein »Thesen-Reader«, Grass habe in diesem Roman »kapituliert«, er geriere sich als eine Art »Staatsoberhaupt«, er mache sich als Aufklärer »lächerlich« und maße sich so etwas wie die Position eines Praeceptor Germaniae an. Lassen Sie uns vielleicht zunächst einmal den Gegensatz zum »Butt« betrachten. In der »Rättin« sterben die Märchen und die Wälder aus. Während im »Butt« das Märchenmotiv noch eine entlarvende, insoweit befreiende und aufatmende Erzählhaltung möglich macht, wird in der »Rättin« das Erzählen im Zeichen des Märchens zum Tod der Phantasie.

GÜNTER GRASS: Ich muß etwas vorausschicken, ohne auf die von Ihnen genannte Kritik eingehen zu wollen. Man darf nicht vergessen, daß in den achtziger Jahren in diesem Land eine zweite Restauration stattfand, ein Nicht-wahrnehmen-Wollen, ein Rückfall intellektueller Art, ein Ausklammern aus Verantwortungen, ein Prozeß, der heute in der Aufkündigung von Gesellschaftsvertrag und Solidarität kulminiert. Ohne das zum Konzept erklären zu wollen oder geplant zu haben, habe ich eigentlich in jedem Jahrzehnt ein episch konzipiertes Werk geschrieben, das von der Erzählposition her das Klima dieses Jahrzehnts in etwa mittrug: »Die Blechtrommel« war ein Buch der fünfziger Jahre, die »Hundejahre« eines der sechziger, die Erzählposition des »Butt« ist von den Aufbruchshoffnungen und den sich schon abzeichnenden Enttäuschungen der siebziger Jahre stark eingefärbt, und nun entsteht »Die Rättin« in den achtziger Jahren.

Doch bis es dazu kommen konnte, ergab sich bei mir ein Einschnitt, eine Zäsur. Ich bemerkte allmählich, daß ein oder mehrere Prozesse ablesbar sind, die die Zerstörung des Menschengeschlechts – wieder der Ausdruck der Aufklärung – zur Folge haben könnten. Der Prozeß der Selbstzerstörung hatte begonnen. Und damit änderte sich auch unser herkömmlicher Zeitbegriff von Zukunft.

Durch den Feltrinelli-Preis, der mir in Italien verliehen wurde, hatte ich Gelegenheit, in einer Rede Bilanz zu ziehen angesichts dieser unausweichlich veränderten Situation, an der man sich allenfalls vorbeischwindeln konnte, was ja auch weit und breit geschehen ist. Ich ging davon aus, daß die Literatur von Beginn an immer auch ihre Feinde gehabt hat in Form von Zensur und Verbot. Ein Ovid wurde ans Schwarze Meer verbannt, ein Seneca mußte sich umbringen und so weiter; das ging bis in die Zeit der Aufklärung hinein. Aber die Autoren hatten immer die Gewißheit: Ihr könnt uns verbieten, Ihr könnt uns verbannen; das, was wir geschrieben haben, bleibt, wird uns überdauern, wir haben den längeren Atem. Man konnte auf Zeit, auf zukünftige Zeit setzen. Diese Gewißheit haben wir heute nicht mehr. Die Alternative dazu, nur für die Gegenwart zu schreiben, quasi Agitprop zu machen, diese Wirkungslosigkeit, ist uns auch bekannt. Ich meine den Rückfall in Trivialaufklärung, die nur im Moment wirkt. Wie also weiterschreiben? Wenn überhaupt schreiben, so mein damaliges Fazit in der Rede, dann nur mit dem vollen Wissen und Erkennen, daß wir in einer Zeit der Selbstzerstörung schreiben und weiterschreiben.

Um wieder zu beschriebenem Papier zu kommen, brauchte es dann doch an die vier Jahre Schreibpause. In dieser Zeit habe ich meinen ersten Beruf als Bildhauer wieder aufgenommen, den ich ja nun wirklich gelernt hatte – als Schriftsteller bin ich mehr Autodidakt. Auf den Rat meiner Tochter Laura habe ich mit schnellem Material, mit Töpferton, gearbeitet, habe Terrakotten gemacht. Aber im Verlauf der Zeit begann sich doch wieder ein Konzept zu regen, das auf »Die Rättin« zulief, und interessanterweise oder auch komischerweise habe ich die ersten Manuskriptseiten dieses Buches auf Ton geschrieben. Weiß brennende, gewellte Tonblätter – die Schrift aus einem andersfarbigen Tonsud mit dem Pinsel aufgetragen und dann hart gebrannt – liegen bei mir noch überall herum. Mein damaliger Verleger Altenhein besuchte mich und interessierte sich für die Tonblätter, die auf dem Trockengestell trockneten. Ich sagte: Mein neuer Roman, »Die Rättin«, ich habe hier fünfundzwanzig Blatt, es werden etwa fünfhundert, überlegen Sie doch schon einmal, wie man das vervielfältigen kann. Ihm brach der Schweiß aus. Ich habe ihm dann Erleichterung verschafft, indem ich verriet, daß ich demnächst wieder auf herkömmliche Weise zum Papier übergehen würde. Und so war es dann auch.

Ich fing an, die »Rättin« zu schreiben, die Geschichte der freiwilligen Selbstzerstörung des Menschengeschlechts auf vielfältige Art und Weise – nicht nur die atomare Vernichtung, die nach wie vor als Gefahr gegeben ist, sondern zudem die Zerstörung unserer Lebensgrundlagen im ökologischen Bereich. Auch das ist ein ungehemmt fortschreitender Prozeß. Und nicht zu vergessen die nach wie vor erwiesene Unfähigkeit, aus all den selbstverschuldeten Unmündigkeiten herauszukommen, ein Problem, das sich immer wieder neu stellt. Während es zur Zeit der Aufklärung darum ging, die Reste des Mittelalters wie etwa den Aberglauben abzulösen, haben wir heute einen anderen Aberglauben, einen technologischen Aberglauben, der überwunden werden muß, um ein Beispiel zu nennen. Von dieser sich selbst zerstörenden Menschheit handelt das Buch und von den Ratten, die immer im Verhältnis zum Menschengeschlecht gelebt haben, am Menschen hängen, die nun aber erkennen, daß ihr Gegenüber dabei ist, sich selbst zu zerstören. Sie wollen das nicht mitmachen, sie warnen sogar die Menschen, machen allerlei Umzüge. Bloß gibt es keinen Zuhörer, es gibt nur das Vernichtungsinteresse an den Ratten und das alte, eingefleischte Verhalten dem ekelhaften Getier gegenüber. Es ist keine Bereitschaft zu erkennen, zum Beispiel vom Sozialverhalten der Ratten etwas zu lernen. Auch das erscheint wieder tragikomisch, wie vieles, was ich geschrieben habe. Tragik und Komik sind eng miteinander verzahnt, bedingen einander, entwickeln sich auseinander. Und wiederum nehme ich Gedichte in den Erzähltext hinein, die fest in den fortlaufenden Text eingebunden sind und im Gegensatz zu denen im »Butt« ohne Überschriften auskommen.

Mehrere Erzählstränge zeichnen sich ab. Der Autor, losgelöst vom Geschehen, fängt an: Mir träumte … Er sieht sich in einer Raumkapsel, abgehoben, ohne Verbindung zur Erde, er sieht aber, was dort geschieht, und erlebt die Selbstzerstörung mit. Er befindet sich im dauernden Gespräch mit der Ratte, die er sich zu Weihnachten gewünscht hatte und dann unterm Weihnachtsbaum vorfand. Auf Erden wohnte sie in einem Käfig neben seinem Schreibtisch, von wo aus sich der Dialog hat entspinnen können. Mensch und Tier werden miteinander vertraut, und aus diesem vertraulichen Verhältnis entwickelt sich die ganze Geschichte.

Ein weiterer Strang behandelt die Zerstörung der Wälder und die Flucht der Märchenfiguren bis hin zu ihrem Aufstand, weil sie ahnen, daß mit dem Wegsterben der Wälder auch ihre Existenz bedroht ist. Dieser Erzählstrang, der immer wieder in Absätzen das ganze Buch durchzieht, heißt »Grimms Wälder« und ist eine Geschichte für sich, die man auch ohne weiteres herauslösen könnte.

Ein dritter Strang erzählt die Geschichte des Bilderfälschers Lothar Malskat, der nach dem Krieg in der Lübecker Marienkirche – nachdem er schon vorher seine Fälschererfahrung gemacht hat – Restspuren gotischer Malerei durch eigene Erfindungen neugotischer Malerei überpinselt und dies als echt auszuweisen versucht. Am Ende freilich gibt er sich als Fälscher zu erkennen, das ganze Fälschungsgebäude fällt in sich zusammen. Kirchenleute und alle möglichen Honoratioren versuchen ihn davon abzuhalten, sie wollen lieber mit der Fälschung leben. Die ganze Malskat-Geschichte wird für mich zu einer typischen Geschichte der fünfziger Jahre, der falschen Fuffziger.

Einen vierten Erzählstrang bilden Frauen, die noch aus der »Butt«-Zeit herrühren, die als weibliche Mannschaft ein Schiff bevölkern und in der Ostsee die Quallendichte messen wollen. Aber eigentlich sollen sie, das ist der Plan der Kapitänin, das versunkene Vineta suchen, das sie in der Nähe von Rügen vermuten. Diese Schiffsreise läuft auch parallel zum ganzen Geschehen.

Schließlich ist noch eingesponnen die Wiederentdeckung und Wiedererweckung einer früheren Romanfigur von mir, Oskar Matzerath, der sechzig wird. Er ist ins große Mediengeschäft eingestiegen, entwickelt neue Ideen, wie man noch nicht vorhandene Wirklichkeit dennoch im Bild festhält, wie man Geschehen, das jetzt passiert, parallel dazu schon auf dem Bildschirm erscheinen lassen kann, wie Wirklichkeit und Scheinwirklichkeit sich überlappen, miteinander verschränkt werden und kaum noch auseinanderzuhalten sind – also Dinge in der Medienentwicklung, die wir heute viel deutlicher sehen. Weil seine Großmutter ebenfalls noch lebt und ihren hundertsiebten Geburtstag feiert, tritt Oskar Matzerath eine Reise zurück in die Kaschubei an.

Diese Vielzahl von Erzählsträngen ist miteinander verwoben und macht das erzählte Gefälle des Buches aus. Alles mündet in die Katastrophe, und die Ratten sind die einzigen Überlebenden. Sie haben das Überleben trainiert, sie sind darauf vorbereitet, und sie nehmen nun, nachdem das Menschengeschlecht sich ausgelöscht hat, in dieser zerstörten, vermüllten Welt menschliche Verhaltensweisen an, sie üben den aufrechten Gang, sie übernehmen aber auch Fehlverhalten der Menschen: So beginnen etwa Ausrottungsfeldzüge zwischen ihnen. Und dann gibt es eine besondere Spezies, die »Watsoncricks« – auf Watson und Crick zurückgehend, die die Genforschung überhaupt in Bewegung gebracht haben –, die halb Mensch ist und halb Ratte. Auch die Watsoncricks haben überlebt, bekommen in diesem nachhumanen Zeitalter das Übergewicht und machen sich die Ratten untertan und dienstbar.

Das ist in groben Zügen das Erzählvorhaben. Mein erzählerischer Ehrgeiz bestand darin, was die Kritik völlig übersehen hat, eben keine Apokalypse zu schildern, denn die Apokalypse – auf Johannes auf Patmos zurückgehend – wird von einer göttlichen Macht als Strafe über die sündige Menschheit verhängt, ist unentrinnbar. Ich wollte zeigen, daß das, was wir angerichtet haben und immer noch anrichten, reines Menschenwerk ist und auch nur durch Menschenhand zum Stillstand, zur Umkehr bewegt werden kann. Und das geschieht, wie wir sehen, überhaupt nicht. Also keine Apokalypse, sondern Darstellung der Selbstzerstörung des Menschengeschlechts als ein eigentätiger Vorgang, das ist – wenn man so will – eine der Thesen des Buches, ohne daß ich hier Thesen vorgebracht hätte.

H. Z.: Wieder ein Buch mit einer sehr komplexen Erzählstruktur, wieder ein ganz neuer epischer Einsatz, wie es auch schon »Der Butt« gegenüber den davorliegenden Büchern war. »Die Rättin« stellt sich dem Projekt Aufklärung, und damit wird nun vollends deutlich, wie wichtig und dominant die Aufklärungsrezeption in Ihrem Werk ist. Einer der zentralen Termini des Romans ist der von der »Erziehung des Menschengeschlechts«. Sie haben einmal erklärt, Sie hätten mit der »Rättin« das »beschädigte Projekt Aufklärung erzählerisch fortschreiben« wollen. Insofern ist das Ganze in der Tat keine Apokalypse, sondern ein Endzeitszenarium in einer von Menschen gemachten geschichtlichen Dimension. Das Projekt Aufklärung erzählerisch fortschreiben heißt aber doch wohl, das dieses beschädigte Projekt immer noch auf Zukunft sinniert und nicht auf ein unwiederbringliches Ende der Menschheitsgeschichte, oder?

G. G.: Ja, weil wir es in der Hand haben; ich glaube sogar, nach wie vor in der Hand haben. Selbst wenn alle Daten und alle Ereignisse bis zu den jüngst in Pakistan gezündeten Atombomben dagegensprechen. Oder nehmen Sie in unserer Gegenwart diese ungeheuerliche Skandalgeschichte, daß die Castor-Behälter laufen und laufen, obwohl man seit Mitte der achtziger Jahre weiß, daß sie verseucht sind. Ein Volk wird im Zustand der Unmündigkeit gehalten. Man hat Angst davor, es zu informieren, es könnte überreagieren. Eine Machtelite aus Politik und Wirtschaft tut sich zusammen, und die Ministerin ist nach wie vor im Amt. Man versucht Schadensbegrenzung, aber nicht etwa, indem man die eigentlichen Schäden beseitigt, sondern um das Ansehen und die Gewinne der Atomindustrie zu retten. Wieder zeigt sich die Unfähigkeit, Konsequenzen von gemachten Fehlern zu erkennen und wirkliche Abhilfe zu schaffen, das heißt, auszusteigen aus etwas, das nicht zu bewältigen ist. Das sind alles Bestätigungen für das, was ich in meinem Roman »Die Rättin« geschrieben habe. Und dennoch sage ich, und bis zum Schluß werde ich es sagen: Wir haben es in der Hand, oder wir hatten es in der Hand.

H. Z.: Die Aufklärung, die in diesem Roman projiziert, durchdacht, auf konkrete Geschichte bezogen wird, scheint nur noch im Dritten Programm stattzufinden. Immer wieder kommt das Radio, eben das Dritte Programm, zu Gehör als ein Institut für »ehrliche Trugbildner«, so haben Sie es einmal genannt. Also gibt es im ganzen Kultursystem der Gesellschaft, obwohl dort immer noch von Aufklärung gesprochen wird, im Grunde nur noch Trugbilder. Enthält »Die Rättin« daher zugleich eine Kritik an der medialen Auszehrung alles Aufklärerischen?

G. G.: Was das Hören des Dritten Programms angeht, müßte ich das Buch in den neunziger Jahren etwas verändern. Denn die Programme waren damals noch in weit größerem Maße Wortprogramme, aufklärende Programme, während der Zwang zur Musikberieselung und das Mißtrauen gegenüber dem Zuhörer heute von den Programmdirektoren immer mehr zum Konzept erhoben wird. Sie gehen davon aus, daß man den Zuhörer nicht durch zu lange Wortprogramme überfordern darf, die deshalb für die gehobenen Stände immer wieder mit Barockmusik zum Beispiel unterbrochen werden müssen. Dies geschieht auf Kosten der Musik, auf Kosten der sogenannten Wortprogramme und damit auch auf Kosten des aufklärenden Prozesses – zugegebenermaßen ein langsamer Prozeß, für den man sich eben Zeit nehmen müßte zum aufmerksamen Zuhören. Wortfetzen, Wortpartikel, Musikpartikel – es wird ja nicht mehr die ganze Sonate, es wird ein Satz gespielt oder angespielt. Das war in den achtziger Jahren noch nicht in dem Ausmaß der Fall, so daß der Erzähler in der »Rättin« aus dieser rudimentären Welt des Dritten Programms noch ein wenig Hoffnung schöpfen kann, weil es seinerzeit dort Leute gibt, die nachdenken, die Dinge aussprechen. Zu diesen Leuten befindet er sich noch in Korrespondenz, was ihm heute schon schwerer fallen würde.

H. Z.: Scheinaufklärung ist das, was heute virulent ist.

G. G.: Ein Nachlaufen der Aktualität, ein Kleben am Zeitgeist, was wiederum zu einer bloß häppchenweisen, hektischen Verköstigung des Zuhörers führt, von dem man annimmt, er wolle vor allem oder ausschließlich auf dem laufenden sein. Das ist eine Mißachtung des Zuhörers und eine Reduzierung der eigenen Programmansprüche, ja eine – im Zusammenhang der Selbstzerstörung in der »Rättin« – Selbstaufgabe des Dritten Programms.

H. Z.: Sie haben die komplizierte Erzählstruktur der »Rättin« geschildert oder anders gesagt die Dekomposition von Realität, die dort in verschiedener Hinsicht stattfindet, auch eine Dekomposition der Zeitebenen. Man weiß sehr früh, daß das atomare Desaster sich ereignet, und dann werden nur noch die Umstände, die Bestätigung und die Gründe dafür erzählerisch eingeholt.

G. G.: Im letzten Drittel des Buches wird es noch komplizierter, weil durch die Aufhebung von Wirklichkeit und das Vordringen von virtueller Wirklichkeit nicht mehr klar ist: Träumt der Erzähler von der Ratte, oder ist er schon längst weg wie die ganze Menschheit, oder träumen aus reiner Sehnsucht die Ratten uns? Wir sind eigentlich gar nicht mehr vorhanden, existieren nur noch in der Traumwelt der Ratten. Das alles wird gegen Ende des Buches fraglich, wirkt als weiterhin verunsicherndes Element und entspricht natürlich dem verunsicherten Wirklichkeitsbegriff, den wir heute haben.

H. Z.: Aufklärung ist nur zu halten, wenn man ihre Ordnungs- und Chronologievorstellungen, ihre Linearitätseinbildungen konterkariert und dem Leser, wie Sie einmal gesagt haben, die »Absurdität« der Verhältnisse, so wie sie sind, zumutet. Ist dies das Prinzip?

G. G.: Ja, sicher.

H. Z.: Camus fällt mir da wieder ein, der Gedanke von der Hinnahme des Absurden. Camus auf der einen Seite als frühe Prägung – über Sisyphos haben wir mehrfach gesprochen –, andererseits der Anspruch der Aufklärung auf eine Sinnordnung des Ganzen. Zeigt nicht der Roman gerade in dieser schwierigen Kompositionsstruktur auch jene Reibung, die in Ihrem Bewußtsein eigentlich immer da ist: zwischen der Hinnahme der Absurdität und der schreibenden Ordnung, denn Schreiben heißt immer auch in gewisser Weise ordnen?

G. G.: Wenn ich davon ausgehe, daß der Mensch eine geniale Fehlkonstruktion ist oder das krumme Holz, das zerbricht, wenn man es geradebiegen will, so war und bin ich immer daran interessiert, das Abweichende, das Diffamierte zu rehabilitieren. Nehmen Sie den sogenannten irrationalen Bereich, wo ich die Mythen, die Fabel- und Märchenwelten in unseren Wirklichkeitsbegriff aufzunehmen versuche, im Sinne von Aufklärung und gegen das Mißverständnis von Aufklärung, das all das eliminiert, versachlicht, vernünftelnd liquidiert haben wollte. Oder denken Sie an das »Tagebuch einer Schnecke«, wo Melancholie nicht als Krankheitszustand erscheint, sondern als Normalzustand, als etwas zum Menschen Gehörendes.

In der »Rättin« mußte ich schon ein Stück weitergehen, um den schizoiden Zustand, in dem wir uns befinden, als den Normalzustand zu akzeptieren. Akzeptieren heißt, zu erkennen, daß wir allesamt schizoid sind, daß wir so leben, als sei nichts geschehen. Aber es ist geschehen, und es geschieht weiterhin; es wird uns bewußt, und wir verdrängen es sofort wieder. Wir sind mittlerweile trainiert, diese schizoide Situation auszuhalten, das ist jedoch die einzige Leistung, die wir erbringen. Sie ist zum Normalzustand geworden. Der alltägliche Wahnsinn ist mittlerweile schon längst zur gängigen Metapher geworden. Wir leben damit. Und das spiegelt sich im Roman »Die Rättin« wider.

H. Z.: Wobei Sie des öfteren schon auf die virtualisierte, also auch auf die computerisierte Rationalität aufmerksam gemacht und deren Bedeutung hervorgehoben haben.

G. G.: In der »Rättin« wird der Ernstfall, der atomare Endschlag, durch das Nicht-mehr-Beherrschen der Technologien ausgelöst. Die Ratten nagen an den Zuleitungen, sie brechen in die Computersysteme ein, und die Oberhäupter der beiden damals noch bestehenden Machtsysteme stehen sich hilflos gegenüber und entschuldigen sich wechselseitig beieinander. Aber sie haben es nicht mehr in der Hand, sie können es nicht mehr aufhalten. Das Vernichtungssystem löst sich also selbsttätig aus, ein weiterer Prozeß des Sich-unmündig-Erklärens. Und wenn Sie jetzt wieder die Gegenwart der neunziger Jahre nehmen: Wie rasch ist man bereit, das Ganze auf Materialermüdung oder auf menschliches Versagen zu schieben und zu bagatellisieren. Wir zeigen uns eben nicht willig, das Verursacherprinzip in unserer Vermessenheit zu sehen. Diese Vermessenheit betrifft auch den Bereich der Genmanipulation, den ich in der »Rättin« ebenfalls vorweggenommen habe.

Wie umstandslos Gesetze verabschiedet werden, ungeachtet aller Widerstände und Bedenkenträger, weil ja die Forschung und ihr heiliges Freiheitsprinzip nicht eingeschränkt werden dürfen! Warum eigentlich nicht? Diese Frage ist nie beantwortet worden. Gerade die großen Forscher wie Einstein und andere waren über die Atombombe entsetzt und sagten hinterher: Das haben wir nicht gewollt. Diese Forscher haben als Menschen erkannt, daß man auch der Forschung Grenzen setzen muß, weil in bestimmten Bereichen sehr früh abzusehen ist: Wenn wir dies oder jenes tun – und wir können es tun, es gibt nichts, was wir nicht tun könnten –, dann können wir es nicht mehr kontrollieren, es läuft uns aus der Hand. Das gilt mittlerweile nicht nur für den atomaren Sektor, sondern für die computerisierte Welt, die Gentechnologie und andere Bereiche, wo wir wie die Zauberlehrlinge dastehen und den Besen nicht mehr zur Ruhe bringen.

H. Z.: Unter der Formulierung »vernünftelnder Wahn« haben Sie dies Ihrer Romanfiktion eingearbeitet. Die Frage nach dem Scheitern der Aufklärung beantwortet sich zum guten Teil dadurch, daß der Mensch vor allem die Grenzen seiner Bestimmtheit als Naturwesen nicht geachtet hat.

G. G.: Die Grenzen und die Möglichkeiten, die er hat. Er hat nicht den Instinkt des Tieres, das aus sich heraus das Richtige tut, aber er hat den Kopf, er hat den Verstand, er kann regulierend eingreifen – er könnte es und hat das auch gelegentlich bewiesen. Das krumme Holz besitzt das Instrument des Verstandes, mit dem es umgehen kann. Und so kann man auch diesen irregelaufenen Prozeß der Aufklärung nur mit den Mitteln der Aufklärung selber regulieren oder notfalls zum Stillstand bringen, um uns Zeit zu nehmen. Damit sind wir wieder bei dem Rastmoment, bei dem Mußemoment, das in dieser geschäftigen Welt völlig vernachlässigt wird. Wir haben kein anderes Instrument als den Verstand. Wir können die Zustände nicht gesundbeten, das wäre ein Rückfall in bloßen Aberglauben.

H. Z.: Sie haben die Formulierung vom »Traumgetier« gefunden. Der Mensch, heißt dies, besitze kein maßvolles Verhältnis zu einer ihm gemäßen Einbildungs- und Visionskraft, ja auch zu seiner Gestaltungskraft als Naturwesen, womit wir zur Verwandtschaft von Anthropologie und Tierwesen kommen. Der Butt und die Rättin, die Hunde, die Unken, die Schnecken, Katz und Maus – welche Verwandtschaften sind denn das?

G. G.: Das sind natürlich menschliche Projektionen. Im Negativfall neigen wir dazu, die uns innewohnende Monstrosität in tierische Monster zu verwandeln, auch in Traumgestalten wunderbarer und fabelhafter Art wie das Einhorn. Unsere gesamte Phantasiewelt, unsere Bild- und Kunstwelt ist bevölkert mit allerlei Getier. Und wenn wir unsere Fehler und Tugenden, unsere Dummheiten und Versäumnisse erklären wollen, greifen wir gern auf Tierfabeln zurück. Von La Fontaine bis zum Reineke Fuchs spiegelt sich in dieser Tierfabelwelt unser menschliches Verhalten wider. Nichts anderes ist »Die Rättin« – nur mit einem anderen Stilmittel, mit einem anderen Bewußtseinsstand, mit einem anderen Zustand der Welt, nämlich dem der begonnenen Selbstzerstörung. Nicht der drohenden, sondern der begonnenen Selbstzerstörung.

H. Z.: In dieser vielfarbenen Bildwelt der Tiere bei Günter Grass figurieren sich Phantasien, Wünsche, Hoffnungen, historisch abgesunkene Befürchtungen und Erwartungen. Steht dahinter eine denkbare Möglichkeit zur Aussöhnung mit der Natur?

G. G.: Hier ist der Autor wieder der unsichere Zeuge. Wenn ich es genau betrachte, fängt es bei mir mit der Bildhauerei, mit dem Zeichnen an. Schon sehr früh in Akademiezeiten, wo Aktstudium und menschliche Figur in der Regel dominierten, habe ich mir das Parallelprogramm vorgenommen, Tiere zum Modell zu nehmen. Ich habe Tiere gezeichnet und gemalt, Tierplastiken geformt oder tierähnliche Produkte geschaffen, Vögel, Hühner, alles mögliche. So bekam auch mein erstes Buch »Die Vorzüge der Windhühner« aus dieser Hühnerzeit heraus seinen Titel. Hier schon war das Tier emblemhaft als Windhuhn, als Wunschvorstellung, als etwas Leichtes, Bewegliches, kaum Faßbares dargestellt.

Das geht dann weiter über »Katz und Maus« und die »Hundejahre«, ohne daß es irgendwie programmatisch geworden wäre. Bei vielen Werken von mir steht ja kein Tier als Wappentier im Titel. Aber es ist immer wieder dazu gekommen, bis hin zu den »Unkenrufen«. Natürlich handelt es sich oft um Tiere, die ihre Bedeutung mit sich schleppen, die Unke etwa aus der Romantik; wie in der Romantik überhaupt sehr viel im Umgang mit Tieren, mit der Deutung von Tieren und Bezüglichkeiten des Tieres zum Menschen – allein schon durch das Märchensammeln – zu Papier gelangt und überliefert worden ist. Bei der Ratte kommt noch hinzu, daß sie mich schon immer fasziniert hat: In den fünfziger Jahren gibt es mein

Stück »Hochwasser« mit zwei sprechenden Ratten; auch frühe Rattengedichte führen das Motiv aus. In der »Rättin« ist sie gleich zu Anfang als das Getier gezeichnet, das nach meiner Fiktion schon auf Noahs Arche keinen Platz haben sollte, unter Verbot stand, ausgesondert wurde und dennoch überlebt hat. Die Ratte weiß, daß sie immer dann, wenn die Menschen versagen, als schuldhaft angesehen wird, oft in Wechselbeziehung zu den Juden. Das Einschleppen der Pest nach Europa wurde wechselweise den Ratten und den Juden oder beiden angelastet, was zu Pogromen und Rattenvernichtungen führte. Einschließlich der Hamelnschen Rattenfänger-Fabel spielt das alles im Buch eine Rolle und macht die Übergänge zwischen Mensch und Tier fließend. Sie kommen, das ist die Möglichkeit der Literatur, ins Gespräch miteinander, was sonst in der Regel nicht geschieht.

H. Z.: Auf jeden Fall zeigt sich auch hier wieder die Spannung geschichtlicher Reflexionen, die in diesen emblematischen und motivischen Formen stecken. Die Rättin ist behaftet mit der Aura des Antiutopischen, des Destruktiven; sie ist ja auch eine Desillusioniererin des Erzählers. Man weiß zwar nicht genau, wie real und gegenwärtig sie ist, sie hat ein virtuelles Wesen, aber sie ist als Diskurspartnerin zumindest sehr wirkungsvoll. Das Ganze fügt sich abermals zu einer Kunstfigur zusammen, die auf verschiedenen Wirklichkeitsebenen changiert und die den Menschen mit seiner eigenen Orientierungs- und Hilflosigkeit konfrontiert.

G. G.: Sie hat alle Bücher gefressen, sie weiß Bescheid. Sie ist natürlich auch in ihrer Konsequenz von einer erstaunlichen Unbestechlichkeit der Argumentation. Sie setzt den

Menschen unerbittlich seiner selbstgeschaffenen Krisen- und Katastrophenwelt aus, läßt ihm nichts, keine Ausreden oder falschen Rationalisierungen durchgehen. Dennoch kann man nicht sagen, daß »Die Rättin« nur diese Katastrophenwelt zum Ausdruck brächte. Denken Sie an die große Abschiedselegie »Mir träumte, ich müßte Abschied nehmen«, wo noch einmal all das beschworen wird, was uns Lust bereitet hat und weiterhin Lust bereiten könnte, wo von den Düften, den Geschmacksrichtungen und all dem, was die Natur in ihrem beschädigten Zustand noch zu bieten hat, Abschied genommen wird – aber auch von Gott und Bach, von allen Bildern, die wir uns gemacht haben, von all dem, was Menschen möglich war. Dieser elegische Ton ist in dem Buch durchgängig spürbar, wenn man willens ist, ihn aufzunehmen.

H. Z.: Die Rättin zeigt dem Erzähler, wie schwierig es ist, heute noch Wirklichkeit, Zukunft und Zuversicht zu gewinnen. Er neigt dazu, Probleme zu übersehen, zu verdrängen, während sie rastlos, offen, ohne Illusionen und mit ihrem futurischen Blick sagt, was ist und was kommen muß. Die Ernüchterung geht von ihr aus.

G. G.: Ja, sie will leben. Und sie rät den Menschen, den gleichen Lebenswillen zu entwickeln und alles zu tun, wie die Ratten es tun, um zu überleben. Der Mensch, den sie in seinen Möglichkeiten ja bewundert, soll Vorkehrungen treffen. Aber sie erkennt ihn auch in der Verstiegenheit seiner Bemühungen, die sich umkehren und im Selbstzerstörerischen wirksam werden.

H. Z.: In gewisser Weise verkörpert die Ratte die bessere Seite der menschlichen Anthropologie, die natürlichere, sich selbst gerechter werdende.

G. G.: Ja, in ihrem begrenzten Zustand. Sie weiß, daß sie manche Dinge nicht kann. Sie muß den aufrechten Gang üben.

H. Z.: Die Ratten überleben, weil sie ihrer Art, ihrer Natur gemäßer leben als der Mensch.

G. G.: Aber sie sind in der nachhumanen Geschichte auch schon wieder einer menschlichen Kopf- und Ausgeburt konfrontiert, denn durch Gentechnologie ist die Züchtung von Menschenratten gelungen. Die Watsoncricks, das zeigt ihr rättisches Verhalten, haben einen starken Überlebenswillen und tragen zugleich das teuflische Machtbewußtsein des Menschen in sich. Kraft dieser unheilvollen Allianz beherrschen sie die Rattenvölker und machen sie sich untertan. Also wiederholt sich noch einmal die Menschengeschichte in Rattengestalt.

H. Z.: Die Affinität des Menschlichen zum Rättischen in der nachhumanen Zeit ist mein Problem. Nachdem die Ratten erlebt haben, wie die Menschen sich freiwillig zugrunde richten, werden sie selber noch einmal Opfer einer ganz ähnlichen Mentalität. Was heißt das? Ist das nochmals eine Radikalisierung des Antiutopischen bei Ihnen?

G. G.: Verlangen Sie bitte nicht, daß ich als Deuter meiner Romane auftrete.

H. Z.: Ich denke nur darüber nach, mit Ihnen gemeinsam, wenn möglich.

G. G.: Ich fürchte, ich könnte als Interpret meiner Werke nur unter mein Niveau gehen.

H. Z.: Ich habe das so verstanden, daß es eine noch radikalere Beschädigung der Natur bedeuten könnte, wenn selbst der Natur gemäßer lebende Wesen an menschenähnlichen Problemen scheitern.

G. G.: Verstehen Sie den Roman doch als eine Warnung, und zwar als eine, die schonungslos ist, die jede Auswegsgasse spekulativer Art versperrt. Da gibt es keine Hoffnungsmacherei mehr, immer nur den Verweis auf das, was die Menschen selber angerichtet haben, ohne daß man sie dazu gezwungen hätte.

H. Z.: Dieses Dilemma eignet einer Gattung, von der der Roman sagt, sie sei eine »teilende«, also von Anbeginn »aufgeklärt«. Das, so meine ich, bedeutet eine Radikalisierung des Überlebensproblems, eine noch stärkere Einschwärzung des Zukunftsaspekts.

G. G.: Die Ratten sind bei mir in der Tat von Anfang an aufgeklärt, weil sie gleich zu Beginn der Menschheitsgeschichte mit einem Verbot konfrontiert werden: Sie dürfen Noahs Arche nicht betreten. Sie werden sich gezwungenermaßen sehr früh ihres ausgelieferten Zustandes bewußt, und aus dieser Bewußtseinswelt heraus resultiert dann nicht nur ihr Überlebenswille, sondern auch ihre Kunst des Überlebens.

H. Z.: Wobei die Ratten dann am Ende noch ihre eigene Entartung, die durch Menschen heraufgeführt wurde, zu überleben verstehen.

G. G.: Aber dann wirklich in der ultimativen und pervertierten Form, in der die Watsoncricks als letzte Erinnerung an die Menschheit die Oberhand gewinnen, und das ist weiß Gott kein menschlicher Triumph mehr.

H. Z.: Über die Gesamtintention, die aus solcher Bildlichkeit der »Rättin« spricht, kann man sicher noch lange spekulieren. Meine Lesewahrnehmung war die, daß dieser Roman in der Vielfalt seiner Erzählstränge, seiner Motiviken, seiner Mensch- und Tierweltlichkeit so etwas leisten soll wie, die unendlich komplizierte und stumme Evolution zum Sprechen zu bringen. Können Sie damit etwas anfangen?

G. G.: All das, dem wir einen Maulkorb verpaßt haben, ist hier Thema. In unserer platt realistischen Welt gibt es ja nur den versuchten Dialog zwischen Mensch und Tier. Eine alleinstehende alte Frau spricht mit ihrem Kanarienvogel; oder ich ertappe mich, wenn ich meinen Hund anspreche und er mir auch zuhört, so daß ich mir suggeriere, er verstehe jedes Wort. Doch da bleibt immer diese Ungewißheit. Erst die Literatur, das erzählende Buch – das auch an Traditionen wie das Märchen und die Fabel anknüpft –, bringt etwas zum Tragen, was in platter Realität nicht oder kaum möglich ist: eine Kommunikation sprechender, erzählender, sich korrigierender Art zwischen Tier und Mensch, zwischen Kreatur und Kreatur. Das gelingt nur, wenn ich den Menschen, diese Krone der Schöpfung, vom Podest der Gottähnlichkeit herunterhole und vehement jener christlichen Forderung widerspreche, der Mensch solle sich die Erde untertan machen. Wozu das geführt hat, wissen wir mittlerweile. Das spricht »Die Rättin« nicht in Thesen aus, sondern erzählt es und macht es bildhaft deutlich, indem das Buch diese Maulkörbe, diese Sprechverbote mit seinen Mitteln auflöst.

H. Z.: Nun gibt es immer noch eine Realgeschichte nach der Fiktionsgeschichte. Nach dem Erscheinen der »Rättin« ist Geschichte weitergegangen, wir haben die atomare Katastrophe nicht erlebt. Gerät das Buch nicht in die relative Gefahr, so etwas wie den mythischen Bann von Endzeitlichkeit gegen die Zeit behauptet zu haben?

G. G.: Nichts wünsche ich mir sehnlicher, als daß wir uns durch einen neuerlichen Aufklärungsprozeß in die Lage versetzten, das, was wir an Aberwitz im Zeichen der Aufklärung in Gang gebracht haben, aufs Ruhegleis zu bringen: aus der Atomenergie auszusteigen, der Gentechnologie Grenzen zu setzen, der Umweltzerstörung Einhalt zu gebieten – mit anderen Worten und mit aller Vermessenheit gesagt, meinen Roman zu widerlegen. Nichts wäre mir wünschenswerter. Aber das ist noch nicht geschehen. Wenn Sie sagen, die Zeit sei weitergegangen, wir hätten keinen Atomunfall erlebt, so kann ich nur sagen: Wir haben *noch* keinen erlebt. Wir schrammen gelegentlich ganz hart daran vorbei.

Mittlerweile wissen wir, daß es nicht der atomare Krieg sein muß, der uns während der Zeit des Kalten Krieges angeblich den Frieden durch Wettrüsten erhalten hat, sondern wir sehen heute, daß das Wettrüsten weitergeht, daß die Habenichtse, wie man so schön sagt, daß Pakistan und Indien sich nach dem Vorbild der Besitzenden auch als Atommächte deklarieren. Wir spielen uns entrüstet auf, obgleich wir wissen, daß ein Teil der Technologie aus den Vereinigten Staaten und auch aus Deutschland nach Pakistan und Indien geliefert wurde und daß die große Moralmacht Frankreich, die sich jetzt über die beiden Schwellenländer entrüstet, noch vor kurzem Atombomben gezündet hat. An heuchlerischem Verhalten, weil sich nun die Armen erkühnen, den Wahnsinn fortzusetzen, ist kein Mangel. Diese Heuchelei könnte ein Kapitel in oder eine Paraphrase zur »Rättin« sein. All das, was dort beschworen wird – erzählen heißt ja auch etwas beschwören –, ist nicht widerlegt worden.

H. Z.: Ist »Die Rättin« ein Warnbuch, das nicht unbedingt mit dem realen Endpunkt, sondern mit der Prozessualität des Wahnsinns rechnet?

G. G.: Das wird im Erzählvorgang bis zur Unlöslichkeit deutlich. Wer träumt hier wen? Ist das Ganze eine Projektion? Wie ja überhaupt der Umgang mit Wirklichkeit und Scheinwirklichkeit ein Thema des Buches ist.

H. Z.: Sie haben vorhin eine für mich interessante Formulierung gebraucht, nämlich daß seit den achtziger Jahren der »Zeitbegriff Zukunft verändert« sei. Aus diesem Denkhorizont heraus ist das Buch geschrieben. »Die Rättin« geht deswegen in sehr eigenwilliger Weise mit den Erzählzeit-Ebenen um, komponiert eine eigene Zeitrealität, in der die Ereignisse stattfinden. Die Vorstellung, daß alle fortschreitende Zeit im Roman destruiert werden muß, daß die Idee vom linearen Fortschritt ihrer eigenen Brüchigkeit, ihrer Widersprüchlichkeit und Willkür ansichtig werden soll, würden Sie die für Ihre genuine Darstellungsleistung halten?

G. G.: Was soll ich dazu sagen? Ich kann mit den Mitteln des Schriftstellers – nur die habe ich – diese oktroyierten Linearitäten, dieses Chronologiekonzept, diese aufsteigende Fortschrittslinie aus meiner erzählerischen Erfahrung heraus in Frage stellen, verwirren, verknüpfen und verknoten, bis alles schier unlösbar wird. Die Deutung aber muß ich anderen überlassen. Wir haben ja Heere von Deutern, die eigentlich immer erst zufrieden sind, wenn jeder Topf auch seinen Deckel hat, ob er paßt oder nicht. Literatur und Erzählen dienen unter anderem und nebenbei dem Verrat von Geheimnissen und stiften gleichzeitig neue Geheimnisse.

H. Z.: Für mich ist die Frage nach den Zeitebenen deswegen so interessant, weil Sie Ihre epische Zeitkonstruktion gegen einen flachen Begriff von Gegenwärtigkeit, gegen das unbefragte Setzen aufs Hier und Jetzt, gegen den Erinnerungsverlust, den Dimensionsschwund des alltäglich Ungeheuren stellen.

G. G.: Es gibt in der »Rättin« ein Gedicht, in dem all das Schreckliche aufgezählt wird: Was geschah dann, und was geschah danach. Und auf einmal heißt es: Dann kam die Währungsreform. Dieser Kehrreim des Gedichtes bezeichnet in etwa unser reduziertes Denken im Umgang mit Vergangenheit. Wie als Erlösungsmoment: All das Schreckliche geschah, aber dann, dann kam die Währungsreform. Trotz der großen technischen Möglichkeiten, die wir uns erfunden haben, befleißigen wir uns dem Geschehenen gegenüber weiterhin eines eingefuchsten und abdeckelnden Verhaltens; es mündet immer wieder in Antworten wie: Und dann kam die Währungsreform.

H. Z.: Über die Frage, inwieweit »Die Rättin« so etwas wie eine Apokalypse sein kann, haben wir schon gesprochen. Das haben Sie verneint. Nun heißt Apokalypse ja andererseits »Enthüllung«, eine Decke wegziehen. Dieser Gesichtspunkt, glaube ich, hat in unserem Zusammenhang schon eine Bedeutung.

G. G.: Sagen wir mal, wir reden von einer säkularisierten Apokalypse. Ich will über den Begriff nicht streiten. Nur handelt es sich auf keinen Fall um etwas, was über die Menschheit von oben her als Strafgericht verhängt worden ist, sondern um etwas, was wir uns eigenhändig antun, eine Apokalypse als selbstgemachtes Verhängnis.

H. Z.: Die Erzählstrukturen, die Erzählebenen in der »Rättin« setzen sich des öfteren, Sie haben darauf hingewiesen, auch mit Virtualitäten auseinander, mit Scheinwelten, mit Illusionen, mit der Frage: Wie kommt überhaupt gesellschaftliches Wissen zustande, welche Verzerrungen von Bewußtheit finden statt? Die Gesellschaft, auf welche »Die Rättin« sich bezieht, ist ihrer selbst, ihrer mentalen Kräfte nicht mehr mächtig. Die Kunstfigur der Rättin erscheint auf einer Medienwand, wobei man nicht genau sagen kann, ob das Ganze nicht erträumt ist. Ebenso wenig wird klar, welche Realitätsebenen jeweils gemeint sind, traumhafte oder mediale. Es sind vielfach Fiktionen und Projektionen im Schwange, in diesem Roman findet ein vielschichtiges Realitätserprobungsspiel statt. Fast sieht es so aus, als wenn das geschichtlich Konkrete immer wieder um seiner selbst willen kämpfen muß, ständig in Gefahr gerät, von Fiktivität und bloßer Zeichenhaftigkeit aufgesogen und aufgezehrt zu werden. Ist dieser Roman für Sie auch ein Kampf um Realitätsgewinn gewesen?

G. G.: Die Rättin versucht immer wieder, den Menschen mit der Nase in die Wirklichkeit, in seine eigene Scheiße zu stoßen, in das, was nicht Fiktion ist; oder ihn auf Dinge aufmerksam zu machen, von denen es Abschied zu nehmen gilt – etwa in der langen Elegie »Mir träumte, ich müßte Abschied nehmen« mit dem Aufzählen all der Dinge, die real sind, einen Geruch, eine Gestalt haben. Das Faßbare zieht sich durch das ganze Buch hindurch und ist in den verschiedenen Erzählsträngen bis in das Märchenmotiv von »Grimms Wäldern« hinein zu greifen.

H. Z.: Die Gefahr, daß Realität in Fiktionalität, im Unge-
fähren verschwimmen kann, betrifft ja auch die Zeit: Vergangenheit, Gegenwart und Zukunft stehen vor dem
Dilemma, in Unverbindlichkeit aufgelöst zu werden. Als
eine besondere Leistung der »Rättin« wird oft gerühmt,
sie hätte eine Art »futurische Erzählweise« entwickelt.
Woher kommen Gedanke und Material dazu?

G. G.: Mit zur faßbaren Realität gehört, wenn man aufmerksam hinschaut, die menschliche Anstrengung, jetzt
schon – wie in Vorbereitung auf zukünftige Katastrophen
– mit großen Raumschiffen außerirdische Überlebenssta-
tionen aufzubauen oder auf Erden ganze Städte in den
Untergrund zu versenken oder Einkaufszentren zu schaffen, in denen man Hochzeit feiern und gleichzeitig einkaufen kann, die wie Südsee-Inseln drapiert sind – all
diese Scheinwelten werden errichtet. Sie werden, bis in die
trivialen Fernsehserien hinein, längst als Gegebenheiten
wahrgenommen, sind Reiseziele, in Prospekten ködernd
zu erfahren, und gehören mittlerweile zu unseren Traum-
zielen. Das Buch warnt nicht vor etwas, das eventuell
geschehen könnte, sondern vor etwas, das tagtäglich stattfindet, das sich ausbreitet und Teil unseres schizoiden
Daseins ist.

H. Z.: Von diesem Wirklichkeitsverlust, von diesem virulenten Illusionismus ist der Erzähler ständig bedroht – Ihr
Protagonist, den Sie in jean-paulesker Manier als exterri-
torialisierten Luftreisenden über den Dingen schweben
lassen, womit noch einmal eine Ironisierung des Aufklä-
rungsbezugs eingeblendet wird.

G. G.: Das Ganze nimmt sich auch selbst auf die Schippe.
Sogar die Ratte ironisiert, wo sie sich selbst allzu mensch-

lich vorkommt, das übertriebene Bewunderungsverhältnis dem Menschen gegenüber. Viele meiner Bücher sind ja nicht mit dem Trauerrand geschrieben, mit dem Tremolo der unausweichlichen Tragödie, sondern immer mit dem ironischen Hinweis: Freundchen, das hast du dir selber eingebrockt, das bist du, was da stinkt.

H. Z.: Dieses ironisierende Vexierspiel treiben Sie hier viel weiter als im »Butt«, vor allem und soweit es um die Märchenmotivik geht. Denn in der »Rättin« findet eine ätzende Parodisierung des Märchenmotivs statt, auch eine Aktualisierung: Das Numinose wird als Groteske hineingezogen in die politische Szenerie der Bundesrepublik der achtziger Jahre.

G. G.: Es fängt damit an, daß der Kanzler, unverkennbar der gegenwärtig noch zeitweilende Kanzler, mit Familie den unvergänglichen und schönen deutschen Wald besichtigen will. Aber der Wald ist zerstört, und so werden vorsorglich gemalte Waldkulissen hochgezogen, nicht mehr vorhandene Vogelstimmen werden vom Band abgespielt. Zur Begleitmannschaft des Kanzlers gehören zwei Staatssekretäre, die Gebrüder Grimm, die das alles sehen, jedoch alles beschwichtigen und immer noch meinen, sie könnten Schlimmeres verhüten. Nach ihnen heißt der ganze Erzählstrang »Grimms Wälder«. Natürlich sind auch Sicherheitskräfte da, die eventuelle Störungen absichern; der Chor, der dort singt, wird zunächst nach Waffen durchsucht. Dann erscheinen Kindlein in Märchengestalt, es sind Hänsel und Gretel, die dem Kanzler Eicheln und ein Waldhorn überreichen – lauter Signaturen des heilen Waldes und der heilen Welt. Doch dann flippen die Kinder des Kanzlers aus, die das alles furchtbar finden: Sie kappen die Seile, mit denen die Kulissen hochgezogen wurden, stellen die Vogelstimmen ab, zerbeulen das Waldhorn, beschmeißen den Vater und Kanzler mit den Eicheln. Anschließend fliehen sie in den zerstörten Wald und werden zu Hänsel und Gretel. Sie laufen und laufen, bis sie in einem Waldgasthof, einer Art Museum, auf die Märchenfiguren stoßen: Rapunzel und Schneewittchen, das Rumpelstilzchen hausen dort und haben eine bestimmte Funktion. Jeder von ihnen erzählt seine Geschichte, und jeder weiß, daß diese Pension mitten im Wald gefährdet ist. Schließlich finden sich die Märchenfiguren zum Aufstand zusammen.

H. Z.: Nehmen Sie die Erzählpotenzen des Märchenhaften zurück, wenn Sie sie so scharf ins Satirische, ins Grelle, ins Absurde führen?

G. G.: Es fängt zwar alles sehr realpolitisch an, wird aber dann zu einem Märchen, in dem die Märchenfiguren noch einmal mit dem Einsatz ihrer Zaubermittel kämpfen, jedoch der technologischen Übermacht nicht gewachsen sind. Sie werden am Ende plattgewalzt und vernichtet. Das entspricht natürlich schon einerseits der Märchentradition, andererseits aber auch dem Autorenmärchen. Hans Christian Andersen hat in seinen Märchen oft Bezug zur Gegenwart genommen und aus seiner eigenen Erfahrung heraus geschrieben.

H. Z.: Andererseits kann, was da geschieht, nur ein Stummfilm werden; wiederum geht es auch um die mediale Verwertung und Repräsentation der Ereignisse.

G. G.: Ein Stummfilm, der mit lapidaren Untertiteln auskommt. Das Ganze ist in Form eines Drehbuchentwurfs geschrieben und harrt seiner Realisierung.

H. Z.: Oskar Matzerath – auf den müssen wir unbedingt noch einmal zu sprechen kommen. Er tritt in der »Rättin« auf, ist sechzig Jahre alt, hat Prostataprobleme, befindet sich auf dem Wege zur Großmutter, die in Danzig ihren einhundertsiebten Geburtstag feiern will. Am Ende ist unser Herr Matzerath ein atomar verschrumpeltes Etwas. Ist dies das Finale eines erzählten Zeithorizonts? Können Oskar und die Danziger Welt in gewohnter Optik nie wiederkehren? Sind sie abgearbeitet?

G. G.: Nach meinem Sisyphosschen Arbeitsprinzip kann so etwas nie abgearbeitet werden. Es tritt in immer neuer Gestalt auf. Dieses Danzig oder Gdańsk in der »Rättin« wird durch eine Neutronenbombe zerstört, das heißt, die architektonische Substanz bleibt erhalten. Und selbst die Rußschicht wird von den Ratten hinterher in großer Fleißarbeit abgetragen, damit die Backsteingotik wieder zum Vorschein kommt. Wie ein Fetisch werden die verschmorten Überreste der Großmutter und unter den Röcken der Großmutter diese verschrumpelte Masse, die einmal Oskar gewesen ist, von den Ratten in die Marienkirche getragen und als Sinnbild dessen verehrt, was von den Menschen übriggeblieben ist. Das hat für mich zur Konsequenz, daß ich Oskar losgeworden bin. Aber das ist nur ein Nebeneffekt.

H. Z.: Wenn man so will, zeigt Oskar auch in der »Rättin« eine gewisse Satanik noch darin, daß er zum Ideologielieferanten, zum Zukunftshersteller, zum Manipulateur wird qua Bildproduktion.

G. G.: Zumindest ist er fasziniert vom Möglichen und Machbaren im Medialen, so daß seine Bedenken, wenn er sie überhaupt hat, darin aufgehen. Er wird aber auch Opfer dieses Vorgangs.

H. Z.: Blieben noch die Frauen in der »Rättin« ...

G. G.: Die suchen ihr Vineta, sehen es und entdecken, daß auch dieses Vineta schon von Ratten bevölkert ist. Und ihr Entsetzen, gepaart mit der letzten Hoffnung – sie haben sich festlich gekleidet und wollen hinabsteigen nach Vineta in ihre Frauenwelt, ihre Utopie, wo keine Männerherrschaft mehr ist –, endet mit dem Großen Knall. Sie verlöschen. Das Wrack des Schiffes treibt umher, und im Laderaum überleben einzig die in Gotland an Bord gegangenen Watsoncricks, die eines Tages an Land gehen.

H. Z.: Also trügt auch diese Hoffnung auf eine Lösung des Geschlechterkampfes, die Hoffnung auf ein uneingeschränkt weibliches Prinzip in der Welt?

G. G.: Alles geht mit zugrunde.

H. Z.: »Die Rättin« entfaltet eine Katastrophenvision für die Welt. Sie, Herr Grass, haben des öfteren sehr bewußt den Erfahrungsraum Westeuropas verlassen durch Reisen nach Asien, Indien, vor allem nach Calcutta. Diese Stadt spielt auch im zeichnerischen Werk eine besondere Rolle, in Ihrem Buch »Zunge zeigen« etwa. Welche Bedeutung besaßen solche Reisen für Ihre Analyse der Weltsituation, und welche Rückblicke auf Europa sind dadurch frei geworden?

G. G.: Ich muß, glaube ich, bei meinem politischen Interesse anfangen, das sich anfangs ganz und gar auf die Zustände in der Bundesrepublik und ihren Umgang mit der eigenen Vergangenheit richtete, denken Sie an die Diffamierungskampagnen gegen Willy Brandt, an die berüchtigte Adenauer-Rede in Regensburg, die für mich ein auslösendes Moment war, an die Öffentlichkeit zu gehen, Partei zu ergreifen. Wiederum angeregt durch Brandt, den ich nach wie vor für einen wegweisenden Politiker halte, ist mir allmählich die Problematik desjenigen Teils der Welt, den man gern die »dritte« nennt, immer bewußter geworden. Nach seinem Rücktritt als Kanzler war Brandt als Vorsitzender der Sozialistischen Internationale und der Nord-Süd-Kommission tätig. Er hat zu einem sehr frühen Zeitpunkt auf die immer noch überfällige neue Weltwirtschaftsordnung hingewiesen, um die Benachteiligung der Staaten der Dritten Welt aufzuheben. Die beiden sogenannten Nord-Süd-Berichte, die Brandt herausgegeben hat, sind aber nicht einmal in seiner eigenen Partei zur Kenntnis genommen worden, geschweige denn in der gesamten Öffentlichkeit. Dennoch hat er mit seinen Prognosen recht behalten, und seine Vorschläge wären, wenn man sie ernst nähme, auch heute noch Grundlage für weitergehende Überlegungen und Entschlüsse.

Das alles hat mich dazu gebracht, Augenschein zu nehmen. Ich bin jemand, der das nicht vom Tisch aus machen kann, ich muß hinfahren, muß es selber sehen. In diese Zeit fällt auch hinein, daß ich abermals geheiratet habe. Mit meiner Frau Ute bin ich dann insbesondere nach Asien gereist, nach Japan, China, Indonesien, Thailand, Indien. Bei einer ersten Reise, die ich Mitte der siebziger Jahre noch allein gemacht hatte, war ich zwar in Indien herumgekommen, war aber nur drei Tage lang in Calcutta. Mir fiel damals in der mit Flüchtlingen überfüllten, von weiten Slum-Gebieten beherrschten Stadt schreckhaft auf, daß sie dennoch eine ungeheure Vitalität besaß. Mir kam es so vor, daß in Calcutta westliches Kolonialverhalten und -versagen nachwirkt, daß aber auch eigenes, in Indien entstandenes Fehlverhalten mit eine Rolle spielt; das heißt, daß Calcutta derjenige Ort ist, an dem der reiche Westen und Norden auf der einen und der arme Süden auf der anderen Seite zusammenkommen. Es entstand bei mir der Wunsch, dorthin zurückzugehen und mir die Dinge längere Zeit genauer anzusehen, dort zu leben. Das wurde erst möglich, als unsere Kinder aus dem Haus waren. Und so bin ich bald nach Erscheinen der »Rättin« mit meiner Frau nach Calcutta gereist, wo wir ein halbes Jahr gelebt haben.

Das ist in einer aberwitzig albernen Art und Weise von der Öffentlichkeit als ein Fluchtverhalten aus Westdeutschland gewertet worden. Untergründig war ein Triumphgefühl erkennbar: Endlich haut er ab. Doch es war mein lang gehegter Plan, den ich endlich realisieren konnte. Die Albernheiten gingen so weit, daß das Haus, in dem ich in Calcutta gelebt habe, vom »Spiegel« regelrecht bespitzelt wurde, weil ich mich weigerte, ein Interview zu geben – dazu hatte ich weder Zeit noch Lust. Also hat man mir Spitzel auf den Hals gehetzt, die unseren Tageslauf beobachteten, um sich dann doch irgendeinen typisch »Spiegel«-halbwahren Bericht auszuschwitzen. Das nur am Rande bemerkt. Dieser Aufenthalt war anstrengend: für meine Frau wahrscheinlich noch mehr als für mich, weil ich nach einer gewissen Zeit begann, die Erfahrungen direkt umzusetzen, während sie dem Alltag ausgeliefert gewesen ist. Denn wir haben nicht im Hotel, nicht unter Air-condition-Zuständen gelebt, sondern unter dortigen Mittelstandsbedingungen gehaust.

Anfangs war Schreiben nicht möglich, weil die Wirklichkeit nicht in Worte zu fassen war. Da hat mir meine andere Möglichkeit des Ausdrucks geholfen – das Zeichnen. Ich habe mich zeichnend der Wirklichkeit genähert, skizzierend, bis dann auch wieder Worte kamen. Und so ist aus den alltäglichen Abfällen, Tagebucheintragungen und Skizzen und dem ersten Entwurf eines ausholenden Calcutta-Gedichts dieses merkwürdige Buch mit dem Titel »Zunge zeigen« entstanden. In ihm reichen Prosa, Lyrik und Zeichnung einander die Hand. Alles geht ineinander über, das eine zitiert das andere, steht in Wechselbeziehungen zu sich selber und macht auch deutlich, wie fremd wir natürlich – was ich vorher geahnt hatte – in diesem Erfahrungsraum bleiben. Je genauer wir Augenschein nehmen, desto stärker wird das Fremdbleiben bewußt.

In Indien gab es eine ganz besondere Berührung mit der Realität, die allmählich auch auf meinen Prosastil abfärbte und im Nebenprodukt zu einem noch abstrakt bleibenden Buchprojekt führte, das erst Jahre später realisiert werden konnte. Dort in diesem Calcutta mit seinen tagtäglichen Stromsperren schliefen wir mittags unter dem Moskitonetz, es wurde bei achtundneunzig Prozent Luftfeuchtigkeit schwül heiß, und ich träumte etwas Nördliches. Ich war in unserem Haus in Schleswig-Holstein und sah aus meinem Atelierfenster hinaus im Garten meine Frau Ute mit einem älteren Herrn im Gespräch sitzen. Beide waren sehr intim, lachten, sie kannten einander offenbar schon lange. Der Mann kam mir bekannt vor, ich schaute genauer hin und entdeckte: Das ist der alte Fontane. Sofort regte sich bei mir Eifersucht, aber auch gleichzeitig vernünftiges Überlegen, jetzt nicht kopflos zu handeln. Ich nehme mir also noch im Traum einen Stuhl, gehe hinunter in den Garten und setze mich dazu. Es wird ein Gespräch zu dritt, eine Ehe zu dritt sozusagen. Und das aus guten Gründen, denn bis zu jenem Zeitpunkt war Ute diejenige, die firm in Fontane war. Ich schätzte ihn zwar als Autor, hatte auch vieles von ihm gelesen, aber ich fing nun erst an, die zahlreichen Fontane-Bücher, die sie nach Indien mitgenommen hatte, zu lesen.

Was seine beiden London-Aufenthalte betrifft, stieß ich dabei immer wieder auf Notizen, Anmerkungen, Artikel von ihm, die sich ziemlich kritisch mit der englischen Kolonialpolitik befaßten. Er war Zeitgenosse einer Periode, in der es zu ersten Aufständen in Indien gekommen war – vor allem dem Sepoy-Aufstand, der von den Engländern blutig niedergeschlagen wurde –, so daß Fontane mit seiner Sicht und Kenntnis bei unseren Exkursionen in Calcutta eine Rolle zu spielen begann. Das schlug sich auch in meinem Tagebuch nieder, in dem ich ihn quasi befragte, was er zum Victoria-Museum in Calcutta zu sagen hatte – wie dort nach wie vor in erster Linie die Kolonialherrschaft, aber nicht das Indien von heute ausgestellt wird. Fontane machte seine ironischen Bemerkungen dazu, und das setzte sich bei mir fest. Aber mehr war es nicht. Es war als Idee da und blieb liegen.

Alle Konzentration richtete sich zunächst auf diese zukunftsträchtige Situation in Calcutta. Nach einem halben Jahr haben wir den Aufenthalt, der für ein Jahr geplant war, abbrechen müssen, weil es besonders für meine Frau zu anstrengend wurde. Ich habe nach unserer Rückkehr aber noch lange an dem Thema gearbeitet, und daraus ist schließlich jenes Buch entstanden, das eine den westlichen Verhältnissen entsprechende kritische Aufnahme gefunden hat.

H. Z.: Und zwar dergestalt, daß man Ihnen nicht abnehmen wollte, daß Sie wirklich einen Zugang zu den Problemen der Dritten Welt gesucht hätten, sondern daß Sie mehr oder minder als Selbstdarsteller dort umhergereist seien, der sich in Westeuropa mit vorgetäuschtem Mitleid interessant machen wolle und der viel zu vernarrt in die westeuropäische schriftstellerische Delikatesse sei, um das Übermaß von Elend wahrzunehmen. Das hat Sie weiterhin nicht gehindert, Widerspruch einzulegen gegen internationale und nationale Katastrophensituationen, gegen ökologische Verödungen und vieles mehr, zum Beispiel in Ihrem Buch »Totes Holz«.

G. G.: Durch den Aufenthalt in Calcutta wurde ich angeregt, Wirklichkeiten von Zerstörung neu und intensiver aufzunehmen. Mein nächstes Thema, das ich schon in der »Rättin« angeschlagen hatte, war deshalb unverkennbar und unübersehbar: die Zerstörung der Wälder. Das sollte wieder an Ort und Stelle geschehen, ich wollte alles selber in Augenschein nehmen. Die alte handwerkliche, meisterliche Hinweisung: erst hinsehen, dann aufzeichnen, hat immer noch Gültigkeit. Ich war an der Grenze im Harz und an anderen Orten unterwegs; und in einer Zeit, in der zu merken war, wie die DDR auseinanderfiel, habe ich auf den Kammlagen im Erzgebirge gezeichnet. Daraus ist das Buch »Totes Holz« in einer interessanten Mischform entstanden: auf der einen Seite Aphorismen, die über den Zustand der Menschen im Verhältnis zum Wald Bericht geben, und auf der anderen Seite Zitate aus dem Waldzustandsbericht von 1989, wie ihn die Bundesregierung jedes Jahr vorlegt. Diese Amtssprache steht im scharfen Gegensatz zu dem, was ich aufschreibe, und dennoch gehört beides zueinander.

Aber das passierte alles schon in der Zeit der Montagsdemonstrationen und großen Proteste in Leipzig, mit ihren witzigen Protestschildern wie etwa »Sägt die Bonzen ab, schont die Bäume«. Sobald dann die Mauer gefallen war, hatte auf einmal der in Calcutta gefaßte Plan neue Energien gewonnen. Es stand an: die deutsche Einheit. »Novemberland«, wie es später in einer Folge von dreizehn Sonetten bei mir heißen wird, macht sich auf in die großdeutsche Einheit. Das war auch für mich ein erheblicher Zeitbruch. Die jahrzehntelang anhaltende Konfrontation des Kalten Krieges mit all ihren Folgen – der Ressourcenverschleiß im Wettrüsten, in der Nachrüstung und nochmaligen Nachrüstung, was ja auch die Dritte Welt in den ideologischen, militärischen, wirtschaftlich bedingten Kampf der beiden Machtblöcke mit hineingezogen hat –, all das schien vorbei zu sein.

In diese Wendezeit hinein ereignete sich deutlich ablesbar etwas, was aus meiner Sicht jede Gesellschaft umwirft, verändert, durcheinanderschüttelt. Sehr früh war zu erkennen, daß die Gunst einer deutschen Einigung von Anbeginn an eine zu rasch vollzogene Einheit verschenkt wurde – mit Maßnahmen, die nur Ungerechtigkeit und eine neue Spaltung zur Folge haben konnten. Die westliche Bereitschaft, die Biographien von sechzehn Millionen anzuerkennen, die im Osten gelebt haben, war nicht groß. Vielleicht wurde sie anfangs beteuert, aber als es dann ans Handeln ging, fand kein Beitritt statt, wie es auf dem Papier hieß, sondern ein Anschluß. Es kamen Kolonialherren. Ob es sich um Richter handelte oder um Professoren an den Universitäten – meistens waren es Leute zweiter, dritter Wahl, die in Westdeutschland nicht landen konnten. Sie bekamen im Osten Funktionen, während die Intellektuellen der DDR, die Parteimitglieder gewesen sind, evaluiert und entlassen wurden. Eine Kolonialbehörde setzte sich selber ein, die mit wenig Respekt vor den Menschen Verwaltungsarbeit meinte leisten zu müssen. Wenn man es so machte, wie es im Westen lief, würde es schon gutgehen – so lautete die Devise. Aber es ging nicht gut. In diese Atmosphäre hinein habe ich mich anfangs noch protestierend mit Reden, mit Aufsätzen zu Wort gemeldet, wie ich es gewohnt war und geübt bin. Schließlich kam ich mir papageienhaft vor, niemand hörte zu. Dann geschah das Vernünftige. Ich machte das, was mir zu tun bleibt, ich schrieb zuerst die »Unkenrufe« und dann »Ein weites Feld«.

VII. Uneinheitliches Bedeutungsspiel –
Zumutungen eines poetischen Patrioten

HARRO ZIMMERMANN: Der Roman »Ein weites Feld« ist bei den Lesern ein Riesenerfolg geworden, während die Kritik mit dem Buch nicht viel anfangen konnte.

GÜNTER GRASS: Ich muß Sie korrigieren. Wir neigen, glaube ich, beide dazu, die vernichtenden Kritiken zu überschätzen. Genau betrachtet, hat es von Anfang an auch Kritiken gegeben, die das Buch wahrgenommen haben; darunter viele, die in ostdeutschen Zeitungen erschienen sind. Nur wird das im Westen nicht anerkannt. Auch von den Gutwilligen wird überhaupt nicht zur Kenntnis genommen, daß es in vielen Zeitungen der neuen Bundesländer eine kenntnisreiche und aufmerksame Aufnahme des Buches gegeben hat.

H. Z.: Die hat es gewiß gegeben, auch in westdeutschen Zeitungen. Allerdings haben die meinungsführenden Blätter hier – bis auf die »Frankfurter Rundschau« und die »Süddeutsche Zeitung« – in gelegentlich aberwitziger Weise dawidergeschrien. Aber das soll nicht unser Thema sein. Dieser neue Roman »Ein weites Feld« dehnt wenige Wendejahre in eine weiträumige historische Darstellung aus. Es ist wiederum eine sehr groß angelegte, scheinbar heterogene Erzählkonstruktion; mehrere Erzählperspektiven tun sich auf, der Form nach vergleichbar den »Hundejahren«, wo ebenfalls ein Erzählkollektiv am Werk ist. Es gibt abermals historische Spiegelungen, Brechungen, sogar Doppelverspiegelungen. Eine Collage von Öffentlichkeitsrohstoffen, von Alltagssprachlichem, von Einheits- und

Wendedisputmaterialien wird zusammengefügt. Fonty, die Hauptfigur, sagt einmal: »Bruch ist besser als Ganzes.« Ist das ein Bekenntnis zu dieser spezifischen Romanform, die Sie gewählt haben?

G. G.: Nicht nur zur Form, sondern zur menschlichen Existenz überhaupt. Wenn ich ein liebevolles Verhältnis zu Menschen habe – und ich habe das –, beruht dies, wie ich es auch bei mir sehe, auf der Einsicht, daß es sich um etwas Bruchstückhaftes handelt, das in der Regel beschädigt ist. Das »Ganze« ist als Forderung immer etwas Übermenschliches, oft Unmenschliches. Wir neigen in Deutschland dazu, mit dem Ganzheitsbegriff zu hausieren und ihn als Maß aller Dinge wie einen Götzen in den Raum zu stellen. Und da es bei aller Unterschiedlichkeit zwischen Fontane und mir auch Annäherungen gibt, ist mir im Studium der gesamten Fontane-Existenz bis in den Briefwechsel hinein aufgefallen, wie sehr er *die* Wahrheit doch zuerst einmal als etwas Langweiliges empfindet. Auch die Wahrheit ist eben ein weites Feld. Das »Ganze« kommt ihm als etwas schrecklich Abscheuliches vor, weil auch er eher vom bruchstückhaften Detail lebt und mit Bruchstücken arbeitet, die zusammengesetzt werden.

Der Roman konnte natürlich nur entstehen dank der Affäre, die meine Frau mit Fontane hatte und hat. Wenn auch nur geträumt, so hat mich dies doch schon in Calcutta darauf gebracht, mich intensiv mit diesem mehrfach gebrochenen Autor zu befassen, der nicht nur in seinen Romanen, die er erst ab seinem sechzigsten Lebensjahr geschrieben hat, sondern in seiner ganzen Biographie etwas Zeitgenössisches hat. Er, der in jungen Jahren zum Herwegh-Club in Leipzig gehörte, dem Vormärz und der achtundvierziger Revolution nahestand, auf der Barrikade kämpfte, sich hat wählen lassen – im Alter lächelt er darüber –, ist wenig später, er hat gerade geheiratet, in Geldnot, besitzt keine Mittel, um eine Apotheke aufzumachen, und spielt mit Auswanderungsplänen. Da bekommt er das Angebot, in einer Zensurbehörde unter der von ihm gehaßten Manteuffel-Regierung zu arbeiten – und er macht es. Es wird ihm sein Herzenswunsch erfüllt, endlich aus diesem vermieften Berlin/Preußen herauszukommen, in die weite Welt zu gehen. Zwei England-Aufenthalte verbringt er im Dienste der Manteuffel-Regierung in London und schreibt für die erzreaktionäre »Kreuz-Zeitung«, ist als Agent Preußens tätig, leistet Arbeit, die aus der Sicht der Gauck-Behörde und unserer heutigen Rechtsprecher Stasitätigkeit gewesen ist. Er besticht zum Beispiel eine englische Zeitung, nur noch preußenfreundliche Artikel zu schreiben – alles auf Weisung selbstverständlich. Nach dem Zeugnis seiner Vorgesetzten ist er zwar ein miserabler Agent, aber er ist einer, und er leidet darunter. Das hat natürlich auch Folgen, weil er in einem London lebt, in dem es sehr viele deutsche Emigranten gibt, die nach der achtundvierziger Revolution fliehen mußten, die er zum Teil kennt, die ihn zum Teil erkennen und wissen, daß er für Manteuffel arbeitet. Also ist er in London weitgehend isoliert.

Und dann kommt Fontane nach Berlin zurück. Die Manteuffel-Regierung wird gestürzt, er ist abermals in großer finanzieller Not, schreibt wieder für die »Kreuz-Zeitung«. Jahre dauert es, bis er sich aus den Abhängigkeiten der Lohnschreiberei lösen kann. Er macht dann auch noch dem preußischen Staat zuliebe etwas, was sich als wahre

Fron erweist. Über zwölf Jahre lang schreibt er infolge der drei preußischen Kriege gegen Dänemark, gegen Österreich und gegen Frankreich die Kriegsbücher, die an Volumen das Prosawerk übertreffen. Die »Wanderungen durch die Mark Brandenburg« erscheinen nach und nach, er darf für die »Vossische Zeitung« schreiben, die ihm fast ein bißchen zu liberal ist, aber das gibt ihm ein Stück Freiheit und erlöst ihn von der »Kreuz-Zeitung«. Im Alter von siebenundfünfzig Jahren gelingt es Freunden und der Familie – seine Frau Emilie will ihn endlich in einer anständigen Anstellung sehen und einen gesicherten Hausstand haben –, ihm den Posten eines Ständigen Sekretärs der Königlich-Preußischen Akademie der Künste zu vermitteln. Er macht das ein Vierteljahr, bemerkt, daß er in einen Intrigenladen ohnegleichen geraten ist, und schmeißt den Kram hin.

Im Alter von knapp sechzig Jahren ist er dann zum erstenmal ein freier Schriftsteller. Und nun erscheint Roman auf Roman. Der aufgeklärte Konservative, der Liebhaber des alten Preußen, ist nun Zeitgenosse des inneren Niedergangs. Seine Briefe, mehr noch als die Romane, spiegeln seine Abscheu vor diesen ewigen Reserveleutnants, vor diesen knarrenden Geheim- und Kommerzienräten, vor diesem bigotten Christentum der Nachmittagspredigten und natürlich vor den Raffkes, den Neureichen, die er so wunderbar in »Frau Jenny Treibel« geschildert hat – er nennt das alles beim Namen.

Kurzum, das alles zusammengenommen ließ ihn mir sehr gegenwärtig werden. Und so war der Gedanke gar nicht gewalttätig, sondern naheliegend, eine Kunstfigur zu schaffen, selbstverständlich eine Kunstfigur. Aber zugleich wollte ich wieder auf das alte, bewährte Muster des pikaresken Romans in gewandelter Form zurückgreifen. So wie Don Quijote und Sancho Pansa oder wie bei Diderot in »Jacques le fataliste« Herr und Diener auftreten, wie Bouvard und Pécuchet bei Flaubert die pikaresken Episoden durchspielen und durchleben, sollte dies bei mir ein Paar tun: die Figur des hundert Jahre nach Fontane geborenen Theo Wuttke, den alle liebevoll Fonty nennen, weil er sich voll und ganz mit Fontane identifiziert, und die Nebenfigur, die auch eine Hauptfigur ist – Hoftaller als eine fortgesetzte literarische Figur, die durch Hans Joachim Schädlich und seinen Roman »Tallhover« schon vorgeformt war.

Es ist bezeichnend und interessant für die Vorgeschichte meines Romans, daß mir Schädlich die Fahnen seines Buches nach Calcutta mitgegeben hatte. Ich habe sie dort gelesen, war begeistert von dem Buch und bin es nach wie vor. Nur mit dem Schluß war ich nicht einverstanden. Wenn man eine so großartige, unsterbliche Agentenfigur, die von System zu System tätig bleibt, erfindet, sah ich keinen Anlaß, ihn 1955, nur weil er nach dem 17. Juni 1953 in Ungnade gefallen war, sterben zu lassen. Dem habe ich in einem Brief widersprochen und Schädlich geschrieben, es reize mich geradezu, diese Figur fortzuspinnen. Mit meinem Roman »Ein weites Feld« habe ich das getan.

H. Z.: Die Entscheidung für Fontane, diese schillernde und so zeitnahe Figur, erklärt nach meinem Eindruck, warum die Art der Vergegenkunft im »Weiten Feld« sich im Schwerpunkt mit deutscher Vergangenheit und deutscher Gegenwart befassen muß. Das Buch scheint mir nichts

Visionäres zu haben. Hinsichtlich der kommenden »Berliner Republik« sind nur spärliche Andeutungen vorhanden, es handelt sich vielmehr um eine Analyse der historischen Tiefenstruktur des Jetzt, wobei sehr offen bleibt, was daraus wird. Ist das richtig?

G. G.: Bestimmte Themen, die im »Butt« und in der »Rättin« angeschlagen sind und die man vielleicht visionär nennen kann – etwa was sich im Medienbereich abzuzeichnen beginnt –, finden nun tatsächlich statt. In den »Unkenrufen« wie in »Ein weites Feld« spielt zum Beispiel der Golfkrieg eine Rolle, das heißt der Golfkrieg im Zimmer, wie er auf dem Bildschirm als Wirklichkeit geboten wird und ein Stück verlogene Fiktion und Ablenkung darstellt. Der inszenierte Golfkrieg hat ja mit der grausamen Wirklichkeit, dem Sterben in der Wüste, nichts zu tun. In den »Unkenrufen« ist es eine alte Frau, Erna Brakup, die den ganzen Medienschwindel ahnt und den Blick hat für die armen »Arabers inne Wieste«, wie sie sagt, die auch Menschen seien; und hier ist es Fonty, der seine Emmy nur noch am Fernsehschirm erlebt, der die Lug- und Truggeschichten durchschaut, die dort als Realität des Golfkrieges geliefert werden.

H. Z.: Aber das sich in die Zukunft hinein verändernde Deutschland, das sich seit 1989 natürlich schon sehr gewandelt hat, scheint mir von Ihnen bewußt ausgeblendet zu sein. Die Enkelin Fontys beispielsweise, die die Stimme der nach vorne gewandten Jugend hätte sein können, befaßt sich ausgerechnet mit Fontane, also wiederum mit der fernen Vergangenheit. Steckt darin nicht die bewußte Entscheidung, vor allem den gewesenen und den heutigen Geschichtsstatus Deutschlands zu durchmessen?

G. G.: Ich will es nicht Vision nennen, aber indem ich die Tätigkeit der Treuhand schildere, indem ich die Besitznahme des Ostens durch den Westen von den Anfängen her darstelle und erzählend wiedergebe, wird die katastrophale und bis in die nächste Generation hineinreichende Schädigung des Einheitsprozesses vorweggenommen. Denn man möge bitte heute mit Abstand prüfen, was ich von der Treuhand erzählt habe. Ich fürchte, daß diese kriminelle Vereinigung namens Treuhand mehr Schaden angerichtet hat, als ich geahnt und ahnend aufgeschrieben habe. Es ist natürlich eine reduzierte Vorwegnahme von Zukunft und ganz beschränkt auf den deutsch-deutschen Prozeß – aber bitte, es steht jedem frei, das zu überprüfen.

H. Z.: Zu den ganz besonderen Qualitäten des Buches gehört sicher, daß es so etwas wie eine Dokumentationsperspektive für die Nachwelt enthält. Mir scheint, daß Sie in diesem Roman sehr bewußt viel Alltags- und Diskussionsmaterial, viel öffentliche Debatten- und Meinungsmaterie eingearbeitet haben, um auf Ihre Weise zu dokumentieren, wie es damals war. In zwanzig oder dreißig Jahren wird kaum ein Mensch sich mehr an die Zeitungen, an die Politiker unserer Tage erinnern, aber das Buch könnte Zeugnisfunktion behalten.

G. G.: Es kommt noch hinzu, daß mit Hilfe der Medien – und sicher auch auf speziellen Wunsch des Kanzlers – gleich von Anbeginn eine Legende gesponnen wurde: Kohl als der Kanzler der Einheit; mit dem naiven Wunsch, doch bitte so und nicht anders in die Schulbücher zu kommen. Diesem konservativen bis reaktionären Modell der Geschichtsschreibung zu genügen, wonach die Sieger der Geschichte in der Regel auch die Geschichte aufschreiben, hat mir schon immer gestunken. Mit ein Antrieb – ich will nicht sagen, *der* Antrieb – war es, die Sieger beim Frühstück zu stören, ihnen das Konzept zu versauen, die Geschichte aus anderer Sicht aufzuschreiben. Aber, wie gesagt, das war nur *eine* Antriebskraft. So etwas allein reicht nicht aus, um einen Roman von dieser Schichtung zu schreiben. Damit man einige Jahre über einem Manuskript durchstehen kann, braucht man mehrere Antriebsmotoren: Mal wird der eine, mal ein anderer angeworfen, um den Autor überhaupt in Betrieb zu halten. Ich hoffe, daß das gelungen ist. Die Reaktion auf den Roman war zumindest so: Die Sieger fühlten sich beim Frühstück gestört. Jemand wagt es, ihrer vorweggenommenen Sanktionierung der ganzen Geschichte, im Sinne von Geschichtsschreibung, zu widersprechen. Das ist schon mal etwas.

Ich folgte dabei meinem alten Schreibverhalten, nie von der Bank der Sieger aus zu urteilen, sondern, wie es mich Grimmelshausen gelehrt hat, die Geschichte von unten zu begreifen – aus dem Kreis der Betroffenen, denen Geschichte widerfährt. Das ist die Erzählperspektive des Romans »Ein weites Feld«. Natürlich gehörte dazu die sehr frühe Einsicht, daß der Vorgang der Einheit von 1989/90 literarisch nur darzustellen ist, wenn man den ersten und folgenreich mißglückten Versuch der deutschen Einheit von 1870/71 als Folie darüberlegt oder von unten her durchscheinen läßt. Dieser Entschluß setzte dann wiederum Figuren voraus, die in der Lage sind, wie Zeitgenossen und Augenzeugen, wie Täter und Mittäter des neunzehnten und des zwanzigsten Jahrhunderts zu sprechen. Ein Fonty kann einen Satz beginnen, der zunächst von den Barrikadenkämpfen im Berlin des Jahres 1848 erzählt und sich am Satzende bei den Montagsdemonstrationen des Jahres 1989, bei der großen Kundgebung auf dem Alexanderplatz befindet. Gleiches trifft, wenn auch mit anderer Diktion, auf Tallhover / Hoftaller zu.

H. Z.: Man hat Ihnen einen gewissen Manierismus in diesem Buch nachgesagt. Daß Günter Grass mit Sekundär- und Tertiärmaterialien, mit Spielmaterialien aus der Literatur, aus Alltags- und Mediendebatten hantiert, um daraus eine Art Zeugenschaft zu entwickeln, sei ein manieristisches Verfahren. Können Sie damit etwas anfangen?

G. G.: Natürlich, ich bekenne mich dazu. Wenn das ein Verdikt sein soll, dann bitte gilt es von Cervantes angefangen bis zu Grimmelshausen: Ein Großteil unserer Literatur bezieht sich auf Literatur, bis ins Lustig-Aberwitzige hinein. Die Beschreibungen der Schlacht von Wittstock, wie sie Grimmelshausen vorgenommen hat, beziehen sich bis in die Metaphern hinein auf eine Opitzsche Übersetzung der »Arcadia«. Das hat bei mir im »Butt« zum Beispiel dazu geführt, daß ich im Vatertags-Kapitel einen Küchenjungen erfinde – er soll der spätere Gelnhausen und Grimmelshausen sein –, der auf einem Baum sitzt, die Schlacht mit der »Arcadia« auf den Knien betrachtet und überprüft, ob sich die Wirklichkeit auch richtig verhält im Sinne der schon aufgeschriebenen Schlachtbeschreibung von Opitz in eben dieser »Arcadia«. Sicher, das können Sie als Manierismus bezeichnen. Aber das gehört mit zum Spiel und zum Doppelspiel der Literatur. Wenn man darauf verzichten wollte, würde sie sehr dröge und langweilig, sie verlöre das Puzzlehafte und Verrätsel-te, das dazugehört.

H. Z.: Der konstruktive Blick, den Sie auf die deutsche Geschichte und Gegenwart richten, die Kunstfigur Fontane-Fonty als reflexive Sonde, dazu noch das Archiv als erzählerische, reflektierende, sogar als spionierende Instanz – dies alles legt gleichsam den Sensorenkreis des Romans fest. Alles, was an deutscher Geschichte wahrnehmbar ist, muß durch diese Filter, durch dieses Prisma hindurch, das Sie geschaffen haben. Macht das Prisma, die Brechung der Erzählansätze, neugierig genug, ist es aufmerksam genug gegenüber dem Neuen, dem Überraschenden? Oder ist diese Festlegung womöglich zu eingegrenzt? Es muß ja alles passen.

G. G.: Aber es gibt störende, auch verstörende Elemente. Fontys, von Fontane unterstützte Feststellungen über beziehungsweise sein Mißtrauen gegen alle nationalen Großereignisse werden zum Beispiel durch seine Enkeltochter Madeleine konterkariert. Sie widerspricht ihm, sie hat von Frankreich her eine ganz andere Vorstellung von »Nation«. Für sie ist Nation überhaupt kein bestreitbarer Begriff: Selbst wenn das Ganze pompöse Ausmaße wie bei de Gaulle annimmt, wird die Rechte wie die Linke in Frankreich immer zur Grande Nation stehen. Wie schwer sich die Deutschen damit tun, belächelt Madeleine ein wenig. Ein anderes Beispiel ist die Putzfrau im Treuhandgebäude. Überhaupt kommen immer wieder Figuren von außen dazu, die dieses Fixierspiel durchbrechen, zwar auch oft genug hineingeraten, aber jeweils einen anderen Aspekt einbringen.

H. Z.: Fontys Eigenart, Dinge zu vereinfachen und wegzulassen, muß sich auch andernorts Widerspruch gefallen lassen. Zumal von der komplizierten Gesamthaltung der Erzähler her ist seine Optik nicht unbestritten.

G. G.: Nein, ganz gewiß nicht. Er selbst spricht es an, wenn er zum Beispiel in Altdöbern am Abgrund des Tagebaus steht und sagt: Ich bin kein Zola, ich gucke da nicht hinein. Da kommt etwas zum Ausdruck, das man Fontane zu Recht kritisch vorgeworfen hat: daß er das Elend seiner Zeit zwar gesehen, auch gestreift, aber nie zum Thema gemacht hat, weil er Angst vor der Misere hatte. Die Abwendung davon spielt auch bei Fonty eine gewisse Rolle.

H. Z.: Zumal gerade was Fonty angeht, hier nicht nur eine abstrakte Erzählfigur, sondern eine durchaus leiblich ummantelte zu Wort kommt. Es gibt ihn ja, man sieht ihn physiognomisch, er ist viel leiblicher als vielfach in der Kritik unterstellt.

G. G.: Sein Äußeres ist durch eine Lithographie von Max Liebermann vermittelt, um einen weiteren Manierismus zu nennen.

H. Z.: Der historische und gegenwartskritische Blick durch die Fontane-Fonty-Brille samt Archiv ist das eine, aber wie ist es ansonsten mit der historischen und politischen Recherche gewesen, Herr Grass? Was haben Sie an Dokumentarien hinzugezogen? Ich kann mir vorstellen, daß die biographische Optik in Sachen Fontane allein nicht der Quellgrund zur Beurteilung dieser Zeitspanne war.

G. G.: Nein, dazu gehörte all das, was die Gegenwart ausmacht. Die Existenz eines Fontane-Archivs in Potsdam mußte erforscht werden und gleichzeitig das ehemalige Göringsche Reichsluftfahrtministerium – das spätere Haus der Ministerien zu DDR-Zeiten, was schließlich Sitz

der Treuhand werden sollte. Einmal bin ich im Treuhandgebäude gewesen, um zu recherchieren, aber mir
wurde sofort deutlich, daß ich da nicht mehr hinein-
konnte, denn ich wurde direkt gefragt: »Schreiben Sie
über uns?«

So hat mir schließlich der junge Germanist Dieter Stolz,
dessen Arbeit ich kannte und schätzte, geholfen als
Undercoveragent, wenn man so will. Nachdem wir genau
besprochen hatten, was zu recherchieren und zu erfragen
war, hat er mehrmals in der Treuhand Erkundungen eingeholt und ist auch über zwei Jahre lang immer wieder im
Fontane-Archiv in Potsdam tätig gewesen. Die Archiv-
mitarbeiter haben sich ein wenig über einige merkwürdige Fragen gewundert, die er dort gestellt hat, doch alles
blieb geheim und verdeckt, bis das Buch erschienen war.
Dann habe ich fünf Exemplare an das Archiv geschickt.
Sie haben sich sehr geehrt gefühlt, aber sich gewundert
über die Genauigkeit der Beschreibung, was das Innen-
leben der Fußnotensklaverei betrifft.

Das gleiche gilt für Frau Jolles, die als Fontane-Forsche-
rin in London lebt. Nach Erscheinen des Buches hat sie
sich bei mir bedankt und gemeint, daß Fontys Feststel-
lung, sie sei seine Miß Marple, durchaus zutreffe. Denn
Frau Jolles ist diejenige – sie mußte 1938 Deutschland verlassen, nachdem sie über Fontane promoviert und sich
insbesondere mit dessen Londoner Jahren beschäftigt
hatte –, die Fontane am gründlichsten erforscht hat. In
dem Sinne kommt sie in meinem Roman vor, auch mit
einer wunderbaren Rede, die sie 1990 gehalten hat, um
zu erkunden, wie man der Fontane-Gesellschaft zu mehr
Geld verhelfen könnte. Indem sie das Fontane-Roman-

personal durchmusterte, versuchte sie zu klären, wer sich als Chef dieser Geldbeschaffungsmaßnahme, dieses Fund-raising am besten eignen würde. Sie spielte alle Figuren durch und landete bei Frau Jenny Treibel. Das war wunderbar zu übernehmen, etwa in einem der Schlußkapitel des Romans, wenn in der Treuhand die Chefin als Frau Jenny Treibel verkleidet ein großes Fest gibt und im Paternoster das ganze Fontane-Personal auf- und abfährt. Am Ende scheint dann die Treuhand abzubrennen, aber es ist nur der Paternoster, der brennt – leider war es nur der.

H. Z.: Herr Grass, gegenüber den gewaltigen Geschichtsdurchgängen, die man andernorts bei Ihnen nachlesen kann, ist im »Weiten Feld« die historische Perspektivik des neunzehnten und zwanzigsten Jahrhunderts recht eng. Reicht das als historisches Koordinatensystem aus, um die deutsch-deutsche Situation punktgenau und beziehungsreich genug analysieren zu können?

G. G.: Ich habe mich auf die Zeit beschränkt, in der ein von unten her keimender Einheitswille in Deutschland spürbar wird, und der ist in der Breite der Bevölkerung erst vorhanden – wobei es gewiß auch schon den intellektuellen Patriotismus der Aufklärung gegeben hat –, nachdem sich die Anti-Napoleon-Front enttäuscht sieht. Diese Menschen hatten mehr gewollt, als nur den französischen Despoten zu besiegen, sie wollten demokratisch-republikanische Strukturen, dort radikaler, dort gemäßigter. Aber was sie bekamen, waren die Karlsbader Beschlüsse und die Demagogenprozesse. Der ganze Vormärz ist eine Restaurationszeit: All das, was das Volk zu den Waffen getrieben hat, ist vergessen; nichts von dem, was das Volk erkämpfen wollte, geschieht an realem Fortschritt. Der Vormärz geht in die Paulskirchen-Geschichte über; aber nicht die Paulskirche gestaltet den Einheitsprozeß, sondern das macht Bismarck auf der Grundlage dreier Kriege.

Und so habe ich mich auf die Vorgeschichte und den Vollzug dieser ersten deutschen Einheit beschränkt und die folgenden Gründerjahre in den Blick genommen, die damals natürlich in ganz anderen Formen, aber doch mit ähnlichen Raffkes und mit ähnlichen kriminellen Vorgängen wie in der Teuhand heute verliefen. Es gibt Passagen in »Frau Jenny Treibel«, die könnte man wortwörtlich auf Verhaltensweisen aus heutiger Zeit übertragen.

H. Z.: Birgit Breuel als Jenny Treibel, Fontys Thesen von der Wiederkehr der Gründerjahre oder vom Sich-gleich-Bleiben der Deutschen trotz Systemwandels – wie nahe kann man historisch Unterschiedenes aneinanderrücken, wie erkenntnisstiftend ist das? Besteht nicht die Gefahr der Verwechslung von Zeitläuften? Muß man nicht auch und gerade als Romancier die unwiederholbare Spezifik geschichtlicher Abläufe vor Augen haben?

G. G.: Die Unterschiede werden ja benannt. Die Reichsgründung von 1870/71 ist auf der Basis dreier Kriege entstanden – die Einheit, die wir jetzt haben, Gott sei Dank nicht. Die Teilung war das Resultat eines Krieges, den wir angezettelt haben und der furchtbare Folgen nicht nur für uns, sondern auch für unsere Nachbarn gehabt hat. 1989 war es unter anderem der Volkspolizei und der bröckelnden, aber noch vorhandenen Staatsführung der DDR zu verdanken, daß nicht geschossen wurde. Bei soviel Unverdienst, bei soviel Mist und Unrecht, was sie sich haben zuschulden kommen lassen – dieses kleine Verdienst sollte man ihnen lassen. Im Gegensatz zu Rumänien zum Beispiel wurde nicht geschossen. Solche historischen Unterschiede werden in meinem Roman durchaus deutlich.

Doch es gibt natürlich auch Verhaltensweisen, die weitergereicht wurden. Denken Sie zum Beispiel an die Karlsbader Beschlüsse und das Metternichsche Spitzelsystem, das sich in immer verfeinerter Form bis in unsere Gegenwart hinein gehalten hat. Oder nehmen Sie die Raffke-Mentalität damals wie heute: Die Goldmillionen, die nach 1870/71 aus Frankreich kamen und die Basis der Gründerjahre bildeten, beziehungsweise die Gelder, die ab 1990 in die neuen Bundesländer flossen, führten zu vergleichbaren Verhaltensweisen, so sehr sich die Zustände auch geändert haben. Oder wie Fonty sagt: Seitdem hat sich viel verändert, doch im Prinzip nichts.

H. Z.: Also könnte man sagen, daß sich Vergleichbares und Unterschiedliches in dieser fiktiven Geschichtswelt reibt, natürlich auch in der personalen Zwiespältigkeit von Fontane und Fonty. Beide sind sich sehr ähnlich, aber unterscheiden sich auch stark voneinander. Der eine ist ja nicht der andere.

G. G.: Nein, nein. Es sind versuchte Annäherungen, gewollte Annäherungen von Fonty an Fontane. Es sind Parallelitäten erkennbar bis ins Lächerliche, aber es gibt auch sehr bezeichnende Unterschiede. Wenn man zum Beispiel Fontanes Zeit in Frankreich mit Wuttkes Aufenthalt im Frankreich des Zweiten Weltkriegs miteinander vergleicht, wird das sehr deutlich.

H. Z.: Von der »Kurzlebigkeit des Gedenkens« haben Sie einmal gesprochen. Mir scheint ein besonderer Sinn des Romans »Das weite Feld« darin zu liegen …

G. G.: Nicht ich habe das gesagt, Fonty spricht davon.

H. Z.: Das muß man wohl unterscheiden, wie wir gelernt haben. Mir scheint, daß Sie mit diesem Buch den Deutschen etwas geben wollten, was viele nur willkürlich behandeln, was ihnen unbekannt oder gleichgültig ist – nämlich einen kritischen oder auch aufreizenden Traditionsraum, der Bezüge zu dem setzt, was heute ist, der klar macht, daß die Fixierung auf ein bloßes Jetzt nicht ausreicht. Soll Geschichte im »Weiten Feld« auch verkrustete Gegenwartsstandpunkte in Bewegung bringen?

G. G.: Ich habe diesen Roman bewußt, vor allem im Verhältnis zum Leser, als eine »Zumutung« bezeichnet, im Wortsinn. Ich mute dem Leser zu, daß er das, was derzeit geschieht, nicht nur flach als etwas Gegenwärtiges erlebt, sondern als etwas mit Hintergrund, das es in der deutschen Geschichte schon in anderer Form gegeben hat – mit vergleichbarer Zielsetzung, nämlich der der deutschen Einheit, und mit den Momenten des Scheiterns, der Gefahr des abermaligen Scheiterns, die sich nach 1989 schon angedeutet und dann leider bestätigt hat. Das ist die Zumutung. Deshalb kann es von den Erzähl- und Zeitebenen her gesehen nur ein sehr verschränkter Text sein, der dem Leser eine immense Aufmerksamkeit abverlangt und von ihm erwartet, daß er seine Lücken kennenlernt. Sicher wird der eine oder andere gesagt haben: Davon weiß ich nichts, ich kenne keine Fontane-Romane, und Geschichte interessiert mich ohnehin nicht. Wenn er das Buch weglegt, kann ich ihm nicht helfen. Doch ich mute ihm zu, sich darauf einzulassen und sich mit Hilfe von »Ein weites Feld« kundiger zu machen, was diesen doppelbödigen Vorgang der deutschen Einheit angeht.

H. Z.: Der Roman spielt überwiegend im DDR-Ambiente, soweit er sich auf unsere Gegenwart bezieht, und bewegt sich kaum in westlichen Dimensionen, die vor allem als Fluchtraum da sind.

G. G.: Bei der Hochzeitsfeier von Fontys Tochter kommen einige Leute aus Westdeutschland. Auch das Treuhand-Personal tritt natürlich in der Robe von Kolonialbeamten auf. Die Treuhand verteilt Prämien an Leute, die möglichst viel abgewickelt haben, vergibt aber auch Aufträge, ein besseres Wort für den unfreundlichen Terminus »Abwicklung« zu finden, also für jene Tätigkeiten, denen Fonty in seinem Amtszimmerchen nachgehen muß.

H. Z.: Sie haben sich zugetraut, das binnengesellschaftliche Klima der DDR zu treffen. Woher diese Zuversicht?

G. G.: Ich bin Schriftsteller. Ich muß doch in der Lage sein, mich in die Situation von Menschen zu versetzen, denen Geschichte widerfährt; und zwar unabhängig davon, ob das im siebzehnten Jahrhundert geschieht oder in der Gegenwart. Ich muß da hineinkriechen. Wenn ich das nicht kann, muß ich einen anderen Beruf ergreifen. Was mir geholfen hat, ist natürlich die Tatsache, daß ich selber aus dem Osten komme, die östliche Lebensart kenne, die es ja schon vor der DDR gegeben hat. Von Berlin aus, wo ich die Hauptzeit meines Lebens verbracht habe, war ich immer den Vorgängen, den Verhältnissen und Mentalitäten in der damaligen DDR ausgesetzt. Oft hatte ich natürlich – manchmal über Jahre hinweg – Einreiseverbot: insbesondere als das Theaterstück »Die Plebejer proben den Aufstand« erschien und nach dem Einmarsch in der Tschechoslowakei. Aber zwischendurch durfte ich immer wieder einreisen und war also mit Sehnsüchten, mit Sprechweise und berechtigter wie unberechtigter Stasihysterie vertraut. Ich kannte die Atmosphäre. Es war nicht so schwierig, mich dort hineinzuversetzen.

H. Z.: Hat diese Schwerpunktsetzung möglicherweise auch damit zu tun, daß die DDR-Geschichte auf besondere Weise die Historie Preußen-Deutschlands verkörpert, wie wir im Westen sie kaum wahrgenommen haben?

G. G.: Das war während der DDR-Zeit bis ins Aberwitzige hinein zu erkennen: wie zum Beispiel die Volksarmee mit Schaftstiefeln, Knobelbechern, Stechschritt und sonstigem Drill brauchbare und nicht brauchbare preußische Traditionen übernahm.

H. Z.: Was mir sehr gelungen scheint in Ihrem Roman, ist Ihr Erzählkonzept, das Zeitschichten der Realität unserer Gegenwart deutlich macht, eine Tiefenanalyse erlaubt und vor allem Zweifel gegenüber dieser Art Einheitsprozeß zu begründen versteht. Ihr Mittel, das alles aufzublättern und zu durchleuchten, ist im wesentlichen das Erinnern, aber auch das Recherchieren, das Ausspähen von Verhältnissen der Wirklichkeit vermittels sehr verschiedener Formen. Das Archiv, Fonty, Hoftaller und Tallhover sind allesamt beobachtende Instanzen. Sie verkörpern verschiedene Formen des Erinnerns, bis hin zu seiner Perversion. Ist das eine besondere deutsche Variante, daß immer dort, wo es ums Erinnern, um Geschichte geht, wir uns in Schuldbezügen, in Schuld- und Gegenschuldaufrechnungen verstricken?

G. G.: Ich weiß nicht, ich kann das nicht so genau beurteilen. Aber mir ist zum Beispiel aufgefallen, daß bei der lateinamerikanischen Literatur die verschüttete Vergangenheit, die Inka-, Azteken- oder Mayavergangenheit eine große Rolle spielt, daß mit dem militärischen Überwinden des Kolonialsystems beziehungsweise mit dem Überdauern des Kolonialsystems nun durch eigene Leute ein ganz anders gestricktes Schuld- und Komplexbewußtsein gespiegelt wird. Carlos Fuentes schreibt wunderbare Bücher zu dieser Art von Schuld, und auch bei Octavio Paz finden wir das Trauma der süd- und mittelamerikanischen Staaten, daß es ihnen bis heute nicht gelungen ist, die Folgen der langanhaltenden Kolonialherrschaft zu überwinden. Nicht von ungefähr gehen diese Autoren immer wieder zurück in jene Zeit und vergegenwärtigen sie.

Natürlich ist das alles aufgrund der dortigen Geschichte und Entwicklung ganz anders gelagert als in Deutschland. Aber ich glaube, daß Literaturen, wenn sie taugen, immer diesen Tiefgang haben und mitschleppen sollten. Zugleich müssen sie bemüht sein – wie ich es auch in »Ein weites Feld« versucht habe –, trotz der großen Ballastpakete, die sie sich aufbürden, leichtfüßig aufzutreten.

H. Z.: Es zeichnet den Roman »Ein weites Feld« aus, daß er dem Leser sehr schöne landschaftliche Spaziergänge – im Berliner Tiergarten etwa – vorführt, wo Gegenwart und Geschichte ineinander übergehen, wo oft eine eindrucksvolle Sprachanverwandlung an Fontane zu beobachten ist, wo man durch das gegenwärtige und das vergangene Berlin wandert und wo immer wieder die Rousseau-Insel auftaucht als schönes, verlassenes Residuum, als Locus amoenus. Ist das ein freundlicher, elegischer Abgesang auf die Aufklärung?

G. G.: Nein. Im Roman gibt es auch einige ironisch-kritische Bemerkungen über Rousseau und über die Folgen seiner radikalen Thesen bis hin zur Guillotine. Wir haben im Verlauf unserer Gespräche über die Vergöttlichung der Vernunft geredet. Aber wie steht es mit der Vergöttlichung der Tugend und ihren schrecklichen Folgen durch den Verwirklichungsprozeß von Aufklärung? Das nimmt bei Rousseau ebenfalls den Anfang. Es handelt sich im Tiergarten zwar um eine Idylle, aber wie alle Idyllen bei mir ist sie gebrochen.

H. Z.: Sie hegen schon vom Erzählanspruch des Romans her, so scheint mir, die Absicht, der allgemeinen Enttraditionalisierung, der »Bildvergeßlichkeit«, wie Sie das genannt haben, entgegenzuarbeiten. Ist es richtig, daß aus der Geschichtsversenkung heraus so etwas wie Realitätsoffenheit bekräftigt, daß falschen Idyllen, daß dem Stillstellen und der Fraglosigkeit von Gegenwart widersprochen werden kann?

G. G.: Nehmen wir einen Text, der vom alten Fontane stammt, der aber in der Erzählwelt meines Romans eine zeitkritische Bedeutung erhält. Hoftaller belohnt gelegentlich sein Objekt Wuttke mit Ausflügen: Mal geht's mit Hoftallers Trabi zur Glienicker Brücke, mal in die Lausitz, mal an die Oder. Diesmal fahren sie endlich, was Fonty sich immer gewünscht hat, nach Neuruppin. Dort zwingt Hoftaller auf seine fürsorglich-nachdrückliche Art Fonty, das Fontane-Denkmal zu besteigen und vergleichsweise neben der überlebensgroßen Bronze Platz zu nehmen. Unter Druck gesetzt – Hoftaller weist darauf hin: »Wir können auch anders!« –, steigt Fonty aufs Denkmal, aber dann geht die Hoftallersche Rechnung dennoch nicht auf. Zum Schluß beginnt Fonty nämlich zu reden. Er spricht zuerst über das und jenes, beschwert sich über

Mängel des Denkmals und alles mögliche, kommt dann aber auf den Text »Die gesellschaftliche Stellung der Schriftsteller« und trägt ihn vom Denkmal herab vor. Jetzt schildert er die Gegenmacht der Schriftsteller, die er in Hoftaller personifiziert sieht, und befindet sich damit in der Gegenwart, in der Situation der Autoren um 1990/91. Natürlich liegt die Analogie zu Schriftstellern der ehemaligen DDR wie Christa Wolf nahe, die damals niedergemacht wurde. Ihr Name fällt zwar nicht, aber es wird aus dem Redetext deutlich, wen Fonty meint, was da vonstatten ging, wie sich die Lage der Schriftsteller nur insofern gewandelt hat, als es sich jetzt um beschattete Schriftsteller handelt. Das ist für mich der Versuch, diese vergrabenen, nur noch für Archivare oder Bücherwürmer auffindbaren Texte in die Gegenwart hinüberzuretten und sie erzählerisch an der Gegenwart zu erproben.

H. Z.: Diese Wechselbeziehung oder Dualität, die komplizierte Paarung Fontane/Wuttke/Tallhover/Hoftaller, die ja sehr widersprüchlich ist – da gibt es Fürsorglichkeit, Anhänglichkeit, Verwiesenheit aufeinander und andererseits scharfe Divergenzen –, erscheint mir wie ein ironisiertes, aber auch ernsthaftes Herr-und-Knecht-Verhältnis.

G. G.: Aber auch ein entdämonisiertes. Das Buch schildert nicht den klischeehaft finster blickenden und nur im Ledermantel herumlaufenden Agenten, den wir uns immer als die Inkarnation des Bösen vorstellen, nein, Hoftaller hat dieses fürsorgliche Element, das zugleich das viel bedrohlichere ist und auch das banalere.

H. Z.: Banalität von Herrschaft, Alltäglichkeit der Macht – was steckt dahinter? Steckt hinter dieser Doppelfigur

nicht nur, aber auch ein Modus, wie die Deutschen Geschichte wahrnehmen? Ist das immer verbunden mit dem
Unten-Oben-Syndrom: Einer hat zu sagen, und einer
muß kuschen? Ist es der durchgehende Antagonismus in
unserem Obrigkeitsdenken?

G. G.: Es besteht die Neigung, das Bedrohliche als das
Unausweichliche, als das Böse schlechthin darzustellen,
so daß das Fehlverhalten, das Opportunistische, das Sich-
Anpassen als etwas Erklärbares dasteht. Nachdem das
System zusammengefallen ist, möchte man die DDR im
nachhinein als äußerst gefährlich ausmalen, sie möglichst
dämonisieren, von vorne bis hinten zum Unrechtsstaat
machen, und wie die Verdikte alle lauten. Deshalb hat
man sich zum Beispiel über eine Passage in »Ein weites
Feld« aufgeregt, wo Fonty die DDR betreffend von einer
»kommoden Diktatur« spricht. Das geht zurück auf ein
briefliches Fontane-Zitat. Ich verlange nicht von den Kri-
tikern, daß sie sich gründlich mit Fontane befassen, aber
sie hätten erkennen können, woher das Zitat kommt. Fontane beschwert sich in einem Brief an seine Frau über die
Zustände im wilhelminischen Preußen und schimpft und
schimpft und findet vieles furchtbar. Zum Schluß kommt
dann eine typisch Fontanesche Wendung, indem er sagt:
Es ist alles schlimm, aber im Grunde müssen wir uns
beglückwünschen, wir leben in einer kommoden Diktatur.

Und das ist natürlich die DDR im Verhältnis zu anderen
Diktaturen dieses Jahrhunderts gewesen. Auch innerhalb
des Ostblocks, im Vergleich zu Rumänien oder Rußland,
ist die DDR eine kommode Diktatur gewesen. Westliche
Diktaturen – denken Sie an das Obristen-Regime in Grie-

248

chenland, zur NATO gehörend, vom Westen geduldet, oder denken Sie an das System in Chile, einer der Busenfreunde von Pinochet hieß Strauß – waren schlimmer als die DDR mit ihrem Schreckensregime. Was überhaupt nicht verkleinert, daß die DDR dennoch eine Diktatur gewesen ist, mit ihrem entsetzlichen Fürsorgesystem, das den Stasibereich einschloß. Aber diese Art von Differenzierung ist hierzulande offenbar störend, weil sie schon wieder nicht ins Konzept paßt. Doch das soll sie auch nicht aus meiner Sicht, natürlich soll sie es nicht. Daher die Reaktionen und Überreaktionen auf diese eine isolierte Passage und meine vielleicht etwas zu weitschweifige Erklärung dafür.

H. Z.: Das Wechselverhältnis Fonty/Hoftaller bringt womöglich auch eine Rivalität von Geschichten oder von Geschichtsauffassungen zum Ausdruck. Fonty wäre demnach eher ein Idealist der deutschen Kulturnation, Hoftaller dagegen der Technokrat der Einheit ohne Gewissen. Finden Sie das angemessen?

G. G.: Nein, Fonty ist genauso wenig wie Fontane ein Idealist. Sie sind beide Skeptiker: Sie haben eine ausgesprochene Liebe zum Detail, zum Gelebten, zum krummen Holz; sie haben einen Horror vor allem Abstrakten, Gewalttätigen und Begrifflichen; sie sehen all das mit Skepsis und ironischem Scharfsinn. Hoftaller ist ein Ordnungsfanatiker. Deshalb ist er in der Lage, über die absterbenden Systeme hinweg tätig zu bleiben, denn jedes neue System verlangt schon wieder nach Ordnung, nach überwachter Ordnung. Am Schluß des Buches hat er längst in Mittelamerika ein neues Betätigungsfeld gefunden. Er hätte sich auch in Westdeutschland bewähren können, aber da war er schon einmal, das kennt er, von Pullach und Köln hält er nicht viel. Wir wissen nicht, auf welcher Seite – ob in Miami oder in Havanna –, aber er wird auf jeden Fall im Sinne der zu erhaltenden Ordnung tätig werden. Und er wird seine überwachende Tätigkeit als ein Fürsorgesystem begreifen. Er will sein Objekt nicht kaputtmachen, er will es nur davor schützen, das Falsche zu tun – das Falsche aus seiner Sicht im Sinne der Ordnung.

Das ist, glaube ich, ein der Realität der DDR sehr nahekommendes Bild. Denn sie hat sich nicht durch dämonisches Tun ausgezeichnet, sondern bis hin zu den Informanten, die gutwillig darauf eingingen, konnte man den Menschen klarmachen: Das ist doch unsere Republik, die wir schützen müssen, und ich, Hoftaller, will nur dafür sorgen, daß derjenige, den Sie bitte beobachten sollen, vor Fehlern gewarnt wird, damit er dem Klassenfeind nicht auf den Leim geht. Fürsorglich-vorsorglich wollen wir ihn davor schützen. Das schien vielen Menschen in der DDR akzeptabel zu sein, zumal diese Herren ja nicht mit Brachialgewalt, sondern durch Überreden auftraten, zum Teil, wenn es sich um Literaten handelte, sogar mit Literaturkenntnissen. Denken Sie an das Diktum von Heiner Müller, wonach die Stasileute im Gegensatz zu den Parteileuten intelligent gewesen seien, mit denen habe man sich über bestimmte Probleme unterhalten können. Das ist durchaus glaubhaft. Es macht das System nicht besser, aber es differenziert es. Und es führt weg von diesen Dämonisierungen, die wir ja auch im Verhältnis zum Nationalsozialismus gehabt haben. Da gab es die bösen SS-Schergen, die Dämonen aus dem Dunkeln, und das deutsche Volk war unwissend, naiv und leicht verführbar. So hatte man ein Schwarzweißbild entworfen, mit dem man leben konnte oder meinte leben zu können. Doch das hat nicht gehalten.

H. Z.: Wobei der Zwang zur Ordnung, das Bekenntnis zur Ordnungsmacht sich bei Hoftaller perfiderweise bis auf die deutsche Einheit erstreckt, die er als Spät-Stasitechnokrat und Vereinigungsmanipulateur mit befeuert, wodurch die derzeitige Unität als Stasiprodukt erscheint.

G. G.: Das ist eine Variante, die zumindest nicht auszuschließen ist. Wir wissen bis heute nicht, wie dieses ominöse Papier in die Hände von Herrn Schabowski gekommen ist. Der war ja selber erstaunt, als er es in der Hand hatte. Der Staatssicherheitsdienst war natürlich über den inneren Zustand des Staates – wirtschaftlich und kulturell –, über das, was sich in Polen entwickelte, was von Gorbatschow kam, besser unterrichtet als die Machtriege alter Männer, die die Realität nicht mehr wahrnahm und sich davon abgeschottet hatte. Der Staatssicherheitsdienst war den Wirklichkeiten der DDR viel näher, und es ist nicht auszuschließen, daß er tätig geworden ist.

H. Z.: Herr Grass, warum sieht Fonty dem ganzen Feld eigentlich ein Ende ab? Führt nicht der Roman in eine völlig offene Zukunft hinein?

G. G.: Ich weiß es auch nicht. Auf der einen Seite entzieht er sich seinen Nöten. Er unternimmt ja zwei Fluchtversuche, die an Hoftaller scheitern, und erst der dritte, mit Hilfe der Enkeltochter, gelingt. Fonty entzieht sich den Wendejahren in Deutschland. Er kehrt zurück ins Land der Väter und Mütter, in die Cevennen, in die Ardèche, dort wo die Hugenotten sich verborgen hielten während ihrer jahrhundertelangen Verfolgung. Im vorgerückten Alter sieht er vielleicht auch ein Ende seines Lebens ab. Oder er hat eine gewisse Klarheit gewonnen, die er vorher nicht hatte. Der Schluß ist wie bei vielen meiner Bücher offen. Man könnte den Roman weiterschreiben, aber das müßte ein französischer Autor machen, der in den Cevennen gut zu Hause ist und in der Lage wäre, das Leben von Fonty und seiner Enkeltochter dort zu schildern. Ich wäre neugierig darauf.

H. Z.: Mir als Leser fällt auf, daß Fonty gleichsam ins Überdeutsche hinausgeht, er verläßt nationale Grenzen.

G. G.: Das hat natürlich auch Gründe, unter anderem, daß sein bester Freund, Professor Freundlich, in den Selbstmord flüchtet. Fonty sieht, daß es bedrohlich wird in Deutschland, und hat das Gefühl, daß für seinesgleichen und Leute wie Freundlich kein Platz mehr in diesem Land ist. Dem entzieht er sich.

H. Z.: Und doch sucht er die Bindung an seine Enkeltochter, an das Junge, an das Künftige.

G. G.: An das Junge, aber auch an das Gelebte und das Abgelebte, an die Verbindung zum Herkunftsland, zum hugenottischen Frankreich.

VIII. Die Wirklichkeit des Vergangenen –
   Über Zukunft und schönen Gemeinsinn

HARRO ZIMMERMANN: Herr Grass, es gibt in diesem Land Leute, die offensichtlich darunter leiden, daß in der unmittelbaren Gegenwartsliteratur Autoren mit Erfolg auftreten, die aus der Gruppe 47 stammen, die als deren Nachhut immer noch geschmacks- und meinungsbestimmend sind. Die Kritik an Walser, an Enzensberger, an Grass zum Beispiel lautet, die Weltanschauung dieser Altvorderen beherberge einen überholten Weltanschauungskern, einen anachronistischen Zeitkern, sie seien nicht auf der Höhe der Gegenwartsbeschreibung. Ihre Stunde Null sei jetzt endlich gekommen. Provoziert Sie das?

GÜNTER GRASS: Ich finde das lächerlich. Das Vergnügen, es lächerlich zu finden, ist allerdings relativ kurz. Wenn ich, durch Sie angeregt, darüber nachdenke, fällt mir natürlich ein, daß wir insgesamt in deutschen Landen einen Zug haben, alles, was über das Mittelmaß hinausragt, zu kappen. Es gibt Journale wie den »Spiegel«, die haben sich darauf spezialisiert, Leute möglichst hochzuloben, um die Fallhöhe zu vergrößern, wenn sie sie stürzen oder meinen, gestürzt zu haben. Auch das ist an sich lächerlich, aber es ist folgenreich, weil es sich als eine Gesamthaltung einbürgert. Das führt – ich will es ganz altmodisch und nicht auf der Höhe des Zeitlevels formulieren – zum Verlust von Respekt. Ich meine nicht Respekt per se, sondern Respekt vor erbrachter Leistung, von mir aus weiterhin umstrittener Leistung. Dies verstellt oder begrenzt das eigene Wahrnehmungsvermögen. Bestimmte Dinge will man dann nicht mehr zur Kenntnis nehmen, weil die noch aus der Gruppe 47 kommen und so weiter. Dabei ist nichts dümmer und trivialer, als die Qualität von Literatur abhängig zu machen vom Alter des Autors.

Natürlich kann es passieren, daß Autoren mit einem Jugendwerk in die Öffentlichkeit treten, was ja bei mir mit der »Blechtrommel« der Fall war. Das lädt dazu ein, alles Folgende daran zu messen. Und ohne Scham bringe ich mich in den Vergleich: Ganz ähnlich ist es Goethe mit seinem »Werther« passiert. Bloß das führt nicht weiter. Mich hindert es nicht, wahrzunehmen, daß mit den »Wahlverwandtschaften« der erste moderne deutsche Roman geschrieben wurde und daß dieser Mann bis ins hohe Alter, denken Sie an die »Marienbader Elegien«, voll leistungsfähig war, um es einmal im neueren Jargon zu sagen. Gleiches trifft auf eine ganze Reihe von Autoren zu. Sie nannten die Namen von Enzensberger und Walser, Sie nannten mich, ich könnte noch Siegfried Lenz und eine ganze Anzahl andere nennen: Wir schreiben noch, wir nehmen uns die Freiheit heraus, weiter zu schreiben, und es gibt eine Vielzahl von Lesern, die auf unsere Bücher warten. Das sind natürlich aus der Sicht dieser Kritiker alles Leute, die nicht den wahren Zeithorizont haben. Sei's drum. Denn was mir als Zeithorizont jeweils geboten wird, ist oft auffallend hinfällig.

Ich erwähnte ganz zu Anfang mein Erstaunen darüber, wie bereitwillig in den Feuilletons die Thesen vom »Ende der Geschichte«, vom »Ende der Literatur« oder vom »Ende des Erzählens« und so weiter nicht einfach prognostiziert, sondern wie Tatsachen behandelt worden sind. Kein Hahn kräht mehr danach. Diese Dinge drängeln sich wie derzeit die Bilderfülle in den Medien, verdrängen einander, und übrig bleibt immer die mißachtete Realität. Diese Realität sagt mir, daß nach wie vor eine Gesellschaft nur funktionieren kann, wenn es zu solidarischem Handeln kommt. Das ist auch wieder so ein altmodisches Wort aus der Mottenkiste. Ich sehe heute eine Gesellschaft, die – sei es um der Zeitmode nachzuhecheln, sei es um des schamhaft verdeckten Profits willen – den Neoliberalismus propagiert. Geschickt wird eine olle Klamotte aus dem neunzehnten Jahrhundert, der Manchester-Liberalismus, aufgefrischt und modernisiert mit dem Hinweis auf Selbstbefreiung, Selbstdarstellung und Selbstverwirklichung, »neuer Individualismus« – alles aufgewärmte achtundsechziger Thesen. Unter dem Strich kommt die Partei der Besserverdienenden dabei heraus, und eine wachsende Vielzahl von Menschen wird sozial ins Abseits gedrängt. Altmodisch, wie ich bin, erlaube ich mir, darauf den Blick zu richten, und ich bleibe dabei.

H. Z.: Was ist für die Zählebigkeit, für die offenbar immer noch vorhandene Attraktivität dieser Aufklärungstopik bei Walser, bei Enzensberger, bei Habermas, bei Grass verantwortlich? Ist es vielleicht gerade etwas, was heute allgemein im Schwinden begriffen ist, nämlich Ihre soziale Empathie, wie Sie sie gerade formuliert haben?

G. G.: Ich kann schlecht für andere antworten. Bei mir ist es ganz gewiß verbunden mit den Erfahrungen meiner Jugendzeit, mit dem Kriegsende, mit dem Schock, dem Erwachen, der Selbstfindung und dem Nachdenken über die Gründe, warum es zu dem Bruch in der Zivilisation eines Landes wie Deutschland hat kommen können. Dieser Bruch hat Folgen bis heute. Erinnern Sie sich bitte einmal an die Sprüche vom »Ende der Nachkriegsgeschichte«, von der neuerlichen »Stunde Null«, die 1989 durch die Feuilletons geisterten. Jetzt fängt etwas ganz Neues an, hieß es damals. Wie grotesk! In diesen Tagen geht es der Degussa und der Allianz-Lebensversicherung an den Kragen, jetzt kommt das alles hoch. Dabei wird nichts Unbekanntes entdeckt: Wir haben jahrzehntelang gewußt, daß Herr Abs und die Deutsche Bank mit dem Goldtransfer in die Schweiz verbunden waren, daß Abs ab 1937 im Zusammenhang mit der sogenannten »Arisierung« von Betrieben tätig war. Man hat ihm die Aufgabe nicht übertragen, weil er besonders charmant war, sondern weil er das effektiv und unauffällig gemacht hat. Und diese Haltung hat er in die Nachkriegszeit hineingerettet – er war der engste Berater von Adenauer.

Derartige Verquickungen und Verbindungen gab es, sie waren für alle einsichtig, und dennoch sind sie so gut wie nicht beachtet worden. Das öffentliche Interesse wollte sich nicht darauf richten. Auch ich selber komme spät zu dieser Konklusion, obgleich mir alles bekannt war. Es ist uns allen bekannt gewesen, daß der Bundesnachrichtendienst auf der Organisation Gehlen fußt. Reinhard Gehlen war Nazigeneral und verantwortlich für die Aufklärung der »Fremden Heere Ost«. Die Amerikaner wußten, was sie an ihm hatten, sie haben aufgrund seiner Kenntnisse den CIA aufgebaut, und aus der Organisation Gehlen ist in Adenauers Auftrag der BND entstanden. Heute sind wir auf einmal entsetzt – es ist gerade ein Buch dazu herausgekommen, ich kenne es noch nicht, ich rede also nur von dem, was inhaltlich darüber gesagt wird –, wenn sich herausstellt, daß über zweihundertfünfzig westdeutsche

Journalisten wissentlich und unwissentlich mit dem BND zusammengearbeitet haben.

Nun kann man natürlich sagen, die Organisation Gehlen sei etwas Feineres gewesen als der Staatssicherheitsdienst der DDR. Ich bestreite das. Im Gegenteil, ich finde es anrüchiger und schlimmer, wenn so etwas in einer Demokratie geschieht als in einer Diktatur. Von einer Diktatur erwarte ich gar nichts anderes. Wir haben das alles hier in unserem eigenen Land gehabt und erlebt, und man geht damit viel zu pfleglich um. Diese Dinge sehe ich, die regen mich nach wie vor auf und nötigen mir auch, wenn sich der Anlaß bietet, eine angebrachte Polemik auf.

H. Z.: Also ist es immer noch die Aufarbeitung deutscher Nazivergangenheit, welche die Aktualität dieser Generation und ihrer Programmatik ausmacht?

G. G.: So wie wir mit all dem umgehen, werden wir es noch ins nächste Jahrhundert verschleppen.

H. Z.: Natürlich hat Ihre Generation auch eine ganze Reihe anderer Akzente in diesem Land gesetzt. Ich sehe sie im Umkreis der bundesrepublikanischen Westbindung, der Insistenz auf den Menschenrechten zum Beispiel, auf Mitbestimmung und Solidarität, auf Volkssouveränität und Verfassungspatriotismus. All das gehört in den geschichtlichen Kontext dieser Generation, die in der deutschen Öffentlichkeit zum ersten Mal mit Erfolg solche demokratischen Programmatiken verankern konnte. Ist das immer noch wirksam?

G. G.: Es sieht so aus – hoffentlich täusche ich mich nicht –, als wenn es wieder wirksam werden könnte. Das betrifft nicht nur Deutschland. In Frankreich etwa gab es die Ära Glucksmann und anderer. Wenn ich dagegen heute einige Äußerungen von Pierre Bourdieu lese, so wird für mich damit der Faden der Aufklärung nach französischer Tradition wieder aufgenommen. Da berühren sich durchaus die Intentionen. Ein Gespräch zwischen Bourdieu und Oskar Negt zum Beispiel wäre etwas, was man sich wünschte, was ich Ihrer Anstalt, ja den Medien überhaupt empfehle. Wenn man etwas im deutsch-französischen Verständnis erreichen will: Die beiden sind doch auf gleichem Gebiet wissenschaftlich tätig, haben einen ähnlichen Ansatzpunkt, haben ähnliche Erfahrungen und arbeiten beide im Weinberg des Herrn.

H. Z.: Herr Grass, eine Reminiszenz müssen wir uns noch erlauben. Was war aus Ihrer heutigen Sicht die Rolle der Schriftsteller und Intellektuellen nach 1945 im Adenauer-Staat? Geschmäht, beschimpft oder ignoriert werden sie ja zum Teil heute noch von der Rechten. Waren diese kritischen Geister in erster Linie Arabesken der Macht, waren sie Störenfriede, oder waren sie tatsächlich eine Gegenmacht?

G. G.: Es gehört zu den Leistungen der deutschsprachigen Nachkriegsliteratur – das ist ein grenzüberschreitender Prozeß gewesen –, daß sie sich von den fünfziger Jahren an nicht beschwichtigen ließ und gegen die Tendenz der Verharmlosung und der Verschwiemelung des deutschen Großverbrechens angeschrieben hat. Das hat zu Werken unterschiedlicher Qualität geführt, das gehört dazu. Aber es sind große und bleibende Bücher darunter. Das Verhältnis dieser Schriftsteller und Intellektuellen gegenüber der Öffentlichkeit stellt eine lange Geschichte dar. Der Anfang fand ohne mich statt, denn als die Gruppe 47 gegründet wurde, hatte ich gerade meine Steinmetzlehre begonnen. Hans Werner Richter und Alfred Andersch stießen mit ihren Publikationsplänen auf Widerstände, insbesondere auch bei den amerikanischen Besatzungsbehörden, und so ist es zur Gründung der Gruppe gekommen, weil die Zeitschrift »Der Ruf« nicht erscheinen konnte. Die allgemeine Haltung vieler Intellektueller in den fünfziger und sechziger Jahren war die Protesthaltung, die je nach Anlaß in öffentlichen Briefen mit den Namen bekannter Autoren kulminierte. Damit hatte es sich auch. Natürlich war das von einer gewissen Wirkung, aber es war mir zu wenig. Ich habe das eine oder andere mit unterschrieben, hatte aber immer ein Gefühl des Ungenügens.

Als ich dann aus Paris 1960 in das Berlin kurz vor dem Bau der Mauer zurückkam, war der Kalte Krieg auf dem Höhepunkt. Es schien sich nichts verändert zu haben. Der Oberchrist Adenauer griff Willy Brandt frontal mit den ungeheuerlichsten Verleumdungen an und scheute sich nicht, den Wählern Brandts uneheliche Herkunft und seine Emigrantenzeit als Makel anzubieten und damit die gesamte Emigration zu verleumden. Viele waren empört, in den Zeitungen wurde über schlechte Manieren gesprochen, aber mir reichte das alles nicht aus – ich wollte politisch hilfreich sein. 1961 habe ich angefangen, an Brandt-Reden mitzuarbeiten, ihm Ratschläge zu geben, bin auch auf politischen Reisen mitgefahren. Doch auch das war mir nicht genug, und ich entdeckte auf einmal, daß ich in einer schizoiden Situation war, zu der ich stehen mußte. Das eine war meine schriftstellerische Tätigkeit, die keinen Kompromiß kannte – Gedichte vertragen keine Kompromisse –, und das andere war meine Situation als mittlerweile steuerzahlender Bürger. Die erlebte ich zugespitzt zur Position des Citoyen, der – auch aus der Erfahrung der Weimarer Republik heraus, wo es zu wenige solcher Citoyens gegeben hatte – etwas Wesentliches tun mußte.

Das hat mich zu etwas gebracht, was viele meiner Kollegen nicht verstanden und anfangs sehr ablehnend beurteilt haben, ob Enzensberger oder Walser. Auch Böll stand dem kritisch gegenüber, daß ich mich direkt in den Wahlkampf begab und für eine Partei, wenn auch auf kritische Weise, Partei ergriff. Ich empfahl nicht irgendein »anderes« nebulöses Deutschland, sondern habe sehr pragmatisch in Zusammenarbeit mit Studenten ganz bestimmte tagespolitische Arbeit geleistet mit dem Ziel einer sozialliberalen Koalition, zu der es 1965 dann noch nicht reichte. Das war anstrengend, doch es war gleichzeitig für mich sehr lehrreich – nun bin ich schon wieder beim Lernen und bei der Befriedigung meiner Neugierde. Ich kam in Regionen, die mir nicht bekannt waren, ich war einem Publikum konfrontiert, das nicht in literarische Lesungen geht. Das waren alles neue, mich bereichernde Erfahrungen.

Siegfried Lenz und Max von der Grün waren von Anfang an dabei, und im weiteren Verlauf kamen andere Mitstreiter dazu. Ich rede jetzt nicht nur von Schriftstellern: Der Kreis vergrößerte sich bis in den Fußball hinein – Paul Breitner war einer unserer Unterstützer, Grabowski in Frankfurt –, wir hatten eine ganze Reihe guter Fußballer dabei und Schauspieler und alles mögliche. Wir haben sogar eine katholische Wählerinitiative aufgebaut, mit Professoren aus Münster und woher sie überall kamen. Ich glaube schon, daß diese bis in die Tagespolitik hineinreichenden Aktivitäten von Intellektuellen Erfolg hatten. Unsere Arbeit wurde auch im Ausland beobachtet und mit sehr viel Wohlwollen begleitet.

Heute gibt es einen wiederholten Versuch, obwohl das für manche, wie aus dem Zeitgeist gefallen, als Dinosauriertum wirkt, wenn ich nochmal auf Wahlkampf gehe, wenn Klaus Staeck, der damals ein junger Mann war, als einer der wenigen bis heute weitermacht. Ich finde das großartig. Ich wünschte mir, wir könnten die junge Generation dazu anstiften, nicht das gleiche zu machen, sondern aus ihren Möglichkeiten heraus neue Formen zu entwickeln. Für mich war das damals ja auch neu. Gut, ich habe einiges in Amerika gelernt. Ich habe gesehen, wie amerikanische Studenten sich die Haare abgeschnitten und sich eine ordentliche Frisur zugelegt haben, um für ihren Kandidaten werben zu können, wie sie wochenlang, schon bei den Primaries, unterwegs und fleißig gewesen sind. Diese aktive Beteiligung der Bürger am Wahlkampf hat mir gefallen. Und das habe ich versucht – ich glaube mit einigem Erfolg –, auch in Deutschland zu etablieren. Es ging eine Zeitlang gut, dann ist es wieder eingeschlafen. Mit der Folge allerdings, daß die Parteien, da schließe ich die SPD und die Grünen mit ein, sich selbstgefällig betragen. Sie haben das Gefühl, sie würden vom Wähler nach der Wahl vier Jahre lang in Ruhe gelassen. Das führt natürlich zur Parteienherrschaft, aber das ist eine falsche Auslegung des Grundgesetzes und kennzeichnet eine Praxis, die auf die Dauer verhängnisvoll sein kann.

H. Z.: Diese Wortführerschaft der linksliberalen Intelligenz scheint eingeschlafen und vorüber. Steht sie in besonderer Konkurrenz zu dem mittlerweile entstandenen intellektuellen Neokonservatismus, oder gibt es dafür allgemeinere Gründe?

G. G.: Ich kenne die Ausflüchte: Es würde ja sowieso alles woanders entschieden, und den deutschen Problemen könne man am besten begegnen, indem man sich auf Europa konzentrierte. Aber mit solchen Haltungen reißt etwas ein, was nun schon beliebte Praxis ist: Alle nur in Deutschland zu lösenden Probleme werden an den Notnagel Europa gehängt. Europa wird's richten. Einen Teufel wird Europa tun. Wenn dieses Europa noch weiter vorangeschritten ist, wenn der Euro einmal eingeführt und wirtschaftlich wirksam ist, ohne daß sich genügend Gegengewichte im sozialen und im kulturellen Bereich abzeichnen, wird sich herausstellen, daß wir schlechte Europäer sind, weil wir unsere Hausaufgaben nicht gemacht haben, weil wir nicht einmal in der Lage sind, uns als Deutschland zu definieren.

Jetzt geistert schon seit Monaten durchs Feuilleton und auch durch die politischen Teile der Zeitungen dieser gräßliche Begriff von der »Berliner Republik«. Will man uns an das Scheitern der Weimarer Republik erinnern? Will man uns daran erinnern, wie man im Kalten Krieg in der DDR über die »Bonner Republik« und hier über die »Pankower Diktatur« gesprochen hat? Und Berlin in seinem jetzigen Zustand: Diese Stadt ist so mit sich selbst beschäftigt, kommt mit sich selbst nicht zu Rande – sie ist absolut nicht geeignet, als Taufpate einer Bundesrepublik herzuhalten, die es bis heute nicht geschafft hat, den Schlußartikel der alten Verfassung einzulösen.

Das Grundgesetz war bewußt als Provisorium angelegt, und Artikel 146 hat zwingend vorgeschrieben, im Fall der deutschen Einheit dem deutschen Volk – plebiszitär – eine neue Verfassung vorzulegen. Wir leben seit dem Einheitsvertrag von 1990 auf der Grundlage eines Verfassungsbruchs, doch die Lösung dieses Problems kann man jederzeit nachholen. Wir haben im September eine Wahl. Es wird sich herausstellen, ob die neue Regierung bereit ist, diese schwierige Sache anzugehen: Sie ist nicht populär, sie bringt keine Arbeitsplätze, bringt keine Steuererleichterungen. Sie bringt uns eine Verfassungsdebatte, und die brauchen wir. Das wäre auch die nachgeholte Chance für die neuen Bundesländer, sich noch einmal einzubringen. Wolfgang Ullmann vom Bündnis 90 hat damals einen Entwurf vorgelegt – kein Mensch hat ihm 1990 zuhören wollen –, in den waren achtzig Prozent des Grundgesetzes, aber auch einige Erfahrungen der DDR-Opposition eingegangen: unter anderem durch die Sozialsituation in der DDR und in weiser Voraussicht auf das, was auf sie zukommen könnte, eine Grundsatzerklärung auf ein Recht auf Arbeit. Außerdem brauchen wir ein neues Staatsbürgerrecht, das sich den hier geborenen und aufgewachsenen Ausländern gegenüber öffnet. Auch das wäre Aufgabe einer neuen Regierung. Dies sind Dinge, die wir leisten müssen, bevor wir in Europa eintreten.

H. Z.: Sind diese Dinge leistbar ohne eine intellektuelle Gegenmacht gegen die politische Haltung des Business as usual?

G. G.: Wahrscheinlich nicht. Denn Politiker – ich will ihnen das gar nicht vorwerfen – haben in erster Linie mit den Dingen zu tun, die auf den Nägeln brennen. Die große Arbeitslosigkeit will ich weiß Gott nicht kleinschreiben.

Aber das darf nicht etwas verhindern, was insgesamt Grundlage dieser Demokratie sein müßte: eine geordnete, das Staatswesen im allgemeinen Konsens legitimierende Verfassung. Wir leben nach wie vor in diesem merkwürdigen Provisorium und scheuen die Grundsatzdebatte. Denn führten wir sie, käme es zu einer verfassunggebenden Versammlung, müßten auch jene Bevölkerungskreise zu Wort kommen, die sich nicht unmittelbar in der Parteienlandschaft widerspiegeln.

H. Z.: Wie ist diese Parallelität zu erklären zwischen der defizitären demokratischen Situation und der Schwäche der linksliberalen Intelligenz in Deutschland einerseits und auf der anderen Seite dem Heraufziehen eines intellektuellen Neokonservatismus, den wir in dieser Breite und Intensität in den Jahrzehnten vorher nicht gehabt haben?

G. G.: In den sechzehn Jahren Kohl-Ära hat die CDU/CSU rasch erkannt, daß sie von vornherein gegen den intellektuellen Einspruch ansteuern muß, ihn ausschalten muß. Die Liberalen haben sich seit Genschers Wechsel in das andere Koalitionslager mehr und mehr zu einer wirtschaftsliberalen Partei gewandelt, so daß die aus der Aufklärung herrührende Tradition des deutschen Liberalismus, was Rechtsstaat und Menschenrechte betrifft, immer mehr ins Hintertreffen geraten und mittlerweile völlig verschwunden ist. Und bei den Sozialdemokraten fing das schon vorher mit Helmut Schmidt an, der sich als leitenden Angestellten des Staates verstand, was sehr ehrenvoll, aber zu wenig ist. Vielleicht auch aus einem gewissen Abgrenzungsbedürfnis gegenüber Brandt, Schiller und anderen heraus, die versucht hatten, den unsäg-

lichen Gegensatz zwischen Geist und Macht zu über-
brücken, hat Schmidt den Einspruch der Intellektuellen
vernachlässigt. Es fühlte sich seit Schmidt niemand mehr
angesprochen, und dadurch rissen die alten Untugenden
wieder ein, Geist und Macht fielen abermals auseinander,
und im Verlauf der Zeit – die Futternäpfe und die Medien-
angebote waren da – hat sich so ein intellektuelles kon-
servatives, an den Rändern freilich verwaschenes Milieu
abgezeichnet.

Was die achtundsechziger Generation betrifft, kommt
noch hinzu, daß sie ja weit links von sich selbst gestartet
ist und sich heute weit rechts von sich selbst wiederfindet. Das gilt wenigstens für einen guten Teil von ihr. Für
mich ist das eine der großen Enttäuschungen, eigentlich
auch unbegreiflich. Ob das Hans-Christoph Buch oder
Peter Schneider ist, die müßten einfach mal in ihren
Bücherschränken kramen und sich anschauen, was sie
1967/68/69 und bis in die siebziger Jahre hinein von sich
gegeben haben, um zu begreifen, welche Eiertänze sie um
ihre eigene Existenz herum aufführen. Das linke Lager ist
allerdings nie – auch nicht in den besten Zeiten der
Brandt-Ära – unisono aufgetreten. Da gab es Widersprüche in sich, aber die Debatte insgesamt war da, und genau
die ist verlorengegangen.

H. Z.: Bezeichnend ist, daß diese neokonservative Intellektualität parallel lief mit einer Wiederkunft nationalstaat-
licher und symbolpolitischer Fragestellungen, die wir früher nie erörtert haben.

G. G.: Das ist auch ein Versäumnis. Ich bin oft von links
her gescholten worden, weil ich es schon in den sechziger
Jahren für notwendig hielt, den Begriff der »Nation« neu

zu definieren, ihn für unsere Zeit zu öffnen und dieses Thema nicht den Rechten zu überlassen. Damals war in der Linken weit und breit – bis in die SPD hinein – keine Bereitschaft vorhanden, sich auf diese Debatte einzulassen. Es war bequemer, sich in ein kosmopolitisches Verhalten oder in die Europa-Euphorie hineinzubegeben und in diesen Dimensionen zu denken, als das Unbequeme zu leisten und den Begriff »Nation« neu zu definieren. Der letzte Zeitpunkt wäre 1989 gewesen, als wir unsere Souveränität zum ersten Mal wieder zurückgewonnen hatten. Doch auch das ist nicht geschehen. Übrigens auch nicht von rechts – wenn man so will, Gottseidank. Weil die immer nur in die alten Galoschen hineinschlüpfen, die noch irgendwo in der Garderobe herumstehen. Damit ist ja auch nichts zu machen. Genau besehen, ist nicht mal ein rechtskonservativ begründetes Nationalbewußtsein in unserem Nachkriegsdeutschland entstanden. Vielmehr ist ein Vakuum vorhanden, von dem natürlich diese Frey-Leute von der DVU profitieren. Das war vorauszusehen.

H. Z.: Wie beurteilen Sie denn Gerhard Schröders Versuche, offensichtlich so etwas wie einen Diskurs zwischen Geist und Macht, zwischen Politikern und Intellektuellen herzustellen? Die Anstrengungen dazu sind ja deutlich und erhalten erhebliche öffentliche Resonanz.

G. G.: Ich halte Schröder für tatkräftig, selbstbewußt und für lernfähig. Ich glaube, daß er in den letzten Monaten das Vakuum im Bereich der Kulturpolitik für sich entdeckt und gemerkt hat, daß dies nicht nur ein Nebenthema ist. Das gilt auch im Hinblick auf Europa, was bedeutet, daß wir aus dieser Kohlschen Dunstglocke des Provinzialismus aussteigen müssen. Wir haben ja auch Dinge in

Deutschland, die vorzeigbar sind, an denen man in Europa Interesse nimmt oder nehmen könnte. Im übrigen glaube ich, daß Schröder mehr und mehr entdeckt, daß er aus der Sozialdemokratie kommt und daß er auf Oskar Lafontaine angewiesen ist.

Wenn er denn Kanzler werden sollte, gleich mit welchem Koalitionspartner – ich persönlich bin allerdings der Meinung, daß ein Wechsel möglichst seinen Namen verdienen sollte, das hieße für mich eine rot-grüne Koalition –, muß man in jedem Fall erst einmal als Leistung anerkennen, daß Schröder und Lafontaine es in den letzten zwei Jahren geschafft haben, die Hahnenkämpfe unter den Brandt-Enkeln abzustellen. Vielleicht ist das Beispiel Blair auch in der Beziehung lehrreich gewesen, weil Blair es verstanden hat, seine Konkurrenten im Kampf um den Vorsitz in der Labour Party, John Prescott und Gordon Brown, zu Vizepremier und Finanzminister zu machen, und das – so glaube ich – aus Überzeugung und Geschick gleichermaßen. Ähnlich müßte es bei uns geschehen. Es hat keinen Sinn, Gegensätze zu konstruieren, denn im Unterschied zur Zeit von Willy Brandt sind es keine wirklich gewachsenen Gegensätze. Damals waren die Unterschiede zwischen Brandt und Wehner größer als zwischen Lafontaine und Schröder heute, einfach aufgrund der Biographien. Und dazu noch die Biographie und die ganz anders geartete Laufbahn eines Helmut Schmidt. Trotzdem haben die drei zusammengearbeitet.

H. Z.: Vorerst ist das alles natürlich Wahlkampf, es ist viel PR, viel Show, viel Öffentlichkeitskalkül dabei. Wie ernsthaft ist die Perspektive der Kooperation zu nehmen zwischen Politikern der SPD, möglicherweise auch der

Grünen, mit Schriftstellern und Intellektuellen? Und welche Wirkungen könnten davon in einer doch gegenüber den sechziger und siebziger Jahren sehr veränderten Situation ausgehen?

G. G.: Bei der Vielzahl der Probleme habe ich mich in meiner aktuellen Wahlkampfrede auf drei Dinge konzentriert, die ich als Denkzettel sowohl Gerhard Schröder wie Oskar Lafontaine ins Stammbuch schreibe. Das eine habe ich schon erwähnt: Der Schlußartikel des Grundgesetzes, der Artikel 146, muß eingelöst werden, sonst hat alles weitere politische Geschehen in diesem Land keine Basis. Das heißt, wir brauchen eine neue Verfassung. Im Rahmen der Verfassungsreform gibt es die Möglichkeit, Dinge aufzunehmen, die ebenfalls überfällig sind, wie ein neues Staatsbürgerrecht. Dazu gehört auch, daß man, ohne die Kulturhoheit der Länder zu tangieren oder gar zu verletzen, bestimmte kulturelle Aufgaben, die von der Bundesregierung auszugehen haben, in der Verfassung umformuliert, damit das, was Schröder mit seinem Kulturbeauftragten jetzt plant, auch eine rechtliche Grundlage hat. Sonst wird das wieder ein Beauftragter mehr ohne Kompetenz, dann bringt das gar nichts.

Das zweite wäre: Deutschland muß wieder ein gastliches Land werden. Ich habe das schon oft genug gesagt, aber es gehört nun einmal miserablerweise zu unserem Alltag, daß die Abschiebehaftanstalten weiterhin bestehen, daß sich dort tagtägliche Tragödien abspielen, daß es hierzulande nicht nur ein rechtsradikales Unterfutter gibt, sondern zur Zeit noch im Amt eine Regierung, die über den Innenminister Kanther regelrechte Fremdenfeindlichkeit in Erlasse faßt, und daß Dinge geschehen, die der Öffentlichkeit offenbar entgleiten. Wenn dieser Innenminister unter dem harmlosen Wort »Beamtenaustausch« Beamte von Bundeskriminalamt und Bundesnachrichtendienst durchmischt, jeweils von der einen in die andere Behörde, sind rechtsstaatliche Prinzipien schon längst über Bord geworfen. Ich bin nicht über Kanther entsetzt, von dem kann ich nichts anderes erwarten. Ich bin entsetzt über die deutsche Öffentlichkeit, die das nur am Rande wahrnimmt. So fängt etwas an. Davor ist nur zu warnen.

Dieses Land hat in seiner Geschichte Gastlichkeit bewiesen und muß daran wieder anknüpfen: Ich erinnere an die Hugenotten und andere religiöse Flüchtlinge – ganze Städte, ganze Landschaften, Brandenburg, Erlangen, sind von diesen Menschen bis in die Kultur hinein geprägt – oder an die über zwölf Millionen deutsche Flüchtlinge nach 1945, die auch, als sie herkamen, zunächst wie Fremde behandelt wurden. Daß sie integriert wurden, ist eine der großen Nachkriegsleistungen. Ohne die Flüchtlinge wäre das, was wir später Wirtschaftswunder genannt haben, gar nicht möglich gewesen.

Das dritte ist eine Reform der Bundeswehr. Ich stelle gar keine radikalen Forderungen. Ich bin gegen die Wiederbewaffnung gewesen, halte sie nach wie vor für einen großen Fehler, aber sie ist nun da. Von Anfang an hat es Konzepte gegeben, die tragfähig und zugleich umstritten waren, die aber immer wieder in Vergessenheit geraten sind – das waren die Forderungen nach dem Bürger in Uniform. Diese Forderungen müssen erneuert werden, das heißt, die Bundeswehr muß zivilisiert werden. Es muß das, was unter Rühe eingerissen ist, ins Gegenteil gekehrt werden: Kein Kasernentor darf für Rechtsradikalität offenstehen. Wenn ich Reform sage, heißt das auch, daß man sich endlich einmal, wenn denn schon Vorbilder sein müssen, für die richtigen entscheidet. All diese Rommel- und Dietl- und Mölders-Kasernen gehören weg. Wir sollten jetzt so erwachsen sein, die deutschen Offiziere und Soldaten, die während der Zeit des Nationalsozialismus »nein« gesagt haben, die Mordbefehle nicht ausgeführt und zum großen Teil mit ihrem Leben dafür bezahlt haben, zu Vorbildern für die Bundeswehr zu erklären. Diese Haltung von Offizieren und Soldaten war beispielhaft und ist beispielhaft geblieben. Und wenn es noch möglich ist –, das gehört mit in diese dritte Forderung hinein –, müßte der Rüstungswahn des Herrn Rühe, der noch kurz vor Torschluß vom Eurofighter bis zu Panzern und sonstigem Kampfgerät Wahnsinnsaufträge an die Waffenschmieden vergeben hat, storniert werden. Es gibt keinen Feind, der uns bedroht. Der Staat ist mit über zwei Billionen Mark verschuldet, mit ihm die gesamte Gesellschaft bis in die nächste Generation hinein, und die Gelder, die für das Prestige des Herrn Rühe oder zur Ablenkung von der rechtsradikalen Unterwanderung der Armee herausgepustet worden sind, könnten wir sinnvoll in eine Reform der Hochschulen und der Berufsschulen hineinstecken. Da wären sie zukunftsträchtig angelegt. Das ist das, was ich – bescheiden, wie ich bin – von einer rot-grünen Koalition erwarte. Ob das eine Große Koalition leisten kann, bezweifle ich.

H. Z.: Damit in der Gesellschaft so etwas wie eine intellektuelle Gegenmacht in Richtung der Perspektive, die Sie geschildert haben, wirksam werden kann, bedarf es einer neuerlichen Solidarisierung der denkenden Köpfe. Die

Frage ist also, ob sich heute und in Zukunft noch einmal intelligente Gegenmacht organisieren wird, zum Beispiel unter dem Signum einer renovierten »Linken«. Interessiert Sie, was eine künftige »Linke« vielleicht einmal integrieren könnte?

G. G.: Die hohen Prinzipien der Aufklärung bis in die Französische Revolution hinein – Freiheit, Gleichheit und Brüderlichkeit – sind bis heute nicht eingelöst. Wer dafür eintritt, ist ein Linker.

H. Z.: Da werden sich allerhand irrlichternde Leute mit einstellen.

G. G.: Wenn man das Gleichheitsprinzip in reale Politik umsetzte, würden sich wohl die Geister scheiden. Und die Freiheit ... Ich will sie ja nicht insgesamt als ein linkes Postulat vereinnahmen. Es gibt in Deutschland viel zu wenig aufgeklärte Konservative, denn gegen die habe ich überhaupt nichts einzuwenden. Wir haben seit je zu viele Reaktionäre und zu wenig aufgeklärte Konservative. Und was ist mit der Brüderlichkeit? Sicher, das ist ein vages Wort. Aber da gehört auch die Solidarität mit den Schwachen und den an den Rand Gedrängten dazu, mit den Menschen, die bei uns Zuflucht suchen, wie wir als Deutsche oft schon Zuflucht gesucht haben. Deutschland ist immer ein Auswanderungs- und ein Einwanderungsland zugleich gewesen. Millionen Deutsche sind zum Beispiel nach Amerika und nach Rußland ausgewandert, haben dort Arbeit gefunden und über weite Strecken der Geschichte sogar freundliche Aufnahme.

Freiheit, Gleichheit, Brüderlichkeit – das sind alles uneingelöste Forderungen, ich weiß. Auch stellen sich die Fragen natürlich heute anders. Bei dem Blend- und Feuerwerk, das der Neoliberalismus veranstaltet, indem man mit Glaubensartikeln um sich wirft, ohne sie beweisen zu wollen oder zu können – es wird alles mit »Globalisierung« und dem Wort »Kompetenz« erschlagen –, möchte ich einmal wissen, wo die Kompetenz steckt, wenn heute von Asien über Rußland bis in unsere Bereiche hinein schon wieder das ganze Währungssystem ins Wanken gerät, wir großen Risiken entgegensehen und trotzdem kein Mensch den Mut hat zu sagen: Das ist die permanente Krise des Kapitalismus, der als einzige Ideologie übriggeblieben ist. Wenn das alles in sich zusammenfällt, passiert etwas Furchtbares. Wir stehen deshalb vor der absurden Aufgabe, daß die Linke im weitesten Sinne, bis in die CDU hinein, die soziale Marktwirtschaft wieder erneuern muß. Die ist mutwillig zerstört worden. Die Linke muß im Grunde den Kapitalismus vor seiner Selbstzerstörung retten, weil wir nicht wissen, was danach kommt – wir haben darüber schon gesprochen. Es ist wirklich eine absurde Situation, in der sich die Linke befindet, und sie täte gut daran, das zu erkennen und es zu leisten. Es kann uns, auch aus einer linken Position heraus, keine Schadenfreude abnötigen, wenn das gesamte falsche Konzept, das man Rußland übergestülpt hat, heute in sich zusammenbricht. Wir können nicht sagen: Nun seht mal, was Ihr davon habt. Aber man muß auch sagen, daß es falsch war. Man kann nicht ein Land, das auf den Markt nicht vorbereitet ist, nur dann stützen, wenn die dortigen Politiker angebliche Reformen durchsetzen, die nach westlichem Maß geschneidert sind und auf das Land nicht passen. Das führt dann zu solchen Dingen.

Ob es die Solidarität, nach der Sie fragten, noch oder wieder gibt: Es gibt Anzeichen dafür, auch mittlerweile verwandte Überlegungen – ich nannte schon Negt bei uns und Bourdieu in Frankreich, aber auch von Leuten in den Vereinigten Staaten –, die sich von der fast religiösen Scheinwelt des Neoliberalismus abwenden und diesen glänzenden und schillernden Begriff in Frage stellen, um zu entdecken, wie wenig dahintersteckt.

H. Z.: Was ist eigentlich, wenn vorhanden, der Einfluß der ostdeutschen Intellektuellen auf die Fragen nach der »Neuen Linken«, nach Kapitalismuskritik und Reorganisation von öffentlicher Gegenwehr? Haben wir da Gewinn zu verzeichnen?

G. G.: Wir haben nur dann Gewinn zu verzeichnen, wenn wir sie wahrnehmen und ernst nehmen und uns für die Erfahrungen interessieren, die sie gemacht haben, die wir Gottseidank, so kann man sagen, im Umgang mit einer Diktatur nicht machen mußten. Aber davon ist kaum etwas zu erkennen. Nach wie vor gibt es diesen Hochmut, der meint, richten zu dürfen über Menschen, die vierzig Jahre unter jenem System gelebt haben. Manche haben gewiß mit Zustimmung in der ehemaligen DDR gelebt, manche mit anfänglicher Zustimmung, die später wegfiel, manche sind dort ganz und gar aufgewachsen, sie kannten überhaupt nichts anderes. Das ist alles differenziert zu beurteilen, aber es muß als Biographie ernst genommen und angenommen werden. Erst dann kann man ins Gespräch kommen. Eine verfassunggebende Versammlung wäre der große offizielle Schritt, wo man noch einmal nachholen könnte, was sträflicherweise 1990 versäumt worden ist.

H. Z.: Ihr Plädoyer für soziale und politische Reformen steht natürlich heute vor immensen Problemen. Im Moment stellt sich uns die Frage, ob wir der Gewalt der Ökonomisierung der Gesellschaften global noch gewachsen sind. Die Volkswirtschaften sind sozusagen Dependancen der Weltwirtschaft geworden, die national nicht mehr zu überblicken, geschweige denn politisch zu regulieren sind.

G. G.: Ich muß Ihnen widersprechen. Ich sehe darin eine Kapitulation des Staates und der Politik vor diesen wirtschaftlichen Scheindebatten. Wenn Sie nur an die Standortdebatte denken: Was hat man mit diesem Wort für Schrecknisse und Gespenster aufgebaut, die sich nicht bewahrheiten. Ein paar vernünftige Unternehmer haben gesagt: Unsinn, natürlich ist Deutschland nach wie vor ein guter Standort. Wir müssen doch nur in die Statistiken hineinblicken, wie hoch die Zahl der mittelgroßen Betriebe ist, die ihren Standort nach wie vor in diesem Land haben, vielleicht noch eine Dependance im Ausland. Das ist ja auch richtig so, warum sollten sie die nicht haben. Mich erinnert das an pseudo-marxistisches Wunschdenken, wo immer der große revolutionäre Sprung gemacht wird. Die linken Postulate kennen wir, und nun wird das Ganze mit umgekehrten Vorzeichen in die globale Wirtschaft hineinprojiziert, während Willy Brandts Forderungen nach einer Weltinnenpolitik damals nur Gelächter provoziert haben. Solcher Weitblick fehlt uns. Und auf der anderen Seite ist es immer so gewesen. Man kann mit Wörtern, man kann auch mit Gewalt große Sprünge machen, bloß die übersprungenen Phasen bleiben liegen, die beeilen sich nicht. Und dann kommt es zu den Rückschlägen und zu den Rückfällen, wie wir sie immer wieder in der Geschichte nach revolutionären Umstürzen erlebt haben. Hinzu kommt noch, daß diejenigen, die den Bruch herstellen, nie gelernt haben, etwas aufzubauen.

H. Z.: Aber das heißt doch auch, Sie halten den Wiedergewinn politischer, vor allem wirtschaftspolitischer Autonomie durchaus für möglich, mit all dem, was dann an sozialer Abfederung und dergleichen von den potenten Nationalstaaten zu fordern wäre?

G. G.: Was wir brauchen, ist ein neuer Gesellschaftsvertrag. Auch der zwischen den Generationen muß den Gegebenheiten angepaßt werden. Sicher hat sich der Begriff von Arbeit gewandelt. Es ist nicht mehr oder wenigstens seltener möglich, daß jemand mit dem Beruf, den er in der Jugend lernt, auch alt wird. Ganze Berufssparten sterben weg, neue zeichnen sich ab, der gesamte Dienstleistungsbereich hat sich ausgeweitet. Aber wie auch immer etwas in Fluß gerät, und das geschieht nicht zum ersten Mal in der Geschichte: Es kommt in erster Linie darauf an, daß die Gesellschaften sich für diejenigen Menschen verpflichten, solidarisch und sozial einzutreten, die noch nicht im Arbeitsprozeß leben – das sind zum Beispiel die Kinder –, und für diejenigen, die aus dem Arbeitsprozeß ausscheiden. Dafür ist nicht nur das Staatswesen verantwortlich, sondern die Gesellschaft insgesamt.

Wir haben in unserer Verfassung die Sozialpflichtigkeit des Eigentums als Grundsatz festgeschrieben. Was hat uns dann dazu gebracht, die Vermögenssteuer abzuschaffen? Da liegen die Widersprüche. Nichts, auch nicht die schnellste Beschleunigung im Wandel des Wirtschaftsverlaufs, enthebt eine Regierung der Verantwortung – sei es in Nationalstaaten, sei es in dem, was sich als Europa herausbildet –, soziale Verpflichtungen mit in die Verfassung hineinzuschreiben, in das Allgemeinverständnis, in die bindenden Verträge, die zu einer Gesellschaft gehören. Wenn sie das nicht tut, wenn sie das nicht mehr schafft, gibt sie sich selber auf. Dann haben wir die Willkür der Wirtschaft. Und das ist ein harter und bedingungsloser Konkurrenzkampf, dann regieren nur noch die Kursschwankungen der Chicagoer Soja-Börse, und je nachdem wie der Sojapreis steht, sind das zwei Millionen Tote mehr oder weniger in der Dritten Welt. Die Preisgabe der Kontrolle der Wirtschaft, beim Kartellwesen angefangen, bedeutet die Selbstaufgabe der Politik.

H. Z.: Erstaunlich finde ich Ihren Optimismus, an die Intentionalität und an die Lernfähigkeit einer Gesellschaft zu glauben.

G. G.: Ich habe ja nicht gesagt, daß das passieren wird. Es gibt eine ganze Reihe von Anzeichen dafür, daß die Harthörigkeit anhält und daß man so weiterwurstelt und die Dinge laufen läßt. Ich weise nur auf die Konsequenzen hin und mache – weil nun die Notwendigkeit und die Chance eines politischen Wechsels in Deutschland da ist – reduziert auf drei Thesen Vorschläge zur Reform der Verfassung, der Innenpolitik und des Verteidigungswesens. Ob man darauf eingeht, das wird sich zeigen.

H. Z.: Müssen wir, wenn wir über innere Demokratisierung, über die Chancen der politischen Handlungsfähigkeit in Deutschland sprechen, nicht auch über Europa reden? Denn diesen Einigungsprozeß kann es nicht mit nationaler Sichtbeschränkung geben, der ist sozusagen kollektiv gebunden. Brauchen wir deshalb nicht in jeder Hinsicht – besonders auch in kultureller – eine europäische Perspektive, die natürlich keine bloße Verlängerung oder Variante nationaler Problemstellungen sein kann? Sie haben bisher eher skeptisch über Europa und über die Scheinverlagerung von Problemen auf eine europäische Ebene gesprochen, wodurch die Aufgaben im eigenen Land nicht mehr bewältigt werden könnten. Aber ist Europa nicht auch eine konstruktive Perspektive, gerade für einen aufgeklärten Intellektuellen?

G. G.: Ich bin sehr für ein geeintes Europa, aber dieses Europa muß mehrere tragende Säulen haben. Wahrscheinlich ist es in einer derart auf Konsum und Merkantiles ausgerichteten Welt so, daß die Währungsfrage und die Wirtschaft die Schrittmacher sind. Aber wenn nicht in kürzester Zeit die Sozialcharta in Europa wirklich zum Tragen kommt und ein soziales Gegengewicht geschaffen wird, läuft das schief. Und wenn es nicht gelingt, ein europäisches Gespräch im kulturellen Bereich zu eröffnen, werden wir, wie es bis jetzt geschieht, aneinander vorbeireden. Da ist es mit Forderungen allein nicht getan.

Was die Literatur betrifft, kann ich – im Verlauf unseres Gesprächs kam das schon zur Sprache – auf die europäische Geschichte des pikaresken Romans verweisen. Doch in allen Bereichen, von der Oper bis in bestimmte malerische Bewegungen hinein – Fauves oder Expressionismus in Frankreich und in Deutschland –, gibt es viele unterschiedliche Gemeinsamkeiten, die das europäische Kulturgespräch recht gut füttern und fördern könnten. Nur, es muß geschehen. Man muß dafür offen sein. Was ich vorhin meinte, ist, daß wir mit gemachten Hausaufgaben in Europa eintreten sollten. Ich glaube, niemand in

Europa ist daran interessiert, sich weiterhin unsere deutschen Querelen anhören zu müssen. Doch darauf läuft es leider hinaus.

H. Z.: Was könnte der Gewinn einer demokratischen kulturellen Infrastruktur in Europa sein?

G. G.: Ich halte für ganz wichtig, daß wir – ohne daß dies jetzt als Antiamerikanismus ausgelegt wird – als Europäer kritischer unterscheiden müßten: Was nehmen wir von Amerika an, und was ist unter unserem Niveau. Ich sage es mal ganz hochmütig: Diese oberflächliche Amerikanisierung stützt nur die amerikanischen Untugenden, die es im größeren Maße gibt, und führt bei uns zu einem grenzenlosen Konsumzwangsverhalten, mit Einbrüchen der Werbung in alle möglichen Bereiche hinein – zum Beispiel mit der Verlagerung von Verantwortlichkeiten vom Staat weg hin zu Sponsoring-Tätigkeiten, womit wieder neue Abhängigkeiten zustande kommen. All dem ist eine Absage zu erteilen, das ist nicht zu machen.

Ich habe zum Beispiel nichts gegen Stiftungen, daraus kann man eine Menge finanzieren, aber an sie dürfen als Stiftungen keine Bedingungen geknüpft sein. Da in Deutschland und sicher auch in anderen europäischen Ländern nun die fleißige Dinosauriergeneration wegstirbt, die ordentliche Vermögen hinterläßt, sollte man sehen, daß man mit einem entsprechenden Gesetz aus diesen Vermögen heraus Stiftungen fördert.

Aber um noch einmal auf die Ausgangsfrage zurückzukommen: Wir haben soviel europäische Eigentradition aus der Aufklärung heraus, Kapitel, die fortgeschrieben werden müßten, Kapitel, die der Revision bedürfen – etwa die bloße Vernunftgläubigkeit, die zur Vergött-

lichung der Vernunft geführt hat, was wir bis in den Neoliberalismus hinein spüren. Und vor allem müssen wir
verhindern, daß Europa zur Festung wird. Aber das heißt
auch – ich kann es nur wiederholen –, daß Deutschland
wieder ein gastliches Land werden muß. Denn nur wenn
wir das zu Hause schaffen, haben wir auch einen
Anspruch darauf, das von Europa zu erwarten. Wenn wir
uns aber als Festung einigeln, dann wird bald eine Fe-
stungsmentalität den Vorrang haben, die teilweise jetzt
schon herrscht. Und die ist der Demokratie abträglich.

H. Z.: Eine solche Infrastruktur einmal vorausgesetzt, wird
es im künftigen Europa einen verstärkten Austausch der
Meinungen, der Erfahrungen, der kulturpolitischen Perspektiven, der sozialpolitischen Agenda, damit auch eine
gegenseitige diskursive, ich will nicht sagen Kontrolle,
aber doch Beobachtung geben. Muß man in einem solchen europäischen Diskussionskonzert noch Angst haben
vor der »Berliner Republik«?

G. G.: Was ist das, die »Berliner Republik«?

H. Z.: Sie deutet sich zumindest an. Sie ist vollsouverän, ist
weltpolitisch und global militärisch gefordert, sie ist
dabei, eine eigene Symbolpolitik zu entwickeln, ihre politische Agenda ist auf entschiedene Weise der technologischen Modernisierung verpflichtet und so weiter.

G. G.: Ich lehne eine »Berliner Republik« ab. Ich lehne den
Ausdruck ab, ich empfinde ihn als eine falsche und fol-
genreiche, auch völlig verwaschene Gleichstellung mit
der Weimarer Republik. Wenn wir uns eine neue Verfassung geben sollten, was wünschenswert und notwendig
wäre, dann könnte man, obwohl vieles dafür spricht,
allenfalls überlegen, ob es bei der »Bundesrepublik« blei-

ben soll. Die Alternative dazu heißt Stärkung des Föderalismus und Zusammenschluß zu einem Bund deutscher Länder. Es gibt eine ganze Menge, was wiederum dafür spräche. Ich glaube zum Beispiel, daß sich ein Bund deutscher Länder leichter in Europa integrieren ließe als eine Bundesrepublik. Aber beides ist in Ordnung, und beides kommt ohne »Berliner Republik« aus. Das ist eine Grundsatzentscheidung. Denn »Berliner Republik« bedeutet schon im Ansatz eine Schwächung des Föderalismus, und davor ist zu warnen.

H. Z.: Sehen Sie denn, was das europäische Konzert der Kultur angeht, eine moralische Verpflichtung der Intellektuellen, daran teilzunehmen, oder sind die strikt auf Kontrolle, auf Kritik, auf Opposition verpflichtet?

G. G.: Meine Abneigung dagegen, für *die* Künstler oder *die* Intellektuellen stellvertretend zu antworten, kennen Sie. Dafür sind die Bedürfnisse, die Fähigkeiten, die Talentlagerungen zu unterschiedlich. Es gibt großartige Künstler und Autoren, die völlig auf ihren Ort fixiert sind, auf einen ganz kleinen Kreis, und darin die Welt sehen. Dann gibt es welche, die sind permanent unterwegs, sind kosmopolitisch angelegt. Das alles ist nicht als Voraussetzung für die Qualität ihrer Arbeit zu sehen, es sind einfach verschiedene Veranlagungen.

Im europäischen Gespräch sollten wir uns gegenseitig neugierig machen: Wo gibt es, ohne daß man krampfhaft etwas zusammenschustert, Berührungspunkte? Wo gibt es Fremdes, das man gern kennenlernen möchte? Wo gibt es Gefahren, daß bei einem Zusammenrücken der europäischen Staaten aufgrund des wirtschaftlichen Drucks bestimmte Kleinkulturen verlorengehen könnten, die

doch erhaltenswert sind und weitergeführt werden sollten? Wie kann man dieses große, wirklich gemeinsame
europäische Abenteuer der Aufklärung fortschreiben und
fortsetzen?

In Deutschland, glaube ich, sind Diderot, Voltaire und
d'Alembert sicher bekannter als in Frankreich Lichtenberg und Lessing. Bei den Franzosen gibt es einiges nach-
zuholen, da sie eine Neigung haben, sich mehr auf Jünger und Heidegger zu konzentrieren. Ich weiß nicht, ob
das die Sicht auf die deutsche Kultur ist, die wir uns wünschen, aber auch das muß natürlich akzeptiert werden.
Weil sie meinen, die Ratio gepachtet zu haben, pflegen
die Franzosen ein Sehnsuchtsbild von Deutschland, das
immer ein wenig mit Schrecken gemischt ist, mit Romantik, mit Wolkigkeit, mit dem Nimbus des Gesamtkunst-
werks und so weiter. Das führt zu einer gewissen Ignoranz gegenüber den Strömungen, die es nicht nur in
Frankreich, sondern gleichwohl auch in Deutschland
gegeben hat, wie die Aufklärung zum Beispiel.

Die europäischen Kulturnationen sind sich insgesamt einmal viel näher gewesen, als es heute der Fall ist. Also glaube ich, daß sich aus unserer gemeinsamen europäischen
Geschichte viel im Hinblick auf den Umgang miteinander lernen läßt. Wenn ich sehe, wie in Barockzeiten bei
den damaligen Reisebedingungen die Leute unterwegs
gewesen sind und sich kundig gemacht haben, komme ich
mir trotz Tourismus und Jet-set recht unbeweglich vor.
Wir reisen zwar überall hin, schaffen aber keine Annäherungen. In früheren Zeiten sind sie regelrecht gesucht
worden, mit nachweislichen Einflüssen. Daß Heinrich
Schütz in Kriegszeiten zweimal nach Italien reiste und erst

von Gabrieli, dann von Monteverdi beeinflußt wurde, zeigt, wie sehr er noch als Meister offen gewesen ist für solche Austauschprozesse. Das sind europäische Sternstunden.

H. Z.: Wir führen dieses Gespräch 1998. Fast fünfzig Jahre Bundesrepublik, vierzig Jahre, die Sie darin künstlerisch und politisch gearbeitet haben, liegen hinter uns. Nun ist es ja immer eine Frage, wie man die Koordinaten zur Beurteilung eines solchen Zeit- und Geschehensraumes setzt. Was sind die Bezugsmöglichkeiten zur Orientierung in dieser historischen Welt? Während viele Ihrer früheren Werke in die Zukunft vorausgriffen, hat Ihr letzter Roman »Ein weites Feld«, so will ich es einmal nennen, eine vergangenheitsträchtige Gegenwartserkundung unternommen, hat Koordinaten vor allem in der deutschen Vergangenheit gesucht. Könnten Sie sich vorstellen, demnächst in Ihrem hoffentlich noch langen Leben wieder einen Roman zu schreiben, der sich nach vorne öffnet, der versucht, Sensorien auszulegen für das sich gerade erst Andeutende, das Kommende, der dann natürlich auch in die Psychen der Zeitgenossen hineinleuchten müßte, der sich bekümmern würde um das, was sich anbahnt in diesem anders gewordenen und sich unabsehbar wandelnden Deutschland?

G. G.: Das weiß ich nicht. Ich stecke zur Zeit in einem Projekt – im nächsten Jahr erscheint es als Buch –, das einen Abriß dieses Jahrhunderts bietet und bis in das Jahr 1999 hineinreicht. Indem ich mich bei der Vorarbeit für dieses Buch gezwungen sah, noch einmal ganz und gar in die Wilhelminische Zeit einzutauchen, in den Ersten Weltkrieg, in die Weimarer Republik, alles kurze Zeitspannen

in Deutschland, dann in die Phase des Nationalsozialismus, nur zwölf Jahre, aber mit Folgen bis heute, dann
in die Nachkriegszeit, die Konsolidierung zweier deutscher Staaten nebeneinander und gegeneinander, und
mich jetzt der Gegenwart nähere, sind diese letzten Jahre
natürlich schon bestimmend mit Tendenzen, die ins nächste Jahrhundert hineinreichen. Was sich später daraus
entwickelt, weiß ich nicht. Ich sehe nur, daß in diesem
grauenhaft blutigen Jahrhundert die deutsche Politik die
erste Hälfte auf verhängnisvolle Weise entscheidend mitbestimmt hat – mitbestimmt, was den Ersten, und total
bestimmt, was den Zweiten Weltkrieg betrifft – und daß
wir in der zweiten Hälfte dieses Jahrhunderts zwar nichts
mehr bestimmten, aber – geteilt, wie wir waren – als
Reflektoren der jeweiligen Siegermächte wirkten, also aus
dem Reagieren nicht herauskamen. Ob das der Vietnamkrieg oder was auch immer war. Und ich sehe, daß
uns diese Vergangenheit immer wieder eingeholt hat, bis
in die Gegenwart hinein. Das klingt jetzt etwas theoretisch, es ist aber ein durchweg erzählerisches Buch. Doch
mehr kann ich darüber nicht sagen, weil es noch nicht fertig ist.

H. Z.: Herr Grass, gibt es Gründe, dieses sich entwickelnde andere Deutschland auch mit Zuversicht, sogar mit
Vertrauen wahrzunehmen?

G. G.: Aber sicher. Ich habe doch im Verlauf unseres
Gespräches ein paar Leistungen der Deutschen benannt.
Etwa, daß man mehr als zwölf Millionen Flüchtlinge nach
1945 hier nicht in Lagern gehalten hat, wie es in anderen
Ländern geschehen ist. Denken Sie nur einmal, welche
Fehler Israel mit dem Gaza-Streifen gemacht hat. Daß

beide Seiten die Palästinenser dauernd in Flüchtlingslagern belassen haben, schlägt jetzt zurück. Das ist in Deutschland eben nicht geschehen. Wenn wir diese Art von Großzügigkeit, die wir ja erst haben lernen müssen, als die Flüchtlinge kamen, doch auch anwenden wollten auf die Menschen, die heute zu uns kommen und die hier Arbeit und eine neue Heimat suchen. Die können wir sicher nicht alle aufnehmen, aber wir müssen sie doch so behandeln, daß sie einsehen können, daß sie bei uns keinen Platz finden. Die barbarische Abschiebepraxis, die Kriminalisierung der Ausländer von vornherein – alles Dinge, die aus der Regierungsverantwortung heraus befördert werden –, läßt uns so häßlich und so ungastlich erscheinen. Wir sind es ja eigentlich nicht. Wir haben oft genug das Gegenteil bewiesen und sind auch dafür gelobt worden, daß wir im Grunde ein gastliches Volk sind.

Was all die anderen Leistungen der Deutschen angeht, in den Wissenschaften etwa, bis in die Philosophie und die Pädagogik hinein, die sind jederzeit wieder zu beleben und zu fördern, nur muß man die Prioritäten anders setzen. Man darf keinen Eurofighter kaufen, sondern muß das Geld in die Hochschulpolitik stecken. Und wir müssen vor allem aus unseren Extremanfälligkeiten herausfinden – auf der einen Seite »Wir Deutschen sind das Salz der Erde« aus Wilhelms Zeiten, was wir bis zum Exzeß betrieben haben, und auf der anderen Seite das Sich-klein-Machen wie eine Maus, als sei man nichts. Das ist ein gefährliches Wechselspiel, das auch jeweils den Umschlag in das andere Extrem erlaubt. Da wir eine sehr junge Nation sind, selbst wenn wir uns dessen nicht bewußt sind, wird es Zeit, daß wir erwachsen werden. Auch im Sinne unseres Aufgehens in Europa. Aber ob das möglich ist bei so anhaltendem Jugendkult, das weiß ich nicht.

Das Licht der Melancholie. Günter Grass und die Aufklärung oder Ein deutsches Mißverständnis

Von Harro Zimmermann

Mit dem schiefen Erzähl-Artefakt namens Oskar hat 1959 alles begonnen. Eine verzwergte Gestalt, unzulänglich in ihrer Menschlichkeit, ein krummes Holz gleichsam, ja ein verrutschtes Möglichkeitswesen wird zum Autor filigraner Romangespinste über höchst unsicherem Grund. Jener verwachsene Held der »Blechtrommel«, Sohn des Danziger Kolonialwarenhändlers Matzerath und beredter Zeuge der alltäglichen Nazifizierung (ost)deutscher Lebensprovinz bis hinein ins bundesrepublikanische Nachkriegsbiedermeier, kann in dieser Welt der monströsen Ideologeme seine eigene Identität nicht aufklären. Zwiespältig, hellwach und närrisch zugleich, weder »im Sakralen noch im Profanen beheimatet«, scheint diese Kunstgeburt des Skeptizismus in einer Art realitätshaltigem (N)Irgendwo angesiedelt. Oskar, der Blechtrommelkünstler, ist offenbar von so unförmiger Erscheinungsweise und so schrillem Widerspruchswesen wie die ihn umgebende Banalität des Bösen.

Denn von nicht minder gnomisiertem Wuchs stellt sich auch die Welt rund um jenes deutsch- und vielstämmige Danzig dar: borniert, egoistisch, lasziv, erlebens- und autoritätssüchtig. Schonungslos wird sie von diesem vor lauter Teilnahme erkalteten Oskar in ihren Wonnen der Gewöhnlichkeit observiert und in grotesken Erzählbildern ausgelegt. Ob es um die Verschrobenheiten reichsdeutscher Normalität geht oder um die Dämonie des sich ausbreitenden Natio-

nalsozialismus, nur *der* kann beides in seiner Ungeheuer-
lichkeit so punktgenau erleben und so schründig erzählen,
dem alle Gewöhnlichkeit, alle Empathie und Zivilität von
Kindesbeinen an geradezu klinisch entzogen worden ist.
Jener Oskar der »Blechtrommel«, dieses »allegorische Misch-
wesen« (Alfred Kelletat) à la Simplicius Simplicissimus,
ist keine bloße Leihfigur aus dem Traditionsarsenal des
pikaresken Romans, keine stilisierte Wesenheit des Absurdismus, keine »Monade« (Hans Mayer), sondern er verdankt seinen Esprit einem hintersinnigen Aufklärungsexperiment.

Dieses »fragwürdige«, quasi retortenhafte Ich, das Anfang
und Verlauf seiner Geschichte vom Ende her erzählen kann,
dessen vorausgehende Erfahrung von einer wahnhaften
Verbrecherwelt immer wieder nur noch bestätigt werden
muß, das am Leben nicht teilhaben will, es sei denn als
revoltierender Künstler, ansonsten aber die Rückkehr ins
vorgeburtliche Nirgendwo sucht; dieser Oskar, dessen Bil-
dungs- und Traumwelten zwischen der fernen Vernunftaura
Goethes und dem brutalen Machtobskurantismus Raspu-
tinscher Prägung zerrissen sind, der mit satanischer Lust
Schuld auf sich lädt, als »schlauer Unwissender« manchmal
zum bösartigen Wechselbalg der (Nazi-)Verhältnisse zu werden scheint, der jedes Mirakel mit Kälte »genauestens unter-
sucht« und dennoch jedwede »Vernunft in Rauschzustände«
versetzen kann, dieser Oskar zerschlägt mit seiner mißtö-
nenden Trommel kapitelweise in furios wechselnden Rhyth-
men sämtliche Formen und Kategorien der verläßlichen
Wirklichkeitserkenntnis. Dekompositeur ist solch ein Welt-
gestalter und Selbstdarsteller, der Erinnerung und Gegenwart gleichermaßen zu beschwören versteht, zuvörderst.

Grinsend analysiert er den Ungeist der Zeit, um solchen Pesthauch in seiner Unausweichlichkeit zu demonstrieren. Keine »Erlösung« hat er anzubieten, sondern nichts als eine unverbindliche Farce im »Dienste der Ästhetik« scheint er spielen zu wollen. Seine besondere, mit allen Erfahrungsgrenzen jonglierende humoristische Sinnlichkeit hält er den Erwachsenen gegenüber für nicht kommunizierbar. Die stellen nichts anderes dar als seine Beobachtungsmaterie; rettungslos eingespannt sind sie in den verdinglichten Lauf der Verhältnisse, vor dem einzig die ästhetische Protestation zu bewahren vermag.

Formal betrachtet hat dieser Erzähler alles fest im Griff. Aufs einzelne gesehen aber lebt er bei vollem Bewußtsein im nie befriedigenden Zustand des absurden Zwiespalts. So mimt diese Spielfigur ohne blasphemische Skrupel gelegentlich den Messias, schöpft aus einem »weltumfassenden Halbwissen« und möchte der Abgründigkeit alles Realen dadurch entgehen, daß er eine sich ständig selber relativierende Fiktion aufbaut, die sein Leben sein könnte, es im authentischen Sinn aber keinesfalls sein muß. Solcherart zynische, sich selber gleichsam entwirklichende Erzählraffinesse schießt leicht ins Närrische über; wobei umgekehrt jener »absurden Mechanik« des Geschichtlichen nur eine hintersinnig inszenierte Spielwelt aus Phantastik und historischen Fakten, aus Mythos und Psychoanalyse, aus literarischen Topoi und subjektiven Erlebensbildern gerecht zu werden verspricht. Denn taugen die Kategorien und Anschauungsformen unserer landläufigen Weltaneignung überhaupt noch, wenn die Lüge als Grundstruktur der Daseinsordnung anerkannt werden muß, fragt Oskar in allen Figurationen seiner erzählerischen Augenblicks- und Wandlungsexistenz? Ein Aufklärer namens Lichtenberg hatte vor gut zweihundert Jahren Analoges gemutmaßt. Warum sollte nicht »unsere Welt das Werk von einem sein können, der die Sache noch nicht recht verstand, ein *Versuch*«? »Dannenhero halten wir die Welt für einen Probierstein Gottes«, heißt es bei Grimmelshausen. Daß »auf diesem Stern nichts von Dauer ist«, weiß sub specie aeternitatis auch der späte Nachfahr Oskar Matzerath, der in seinem kalkulierten Bedeutungsspiel wieder und wieder Realitäten zerschlägt und zerlegt, »damit Wirklichkeit entstehen« kann. Niemals vermöchte er eine Geschichte »gradlinig in Bewegung zu halten«, zu sehr fallen reale Zusammenhänge und ihre Bedeutungen wie labyrinthische, wenn nicht paradoxale Erfahrungsmaterien auseinander.

Gleichwohl, am Ausgang dieser rückhaltlosen Desillusionierung der Blechtrommlerwelt stehen keineswegs Resignation und Absurdität. Denn jenes in den Anfang zurückgekehrte Erzählfinale (das große »Z« wird zu einem kleinen »a«) läßt Fragen offen; und wenn es nur die nach dem humoristischen Pulsschlag solch raffinierter erzählerischer Regression wäre. Dieses im Bewußtsein der eigenen Willkür experimentierende Spiel des Geistes mit sich selber könnte es am Ende keinesfalls rechtfertigen, alle Hoffnungen fahren zu lassen und sich den Zwiespälten des Lebens einverständig hinzugeben. Denn jenes skeptische Erzählgebilde namens Oskar will Geschichte, diese ungeschlachte Schädelstätte, mit dem »hellwachen« Esprit des Widerspruchs zwar entdämonisieren; aber das heißt auch, in ihr ex negativo denkbare Terrains noch verbleibender Menschlichkeit abzuzirkeln. Erzählen ist und bleibt eine prekäre, ihrer selbst höchst ungewisse, aber doch unerschöpfliche und lebensspendende Konfession.

Noch bevor Günter Grass den Naturwissenschaftler, Philosophen und Schriftsteller Georg Christoph Lichtenberg, diesen kleinwüchsigen Denkmeister des Skeptizismus aus dem Göttingen des Aufklärungsjahrhunderts, gekannt hat, wußte er um die Energetika solch funkenstiebender Geistesanstrengung, bis in ihre physiognomische Sprachmagie hinein. Erkenntnis als konstruktive, als künstlich-künstlerische Prozedur muß die Wirklichkeit perspektivisch auftrennen und zu Möglichkeitspartikeln dekomponieren, um in neuen, »entstellten« Figurationen ihren Wahnwitz, ihre Unerlöstheit, die drohende Wiederkehr des Immergleichen sichtbar zu machen. Einst wollte ja schon Lichtenberg dort, wo die »Welt« von den »Wörtern« wegzurücken drohte, mit »Irrthümern« Wahrheit machen, mit »Ideen experimentieren« und das »heuristische Hebzeug« für sichtschärfende Orientierungen finden. Heute zeigt sich, wie sehr er dem Nachfahren des zwanzigsten Jahrhunderts darin vorgearbeitet hat, daß seine intellektuellen Operationen vor allem ein Ziel vor Augen hatten: »Mehr zu sehen, als sich sagen zu lassen! Association.«

Günter Grass hat das Gaukelspiel solcher Assoziationsströme einmal in der Metaphorik des intellektuellen Federnblasens festgehalten. Nicht von ungefähr betreibt er jene artifizielle Entschwerung von Wirklichkeit, die deren unvorgreifliche Gravität am ehesten ins erzählte Bild zu setzen vermag. Schon die Laborfigur Oskar zeigt, daß es in dieser Literatur seit je um mehr geht als um bloßen Antiidealismus, etwa – wie weiland bei Albert Camus – um den schieren »Triumph« des Sinnenwesens im Kunstwerk. Grass erschreibt sich schon früh so etwas wie eine philosophisch instrumentierte, eine gleichsam spekulative Sinnlichkeit. In ihr trägt sich der beredte Widerstreit aus zwischen allem Idealistischen, Systematischen und vermeintlich Wohlgeordneten und dem hintersinnig-induktiven Plädoyer für alles Amorphe, Gebrochene, Unverfügbare und Individuelle. Zumal jene prekäre Verheißung mit Namen »Utopie«, soweit sie sich jenseits aller geschichtlichen Kontingenz als Erlösungs- und Heilslehre geriert, wird er bald vehement als der »Vernunft mißratenes Kind« brandmarken. In gewisser Weise trifft dieses Verdikt auf Oskar zu, so wenig der indes ein humanitäres Prinzip Hoffnung zu verkörpern vermöchte. Doch des Trommlers deformierte Vernunftgestalt beschreibt nicht das Desaster der Aufklärung schlechthin, sondern nur eines ihrer Dilemmata. Erzählen kristallisiert sich bei Grass deshalb in begrifflich kaum einholbaren Assoziationen und Bildern der scheinbar »vernunftwidrigen Ausflucht«, weil die Ratio als »vernünftelnde« Kraft der technokratischen Zerstörung, der Ausrottung von Menschen und der ideologischen Verzerrung ihren Modernisierungsfuror nach 1933 mörderisch unter Beweis gestellt hat. Mit widerstreitender Skepsis ist die Ikone des verkrüppelten Fortschritts geladen, die in der »Blechtrommel« als rückwärts und vorwärts reflektierende Erzählsonde jener komplizierten und so banalen Wirklichkeit des Naziirrsinns angelegt wird, welche hinter Mythisierungen und Entschuldungsritualen der Deutschen nach 1945 zu verschwinden droht.

»Die Blechtrommel« betreibt keinen Kahlschlag, vor allem aber keine Restitution des Guten, Wahren und Schönen im Zeichen wohllöblicher deutscher Neuklassik, sondern bietet ätzend, grotesk, wenn nicht zynisch herauspräpariertes Diskursmaterial an als Erfahrungsgebot für die frustrierten Objekte eines fehlgeschlagenen Reeducation-

Großversuchs. In den damaligen Seelenlandschaften der begütigenden Heideggerei oder des Bennschen Sentiments ästhetischer Erlesenheit konnte nur »Die Blechtrommel« so unnachahmlich den schrillen Chor bundesdeutschen Entsetzens wie Entzückens zum Tönen bringen. Einem Johann Carl Wezel gleich hatte Grass mit diesem Roman das Neu- oder auch Spätwerk einer skeptischen Aufklärung geschaffen, dessen Modernität, weil begraben unter den Deutungssyndromen des literaturkritischen Justemilieu, erst heute so recht begreifbar wird. Das Skandalon heißt Oskar.

Spektralblicke auf die deutsche Schuld

Verdrängtes, Umgelogenes, ideologisch Vernebeltes wieder sichtbar machen – einzig darauf hatte Oskar die entstellende Kraft seiner Wahrnehmungs- und Erfindungspräzision ausgerichtet. Notwendigerweise mußte diese zerrspiegelnde Erzähloptik ständig zwischen den Bedingungen der Möglichkeit von Erkenntnis hin und her wechseln. Doch was bei Oskar noch als persönlich zurechenbares Erfahrungsvermögen erscheint, löst sich in den folgenden Büchern »Katz und Maus« (1961) und »Hundejahre« (1963) in eine erheblich komplexere Blickperspektivik aller Realitätsvergewisserung auf. Wieder sehen lernen – diesem beharrlich festgehaltenen Ziel unterstellt Grass seine beiden Bücher mit durch und durch renoviertem Erzählinstrumentarium. Die lastenden Problematiken von deutscher Schuld und Schuldverdrängung, von falschem jugendlichen Heldentum, von der Hysterisierung der Nation bis in die Massenschlächterei hinein, werden in »Katz und Maus« – als anthropologische, aber doch vor allem als geschichtliche Verfallenheit zum Bösen – einer ausgeprägt sensiblen, von dreifacher Infragestellung des Ich-Erzählers in Spannung gehaltenen Autorfiktion anvertraut. Ein Roman, der dem Übermaß an menschlichem Leid und ideologischem Wirrsal im zwanzigsten Jahrhundert anschauende Erklärungen abgewinnen möchte, muß sich wiederum auf der Höhe skrupulöser kunst- und wahrnehmungstheoretischer Selbstreflexion zeigen. Aufklärung kann, wenn der Wahrheitsbezug zu ihren Gegenständen wie aber auch zu ihren Adressaten unbeschädigt bleiben soll, schon für den jungen Grass nicht anders, als permanent über die Bedingungen der Möglichkeit ihrer authentischen Erfahrungskräfte nachdenken.

In dieser Hinsicht stellt der Roman »Hundejahre« ohne Frage den literarischen Höhepunkt der »Danziger Trilogie« dar. Grass selber hält dieses Werk nach wie vor für sein gelungenstes, was dem heutigen Vertrautheitsgrad der Kritik mit diesem Buch freilich kaum aufgeholfen hat. Erzählen wird in den »Hundejahren« abermals zum hintersinnigen Erkenntnis-Experimental-Verfahren. Ziel dieser makro- und mikroskopisch kalkulierten Kunstwahrnehmungsprozedur ist noch einmal das grauenvolle Geschichtskaleidoskop deutscher National-, Rassen- und Kriegshysterie, aber auch deren Spätwirkungen in den Entschuldungsritualen, den Aufbau- und Normalisierungsallüren der bundesrepublikanischen Neobiedermeierei. Zu Beginn dieser sechziger Jahre hat sich Grass – dem Chef der Gruppe 47 Hans Werner Richter war er bis vor kurzem noch als unpolitischer Anarchist erschienen – längst im Sinne der SPD des verehrten Willy Brandt politisiert und als »Revisionist« für den demokratischen Sozialismus heiß geredet. Doch der Citoyen als

Rhetor und der fabulierende Romancier geben einander keineswegs nach, keiner bekommt die Stärken des anderen als eigene Schwächen zu spüren. Vielmehr erstaunt gerade die ebenso grandiose wie sensible Erzählinstrumentierung der »Hundejahre« im Verhältnis zur bekennenden Eindeutigkeit des angehenden politischen Denkers und Wahlredners Grass.

Ein in diskursive Spannung versetztes Erzählkollektiv tritt an, um jenes schründig ausufernde Geschichtspanorama der Opfer, der Zeugen und der Täter detailliert, je nach Blickwinkel und unter ständiger Ergänzung, Korrektur und Konterkarierung durch rivalisierende Perspektiven und Lesarten zu vergegenwärtigen. Akribische Beschreibung, wertende Reflexion und kalkulierende Überlieferung des Erfahrenen und Mitzuteilenden verquicken sich unauflöslich ineinander. Wahrheit, wenn überhaupt erreichbar, ist wieder einmal nur im Geist des Konjunktivischen, der unaufhebbaren Paradoxien, der erprobenden Wahrheitsfiktion und experimentellen Konstruktion zu haben. Für das kompetitive Erzählerkollektiv der »Hundejahre« erweist sich die Qualität der Sicht auf die Dinge als unabsehbares Potential der Beschädigungen ihrer Wahrhaftigkeit. Denn um Menschen geht es. »Seinsvergessene suchen Transzendenzersatz: Gleichgemusterte Steuerzahler« gewahrt der Roman in jenem von undurchschauten Überlasten der Vergangenheit imprägnierten »neuen« Deutschland. Der Wurm keimt in diesem Marktwirtschaftswunderland. Die Akteure des tosenden Gewinn- und Verlustbetriebes, aber auch die Durchschnittsverdränger wollen nichts mehr hören von nationaler Schuld und Judenvernichtung, sie sitzen längst einer heillos nivellierenden, die Probleme zerquatschenden Normalität auf.

Scharf dagegen hat der Roman die vielfach gespiegelte Doppelbiographie von Eddi Amsel und Walter Matern gesetzt. Vorkriegs-, Kriegs- und Nachkriegszeit fügen sich als alltäglich-monströses, in seinen Wirklichkeiten und Zerrbildern reflektiertes, doch stets entzifferbares Schuldverhängnis zusammen. Amsel, der kunstversessene Halbjude und Gebeutelte des Naziregimes, später erfolgreicher Kulturförderer und Industrieller, baut Vogelscheuchen, mechanische Puppenfiguren, schreiende Warnmetaphern gegen die apparative Versklavung und Manipulation von Menschen, gegen allen ideologischen Wahnwitz in Historie und Gegenwart. Freilich sind dies auch verfremdete Kunstgebilde, die Protest einlegen wider die Heideggersche Gestell- und Scheuchensprache. Beredtesten Sottisen gibt der Roman Auslauf gegen jenes Seins-Geraune, dem die Blut- und Bodenkräfte der fortwesenden Nazimythen immer noch ablauschbar scheinen.

Die jean-paulisierenden »Materniaden« entfalten schließlich eine Totale menschlicher Schuldhaftigkeit im Nazideutschland, deren Folgen und Wirkungen bis weit ins bundesrepublikanische Wirtschaftswunderland hineinreichen. »Hundejahre«, so hat Grass einmal formuliert, stellten den »Roman der angeschlagenen Vorstellungen und der angeschlagenen Figuren (dar), für die die Ambivalenz, die Doppeldeutigkeit unserer Zeit die Vorlage gibt«. Dieser Walter Matern ist zuvörderst Täter, ein vielfach Schuldverstrickter, changierender Parteigänger aller Ideologien und Interessen, wie Grass sagt: ein »deutsch-idealistischer Ideenträger«. In Materns Person versammelt sich also schlechthin die Summe aller deutschen Unrechtsmöglichkeiten nach 1933 samt brachial verleugnender Abreaktion. Er unternimmt einen wahren antifaschistischen Rachefeldzug in jenem längst wieder sekuritären Nachkriegswestdeutschland. Doch im Grunde spiegeln seine Revanchegelüste nur die Unfähigkeit des eigenen Schuldeingeständnisses. Vergangenheitsbewältigung verkommt zur bloßen Projektionsanstrengung, die sich um so eher wieder mit neuerlichen krausen Ideologien auflädt, mit Marktwirtschaftsvokabularien oder mit sozialistischen Restutopien. In diese neue, heillose Welt der Bundesrepublik Deutschland wabern subtile Derivate rassistischer (Hunde-)Mythologien von ehedem unerkannt hinüber, vermittelt durch seinsgründelnden mentalen Unterschleif oder durch militärsprachlich geprägtes »flinkes Geschäftsdeutsch«. Die kunstverstiegenen Scheuchen jedenfalls, jene aufs Gräßliche gestimmten Emblemata des abstrakten Individualprotestes, bleiben am Ende ohne aufklärerische Wirkung. Immer deutlicher korrespondiert überhaupt das Vergessen der Vergangenheit dem Zerquatschen von Gegenwartsproblemen in einer öffentlichen Kultur, die ihre eigene Indifferenz am vermeintlichen Ende aller Geschichte zur Normalität erheben möchte. Alles Aufklärungswerk, so sehr es sich im Roman der besten geistigen Traditionen versichern kann, begegnet dem nach oben gekehrten »Orkus« dieser Welt als einem tiefgründenden Höhlengleichnis, einem dunklen Malstrom des Antiutopischen, in dem jene bizarren Scheuchengestelle des Eddi Amsel das immer wieder drohende Hervorbrechen historischer Infernos und Orgien der Profitabilität aus sinistrem Untergrund bezeugen.

Der Citoyen Grass hat um die Mitte der sechziger Jahre die Virulenz des Aufklärungsgedankens für sein Lebenswerk auch programmatisch entdeckt. Mitten in der Gesellschaft, nicht mehr im »holden Wahnsinn« wohne das Genie des Schriftstellers, das noch heute für Aufklärung einzustehen habe. Klopstock, Lessing und Christian Wolff werden zu Zeugen dieser lichtvollen Gedankenwendung. Sie hätten die Einigung der Deutschen zur »Nation« allein durch ihre Sprache zuwege gebracht. In der Gegenwart fuße die SPD mit ihrer reformistischen Tradition auf »Vernunft und Aufklärung«, ja sie sei es gewesen, die in Deutschland die »europäische Aufklärung politisch (hätte) wirksam werden« lassen. Mit seiner Partei gemeinsam will der Dichter Vernunft und Aufklärung zur Ausbreitung verhelfen als »heilsame Epidemie«.

Nicht zu vergessen, Günter Grass spricht unter den Lichtzeichen der Aufklärung schon früh vehement für die Wiedervereinigung der Deutschen als »Kulturnation«, er wendet sich gegen die Remilitarisierung der Republik und wider die Politikabstinenz der Gelehrten, die sich samt ihrer Utopie, der »Aufklärung verwöhntem Kind«, in windstille Reservate der Selbstbespiegelung zurückgezogen hätten. Seinen politischen Revisionismus sieht der Dichter Grass schon hier in enger Nachbarschaft zur Denktradition eines Aufklärers vom Schlage Georg Christoph Lichtenbergs. In dessen Namen plädiert er für innenpolitische Reformen, für Toleranz und Interessenausgleich im Vaterland der Deutschen. Vor allem seinen skeptischen, strikt revolutionsverweigernden Antiidealismus, den er der frühen Studentenbewegung vehement entgegenhält, weiß Grass in Lichtenbergscher Tradition, später sehr stark in der Montaignes, gegründet. Die innerliche Verbindung von Literatur und Politik, nicht jedoch die der agitatorischen Litterature engagée, sieht er in der »aufgeklärten Politik« zwischen Diderot und Lessing exemplarisch vorweggenommen: »Die Vernunft klärt auf. Sobald sie aufklären, begegnen sich Literatur und Politik.«

Der Schneckenapologet Grass bestreitet, daß Fortschritt etwas mit Schnelligkeit zu tun habe. Geschichte im aufgeklärten Verstande schreite zwar fort, aber »Fortschritt ist nicht ihr Ergebnis. Die Geschichte schließt nicht ab.« Keinerlei »Glaubensartikel« hat dieser Parteigänger der Vernunft seit je zu bieten, sondern »Zweifel, Nüchternheit, Unruhe, Skepsis, Toleranz und – wie Sauerbier allerorts angeboten – Zivilcourage«. Das heißt: Jedem Idealismus, zumal dem von Hegel herkommenden deutschen Syndrom der Staatsvergottung, müsse das Wurzelwerk abgegraben werden. Nicht die Revolution will dieser »Revisionist« daher predigen, keine Erlösungshoffnungen jenseits der geschichtlichen Verantwortung der Menschen ausmalen, sondern er möchte dem einzelnen bewußtmachen, »wie groß und wie getarnt seine infantilen Reservate angelegt sind, und erst wenn der einzelne sich mit jenen Komplexen und Traumata bekannt gemacht hat, [...] beginnt er, gleichzeitig mündig zu werden«.

Gleichwohl regt sich auch bei Grass tiefe Skepsis gegenüber der Aufklärung, nach all dem Versagen der Vernunft in der Welt, nach den »Niederlagen« und der »Ohnmacht der Rationalität«. Könnten sich nicht allein die »Massenmedien verselbständigen, sich der Kontrolle überlieferter

Rationalität entziehen und sich zum unpersönlichen Religionsstifter auswachsen«? Mitten im »Krautgarten des Irrationalismus« der Deutschen setzt sich Grass zumal mit Adornos Auschwitz-These auseinander und modifiziert sie: »Gedichte, die nach Auschwitz geschrieben worden sind, werden sich den Maßstab Auschwitz gefallen lassen müssen.« Die junge deutsche Intellektualität hingegen, so erscheint es Grass 1970, empfinde »Ekel vor der Geschichte«, weil, was ihr »unterrichtsweise in deutsch-idealistischer Folgerichtigkeit und auf Hegels Weltgeist galoppierend als Geschichte geboten wurde und wird, mehr und mehr seine absurden Schübe offenbart: Aus der Geschichte – so heißt es – kann man nicht lernen. Diese [...] Flucht aus der Geschichte kann, so steht zu befürchten, zunehmende Ablehnung der aufklärenden Vernunft zur Folge haben.«

Angesichts eines heraufziehenden neuen intellektuellen Irrationalismus fühlt sich Grass als Vielbeschäftigter in der von nicht wenigen geschmähten »Tretmühle Vernunft« und nur »schlecht entlohnt im Dienst der Aufklärung«, denn er sieht sich mit der undankbaren Herausforderung konfrontiert, der Melancholie das Vorrecht vor aller Utopie zu erstreiten. Die Formel vom »Stillstand im Fortschritt« wird nun zur stehenden Wendung in Grassens saturnalischer Melancholielehre, die zugleich eine der Politik ist. Die Melancholie soll sich selber endlich begreifen lernen als »Schwester der Utopie«; es geht, will man ihre genuin aufklärende Funktion ermessen, um eine »aus Erkenntnis gewachsene Melancholie«. Mit der Leiblichkeit des Menschen, mit »Milz und Leber, Galle und Nieren«, wie in Dürers »Melencolia I« ersichtlich, sind Utopie und Melancholie zuinnerst verbunden; hier finden beide, wenn überhaupt, auch das Maß von Vernunft und Aufklärung.

Deren Programm und Lebenschancen treten nun bei Grass in den Deutungshorizont zwar nicht der Naturversöhnung, aber doch einer Art sinnlichen Glücksverheißung. Allein in der atmenden Gegenwärtigkeit allen Lebens, im Stillstand des so faszinierend Daseienden, ereignet sich, wenn auch kaum merklich, Fortschritt. Die Menschen sollen einen Sinn für das Natur- und Schneckenwesen solcher Progression, für das »Dritte« also entwickeln. Nicht aus luftigen Utopiegespinsten, sondern aus den »saturnisch lastenden Wackersteinen« des grauen Alltags möchte der Dichter »jenen Funken abschlagen, der uns utopische Lichter setzt«. Nur wer – wie alle melancholischen Aufklärer – die »Schattenseite der Utopie bewohnt hat, kann Fortschritt ermessen«. Pessimismus, Skeptizismus und Zweifel sind für Grass keine Laster, und die Resignation ist kein krankhaft-melancholischer Zustand, sondern sie sind allesamt humanitäre Widerlager zumal in einer ost-westlichen Welt, die sich »bedingungslos dem Leistungsprinzip als einer glückverbürgenden Utopie verschrieben hat«.

Dem Roman »örtlich betäubt« (1969) hat Grass wiederum ein experimentelles Diskurs- und Bedeutungsspiel eingefabelt, das sein Aufklärungsverständnis in mehrfacher Hinsicht zum Ausdruck bringt. Die zentrale Erzählperspektive, die Zahnbehandlung des vordem anarchistischen, nunmehr gemäßigt »vernünftigen« Studienrats Starusch, setzt abermals, vielfach problemgespiegelt, den Menschen in einem umfassenden Sinn als »anfällige fehlerhafte Konstruktion« in Szene. Die medizinische Korrektur seines Hackbisses wird zur imaginatorischen Bewußtseinsgeschichte dieses inmitten der Studentenrevolte stehenden, sich dabei seiner eigenen enragierten Nazijugend erinnernden Intellektuellen. Die Wirklichkeit der Bundesrepublik Deutschland in den sechziger Jahren steht nun, wenn auch mehrfach reflektiert in den Jugendproblemen Nazideutschlands, im Vordergrund. »örtlich betäubt« soll die Summe der langjährigen historischen Erfahrung des Autors nun in der zeitanalytischen Deutung bewähren.

Freilich beschreibt der Roman eine Bewußtseinsgeschichte, die längst mit der Penetration alles Geistigen durch das Mediale, durch Prozesse der technifizierten Projektion, der Inszenierung und Virtualisierung zu rechnen hat. Filmisches Erzählen, Spielen mit Grenzverschiebungen von Realitäts- und Medialwahrnehmung, mit verselbständigten Symbolrepräsentanzen, die alles Gegenwärtige in beliebige Medienmaterie aufzulösen drohen, bilden die narrativen Gegen- und Begleitstrategien des Romans, die seinen Problemhorizont vor dem Wirkungs- und Geltungsverfall in solcher Art »Öffentlichkeit« bewahren sollen.

Einer nicht zuletzt durch die Medien infantilisierten Studentenbewegung, mit ihrem »närrischen Zug zur Fernsehaktivität« und revolutionär, ja attentistisch hoch erregt, können die Älteren nicht klarmachen, daß sie heute bei allem Unterschied so sei wie jene ehedem: »Wir waren kühn radikal und absolut wahrhaftig.« Die damalige achtundsechziger Jugend, ohne Kompromisse und voller Erlösungshoffnungen, tritt in Gestalt von Propagandisten des Unbedingten und Schreibtischrevolutionären einer ideologisch zerschlissenen älteren Generation gegenüber, die zwischen neuerlich-obsoletem Reinheits-, Opfer- und Erlösungsdenken, technokratischen Weltbefriedungsprojekten und allmählich diskussionsfähig werdender Vernunft- und Aufklärungspragmatik hin und her schwankt. Fortschritt und Beharrung, Gewalt und vernünftige Reform, Kritik der nur »demonstrativen Aufklärung« bei den Studenten, Apologie eines diskursiven Reformismus hier und jetzt, Erschließung vergleichbarer historischer Erfahrungen aus der Nazizeit – der Grasssche Roman unterbreitete am Ende der sechziger Jahre ein hochdifferenziertes Gesprächsangebot, das in gewitzter Form für »Fleiß, Zweifel, Vernunft, Dazulernen, Zögern, mehrmaligen Neubeginn, kaum merkliche Verbesserungen, einkalkulierte Fehlentwicklungen, Evolution Schritt für Schritt« warb. Praktische Vernunft, reflektiert im spannungsreichen erzählerischen Diskurs – Grass wollte sie in Dienst nehmen für eine konkrete, demokratisch inspirierte Aufklärung im deutschen Adenauer-Staat. Intellektuell und zeitkritisch zugespitzt wird in diesem Roman eine immer wieder fruchtbar zu machende Entwicklung, die einst mit dem »Zweifel begann und nun eigentlich bei Aufklärung und Vernunft und unseren begrenzten, naturwissenschaftlichen Erkenntnissen Antwort und Teilantwort findet«.

Aber können unter den gegenwärtig paradoxalen Vernunftwahrnehmungsbedingungen wirklich noch »Erfahrungen vermittelt werden«, wenn es um Aufklärung geht, fragt der sich in seinem Erzählinteresse immer wieder selber reflektierende Roman unter Hinweis auf »Pestalozzis Resignation« und das »tragische Scheitern des Georg Forster«? Doch die fragwürdige Insistenz auf einen »Prozeß des Mündigwerdens« in Deutschland läßt Grass sich nicht ausreden. Die Kritik hat ihm auch dies mit Schelte und Unverständnis danken wollen. Der Autor sei nicht mehr der alte kraftvolle Fabulierer, er rede nur über seinen Stoff, statt ihn zu

evozieren, er sei lau und apologetisch oder »dürr und dürftig«, ja er »bagatellisiere« sogar die Studentenrevolte. Grass
wußte es damals schon besser. Sein Engagement als »Politiker« sollte gegen seine literarische Autorschaft ausgespielt
werden. Schon seit gut dreißig Jahren also möchte dieser
Rezeptionsmechanismus dafür sorgen, »daß ein Teil meiner
politischen Tätigkeit verwechselt wird mit dem, was ich als
Autor eines Romans versucht habe«.

Gespitzte Vernunft – zerlachte Systeme

»Aus dem Tagebuch einer Schnecke« (1972) tritt wenige Jahre
später unverhohlen als »Sudelbuch« zutage, als gedanken-
sprühendes Instrumentalwerk einer in lichten Traditionen
stehenden, akribisch wachen, sehr persönlich eingefärbten
Zeitgenossenschaft. In scharf konturierte Beobachtungen,
Notate, Aperçus, Denkbilder, Szenerien und schweifende
Reflexionen über das historisch-politische Wahlkampf-
deutschland zwischen 1965 und 1969 wird eine ebenso trenn-
scharfe wie launige erzählerische Apologie des »vernünftigen« Zweifels hineinverwoben, die damals schon ihres-
gleichen suchen mußte. Hier liest man eine der schönsten
Hommagen, die dem aufgeklärten Göttinger Großdenker
aus dem achtzehnten Jahrhundert, dem »buckligen Meister
der Pfennigwahrheiten«, der hier als »Dr. Zweifel« inkorpo-
riert erscheint, jemals zuteil geworden ist: »Stellt euch Zweifel als jemand vor, an dem alles schief war: die rechte Schul-
ter hing, das rechte Ohr stand ab, gleichfalls rechts kniff sein
Auge und hob den rechten Mundwinkel. In solch verzoge-
nem und aller Symmetrie feindlichem Gesicht herrschte eine

fleischige, von der Wurzel weg nach links ausscherende Nase. Mehrere Haarwirbel verhinderten einen Scheitel. Nur wenig, immer zum Rückzug bereites Kinn. Ein in sich verrutschtes Kerlchen, zum Zappeln und Kniewippen neigend, sonderlich und reich an schnarrenden Nebengeräuschen, schwach auf der Brust.« Aber noch weiter geht der Rat dieses mit dem gegenteiligen Sinn all seiner Beteuerungen rechnenden Autors: »Oder – Kinder – stellt euch Zweifel überhaupt nicht vor. Er bestand ja aus Widersprüchen, sah niemals eindeutig aus.« Könnte man dieses konjunktivische Bildnis als eine Art Geistesphysiognomie nehmen, Oskar der Blechtrommler träte noch einmal in Erscheinung. Doch der ist hier ein biographisches Randphänomen, erst »Die Rättin« wird ihn wieder zur Gestalt einer Zeitenwende ins Retrograde machen.

»Vorwärts« ist ein »dummes Wort, das oft genug den Rückschritt beschleunigt hat«, behauptet einstweilen jener Dr. Zweifel alias Hermann Ott, der auch als zweiter Sekretär der Schopenhauergesellschaft firmiert. Nicht umsonst ist dieser Lehrer für Biologie und Deutsch der große Sammler und Heger, ja der philosophische Apologet der Schnecken und ihrer unberechenbar langsamen Bewegungsart. In Terrarien sammelt er sie und beobachtet jede ihre Eigentümlichkeiten »detailsüchtig«; so etwa jene »linksgewundene schmale Windelschnecke: ein seltener Fund«. Zu guter Letzt ist auch er selber noch eine erfundene Perspektivfigur, er stellt ja nur fiktiv diesen Dr. Zweifel dar, welcher »lächelt, als wolle er einen Zwirnsfaden spalten«. Was der mit seinen Schnecken tut, sie »mit Präpariernadeln spießen und in Säurebädern anzweifeln«, das treibt er mit den Sinn(en)-Materien seiner ins Kraut schießenden Wahrnehmungen und

Mutmaßungen allenthalben. Er will in seinen Konklusionen nicht nur sie, sondern sogar noch sich selber »widerlegen und aufheben«. Und das alles unter den schwankenden Himmeln einer Welt, die er als »Werkstatt«, ja als »Werkstück« beschreibt.

Was jedoch sollen die Romanpersonen, vor allem aber die »aufgeklärten Spießer« als Leser von solchen »Spöttern und Lachgrubenstellern« halten: dem »Selbstdenker Georg Christoph Lichtenberg, der Zettelmühle Jean Paul, bis er seinem Pudelfreund begegnet, einem prinzipiell systemfeindlichen Säuerling. Sie legen sich Beobachtungen vor. Sie feiern Anschauung, bis es zur Erkenntnis, Teilerkenntnis kommt.« Beide können mit der Verheißung namens Hoffnung, selbst wenn sie sie zum Prinzip verhärteten, nichts anfangen, weil sie kein fester, also beobachtbarer Stoff sei. Widerspruch also gegen jede unsinnliche und »ritualisierte Vernunft«, bei der Scharfsinn und Überwältigung, ja drohende Schlachtung der Gegenstände so eng nebeneinanderliegen. Weil in jener medienverzerrten (Bilder-)Welt der Bundesrepublik alles »klar« ist, »sogar die zunehmende Eintrübung der Linsen«, gilt jede Aufmerksamkeit der im Sprachlichen sich bereits ankündigenden Gewaltnahmen: »Hermann Ott hat in seinem Sudelbuch dazu nur Lichtenbergsche Kürzel gesetzt: ›Die Reichs-Kristallnacht ist eine geräumige Metapher.‹« Bevor Ideen zur Gewalt werden, muß man sie also dem Scheidewasser von Skepsis und Kritik aussetzen. In Deutschland grassiert ein trübes ideologisches Geistesgebräu aus alten deutschen Schuldverneinungstheoremen, verjüngten idealistisch-kommunistischen Heilsbeschwörungen und katholizistischen Regressionen, dem Grass einen »Großmief aus Mystik und Materialismus«

abzuschnuppern meint. Das Prinzip Aufklärung sieht er zudem vor der offenkundigen Gefahr, im Angesicht der »rationalistischen« Nazizerstörungsdesaster immer mehr zum »Erkenntnisekel« zu führen. Doch eine materiale Vernunft, das dokumentiert seine erzählerische Zweifelsenergie, muß sich durch die Wechselbäder der Negativität hindurcharbeiten. Wo Wissenschaftlichkeit fragwürdig geworden ist, heißt Aufklärung: »Denken über Gedachtes, bis nur noch der Zweifel gewiß ist. Erkenntnis, die Ekel bereitet. – Das trifft auch für uns zu.«

Nicht das schlechteste Zuversichtsmittel angesichts solchen »Stillstands im Fortschritt«, gegen jenes sämige Beharrungsvermögen spätrestaurativer Zeiten, ist die Melancholie, die Grass mit Montaignescher, Lichtenbergscher und Schopenhauerscher Verve gleichermaßen aufgeladen sieht. Lichtenbergs Methode, für Grass nicht weit entfernt von einer Spielart Sternescher Erzählbrillanz, ist für den Autor des »Tagebuchs« gleichbedeutend mit dessen erkenntniskritischer Funktion: nämlich »mit leichter Hand gegen die Zeit zu schreiben«. Mit Leichtfertigkeit allerdings hat dies nicht das geringste zu tun. Denn im gewitzten Procedere solcher unabschließbaren, federnd-subtilen Notations- und Erkundungsstreifzüge verbirgt sich die ganze Anstrengung der Vernunft. »Zweifels Nase mag die Länge von elf normalen Gedankenstrichen gehabt haben. Er konnte sich für nichts, allenfalls für sich entscheiden. Schwierig für Zweifel (und unsereins), für etwas zu sein.«

Woher soll das Denken den Nachweis seiner Realitätsgerechtigkeit auch nehmen können? Die Energetika der Skepsis müssen ja erst freigesetzt werden, man ist gezwungen, sein Wahrnehmungsobjekt zu »denken, bis es sich aufhebt«, selbst Zweifel muß man sich »ausdenken«, »Warumsätze« sind erst einmal zu finden und dann zu sammeln, keine »Lehre trägt«, keine Lösung ist gewiß, auch die Schnecke »verläßt feste Standpunkte«. Welche intellektuelle Fähigkeit also kann einer ganz und gar unfertigen Versuchswerkstatt namens Wirklichkeit gerecht werden? Vielleicht jene so sonderbar einläßliche und antisystematische Schneckenapperzeption mit ihrem allzu »verzögerten, umschweifig philosophischen Satzbau«.

»Anschauung vor aller Erkenntnis« – das wäre womöglich, wenn man denn wollte, bei jenem aufgeklärten Dr. Zweifel zu lernen; allen idealistischen Geistern zuwider, wie Grass sie in einer Studentenbewegung von 1968 findet, die »Christi Blut in hegelförmigen Flaschen abfüllen« möchte. Ott, der Skeptiker, ist viel zu sehr seiner eigenen Namensgänze, dem Spott, verfallen, als daß er jemals auf eine Leimrute der Reinheits- und Erlösungsdenker à la Hegel und Fichte würde gehen können: »Er zerlachte Systeme und ließ jedes absolute Gehabe über seinen Witz springen. Neben überlieferten Titeln – ›Protestantischer Jesuit‹ und ›Mystifizierfritze‹ – gab er Hegel neue Namen: Bewußtseinsmeier und Spekulatius.« Gegen diesen »Vater aller Ideologien« eifert das Grasssche »Tagebuch« immer wieder vehement, es möchte alle noch heute kurrenten Mythen mit dem Säurebad des Zweifels infizieren, nicht zuletzt die neuerlich utopisch pneumatisierten der »Vernunft«.

Was Grass damals unverdrossen gegen den »vernünftelnden Wahnsinn« seines Zeitalters an Intellektualität aufbietet, ist nach wie vor gut aufklärerisch unter das Rubrum Erziehung und Bildung zu fassen. Sein Buch »Kopfgeburten« (1980) reiht sich ein in die kritisch-launigen Gegenwartsanalysen zwischen den späten sechziger und den frühen achtziger Jahren. Und es formuliert noch einmal das diskursive Angebot an ein Zeitalter, das freilich am Prozeß seiner Mündigwerdung zunehmend irre wird. Filmisches Erzählen, Durchdringung des Stoffes durch mediale Reflexionen, Nachdenken über die Genese und Geltung von Wirklichkeitswissen und Realitätserkenntnis, spielen abermals ineinander. Als eine Art Arbeitsjournal, als scharfsichtiges Gedankenlaboratorium, halb Drehbuch, halb Erzählung, werden die »Kopfgeburten«, so sehr sie als bloße Fingerübung erscheinen mögen, zum Ausdruck der zunehmend filmästhetisch und futurisch-zeitaufhebend durchdachten, sich also immer polyphoner instrumentierenden Erzählkraft des Romanciers Grass.

Denn nicht nur muß er auch hier »Anlauf aus entlegenen Jahrhunderten nehmen, um wieder gegenwärtig zu sein«, vielmehr hat sich seine Zeitgenossenschaft inzwischen dank einiger Reisen nach Asien und in Indien vor allem nach Calcutta globalisiert. Das deutsche Geschichts-, Gesellschafts- und Politiksyndrom wird dramatisch deutlicher vor dem Hintergrund der verelendeten Dritten Welt. Harm und Dörte, das junge linke Lehrerehepaar in den »Kopfgeburten«, ist ganz befangen im indifferenten »Gesellschaftsspiel ›Einerseits-Andererseits‹«. Beide sind zur praktischen Vernunft nicht fähig, wollen sich vielmehr »lösen, fallenlassen«, ihre Schulfächer haben sie »dumm« gemacht, sie leben – angesichts einer weitgehend verelendeten Menschheit – mit dem Für und Wider ihres Kinderwunsches im »geistigen Notstand«.

Nicht minder beschädigt ist die Republik der Deutschen selber, mit ihrer »kulturbetriebsamen Barbarei«, mit ihrer

Feigheit, die sich als Liberalität und Ausgewogenheit tarnt, mit jenen »falschen Konjunktiven sich allseits rückversichernder Meinungsträger«. Entproblematisierung von Wirklichkeit und Schwächung geistiger Realitätskraft vermittels alles durchdringender Medienmacht (»Die Realität bleibt im Gespräch. Sie täuscht über alles andere hinweg«, so zitiert Grass seinen Freund Nicolas Born) – das scheint nun auch das Schicksal der Aufklärung zu werden. »Mit altbekannter Fistelstimme lehrt uns die Vernunft, den neuesten Wahnsinn als relativen Fortschritt zu begreifen.« Und die Jungen, und die Linke? Sie plappern von »Selbstverwirklichung« und predigen in »Orwells Jahrzehnt« vielleicht noch »christlich-marxistischen Hoffnungsquark«, aber längst »erschöpft« scheint ihre Zukunftskraft zu sein: »In tausend Frühstücksgedichten täglich kotzen sich unsere Poeten aus: lauter Meister im vierfachen Salto der Sinnlosigkeit und in weiteren Disziplinen. Es ist schon so: seitdem die Aufklärung als Heilige Kuh trockensteht, ist dem Fortschritt kein Saft mehr abzumelken.«

Die »bösen Greise« Kapitalismus und Kommunismus, das beobachtet Grass, werden einander immer ähnlicher. Er geißelt den computergestützten Scheinfortschritt neuester Technologien, eifert für die multikulturelle Gesellschaft und gegen germanisierenden Abschottungs- und Abstammungswahn, diskutiert das Problem der Weltüberbevölkerung im Widersatz zur deutschen Nachkommensschwäche, huldigt noch einmal der eigenen »Kulturnation« samt ihrer großen aufgeklärten Vorläufer und mischt sich vehement in innenpolitische Händel ein. Abermals ist es eine Art literarischer Materialreflexion, ein Heraus- und Freiarbeiten von Sachverhalten und Problemen aus dem zähen Sud mediatisierter Verbrämungen und Verzerrungen. Noch der sterbende Nicolas

Born habe jenes »Auge des Entdeckers« besessen, der die »Wirklichkeiten abseits der Tatsachen« zu sehen vermag und die »faktengesättigte Fälschung [ahnt], um sie endlich [...] aufzudecken«. Immer dringlicher schiebt sich für Grass die Reflexion auf die konjunktivische Instrumentierung seines Erzählens vor jede eigentliche Sachdarstellung. Wie insinuiert man gleichsam zeit- und raumentgrenzend, den umtriebigen Irrtum unendlich fortzeugend, das Zweifelsprinzip in alle narrative Vergegenwärtigung?

Indes, was die »Kopfgeburten« auf knappem Raum vorführen, haben «Der Butt« (1977) und »Das Treffen in Telgte« (1979) längst auf unnachahmliche Weise erprobt: das epische Konstrukt »Zeitweil« oder auch »Vergegenkunft«. Grass ist »eine vierte Zeit, die Vergegenkunft, geläufig. Deshalb halte ich auch die Form nicht mehr reinlich. Auf meinem Papier ist mehr möglich. Hier stiftet einzig das Chaos Ordnung. Sogar Löcher sind Inhalt hier. Und nicht verzurrte Fäden sind Fäden, die gründlich nicht verzurrt wurden. Hier muß nicht alles auf den Punkt gebracht werden.«

Dieses Erzählverfahren hat ihm schließlich erlaubt, in »Zunge zeigen« (1988) eine völlig »neue, alle meine Möglichkeiten versammelnde Form« der sprachlichen Darstellung zu erproben für jenes Desaster von globaler Kapitalismuseuphorie und Dritte-Welt-Verelendung, das für Grass einem Fortschrittsinfarkt der »aufgeklärten« westlichen Hemisphäre gleichkommt. Natürlich versichert sich dieser »Mißvergnügungsreisende« immer wieder der skeptisch-detailsüchtigen Optik von Begleitern des Schlages Lichtenberg, Schopenhauer und Fontane. Das hatte gute Gründe und weitreichende Folgen, wie man weiß. Denn anders als in solch kritisch rückspiegelnder Intervention war weder der

Eindrucksflut des exotischen Elends noch jener im markt-
versessenen Westeuropa virulenten »Aufklärung als Aberglauben« zu begegnen.

Urmütterträume

Es könne »das Elend der Aufklärung nur mit hauseigenen Mitteln behoben werden«, schreibt Günter Grass 1984 in einer
Rede mit dem Titel »Der Traum der Vernunft«. Sein großer
Roman »Der Butt« (1977) hatte schon einige Jahre zuvor in seinen mehrere Jahrtausende umspannenden Fiktionswelten auseinandergelegt, worüber angesichts der säkularen Vernunft-
und Aufklärungsdesaster unserer Zivilisation zu reden wäre.
»Der Butt« fabuliert eine Rationalitätsgeschichte in den
Dimensionen der kreatürlichen Evolution von Menschen
aus. Nicht weniger insinuiert dieses inkommensurable
Romanwerk als eine Gegengeschichte wider allen Idealismus, alle utopischen Endzeiterwartungen und jede legiti-
mistische Herrscher- und Siegerbetrachtung, die historische
Erfahrung allesamt zu verfügbaren Formeln verdünnen wollen. »Der Butt« erzählt dagegen in überbordendem Erfin-
dungsgeist vom körperdampfenden Leibes-, Liebes- und
Geschlechterkampf, von einem sinnenstarken und interes-
senbestimmten Ernährungs-, Macht- und Ideologieprozeß
mit ebenso unergründlicher Vergangenheitstiefe wie unwäg-
barer Zukunftsaussicht. Es ist Grassens umtriebig skepti-
scher, von anthropologischen Ahnungen hinsichtlich des
»alten Adam« beunruhigter Geschichtsbegriff, der hier einer
geradezu unendlich pulsierenden Erzählmagma eingefabelt
wird.

Doch wer oder was ist der Butt? Gewiß, diese abermals artifiziell und erfahrungskritisch konstruierte Erzählfigur verkörpert so etwas wie den hypothetischen Versuchskomplex der Menschheit, ihrer eigenen Geschichte und zivilisatorischen Entwicklung einen orientierenden Sinn zu verleihen. Doch dieser beredte Plattfisch, der vor einem Tribunal richtender Feministinnen sein Lebens- und Meinungsrecht behaupten muß, besitzt einen durchaus detailgezeichneten Problemkorpus, ein widerstreitenderes, auch widersprüchlicheres Reflexions- und Zweifelwesen, als man es ihm oft hat zutrauen wollen. In diesem narrativ-flüchtigen Wandlungskörper oszillieren sehr genau bestimmbare Energetika und Zeitspannungen des Zivilisationsprozesses. Der Butt und kein anderer verkörpert die Prinzipien des Männlichen, des Vaterrechts, der Vernunft und Rationalität, des begrifflichen Denkens und der Objektivität, der Abmessung und Planung, des Entwurfs und der Leistung, der Schriftlichkeit und des Individualismus, der Unrast und des Fortschritts, der Zivilisation, der Arbeitsteilung und der Geschlechtertrennung, des Christentums, der Säkularisation und der Entmythologisierung gleichermaßen. Ein kunstvoll fluktuierender Erzähler, der dieser spannungsreichen Erfahrungsmassen nur in knappen, aber sich immer wieder fortschreibenden »Zeitweilen« gewärtig sein kann, wird zum Zeugen und Faktor einer schründigen Historie und zugleich zum Prozeßgegner jener femininen Geschichtsabrechnung, die dem Butt-Prinzip in aller menschheitlichen Vergangenheit den Garaus machen will.

Nicht ohne Hintersinn will Grass in diesem Roman »genauere Fakten erfinden als die, die uns angeblich authentisch überliefert sind«. Die Entmystifikation aller Dialektik der

Aufklärung im Zivilisationsprozeß legt sich hier nicht nur als vielfältiges Themenspektrum aus, sondern zugleich als selbst- und weltreflektierendes Erzählprinzip. Aufklärung soll wiederum als entdeckende Darstellungsform einem Werk zugrunde gelegt werden, das den erkenntnisbewußten Widerstreit gegen die herrschende idealistisch-utopische Geschichtsverflachung behaupten will. Mythen, Märchen und Legenden, kryptische Historien, imaginierte Vergangenheitsbilder, konstruierte Visionen von dazumal, Ehestillleben von heute, schließlich ein neunmonatiger Erzählgeburtszyklus gehen im narrativen Furor des »Butt« ständig ineinander über. Was einst im mythischen Liebesleib der freundlich-übermächtigen Aua als geschichtslose Sättigungswonne des Mannes begann, wurde irgendwann radikal durch einen »aufklärenden Blitz entmystifiziert«, so daß unwiederbringlich »Urmütterträume zerstoben«. Kaum aufgeklärt, sucht der Mann ein Wort für »Vater«, möchte er ausbrechen aus der umhegten Welt des Matriarchats, wird er rastlos, beginnt er zu denken und zu planen, fallen ihm das »vernünftige Vaterrecht« und das »Prinzip der Arbeitsteilung« ein. So schwach das »Vernünftlein«, die »Funzel Vernunft«, auch leuchten mag, der Mann greift nun hyperaktiv ins Geschichtsmächtige ein, wobei seine »Großtätigkeit« aller Natur zuwider schon bald zur Monstrosität umschlägt. In diesen »Endzielmännern« triumphiert irgendwann die rettungslose Hybris, »vernünftelt der Wahnsinn« am Ende so dramatisch, daß sie vermöge ihrer instrumentell-abstrakten Vernunft noch die schrecklichsten Vernichtungstechnologien erfinden.

Doch der behaupteten Überlegenheit dieser delirierend rationalistischen Männer, die von jenem wortschweifigen

Vernunftapologeten namens Butt jahrhundertelang beraten worden sind, entspricht in Wahrheit und seit je ihre faktische geschichtliche Unterlegenheit. Davon hat schließlich auch der Butt genug, weshalb er sich zum Fürsprecher und Helfer des weiblichen Geschlechts in seinen zivilisatorischen Befreiungsmöglichkeiten machen will. Frauen, Köchinnen werden daher zu Leit- und Periodisierungsfiguren alles Historischen im Roman. Die allmähliche Befreiung des Leiblichen aus den Fesseln christlicher Restauration, die Refanatisierung der Glaubenskämpfe im Barock und die Liberalisierung des Geistes und der Menschenrechte in der Aufklärung, aber auch schon die beginnende Instrumentalisierung der Vernunft in jener Achsenzeit um 1800, schließlich die in der Arbeiterbewegung des neunzehnten Jahrhunderts verkörperte Emanzipation der gemeinen Leute zur sozialistisch-humanitären Gesellschaft – all diesen Entwicklungsschüben der Zivilisation wohnt der zeitweilende Erzähler auch und vor allem als Ehemann hoch agiler Frauen bei. Die Küche ist ein, wenn nicht *das* (verleugnete) Zentrum aller Geschichtsmächtigkeit. Was, bei wem, wie und wann durch den Magen ging und geht, ist in der Historie immer schon von erheblicher Bedeutung gewesen. Doch dieser Anteil der Frauen an allem dampfend Zivilisatorischen ist unterdrückt und in der Überlieferung verzerrt dargestellt worden, weshalb »Der Butt« nun zur Entmystifikation solcher Entweiblichung alles Vergangenen aufgerufen ist.

Der Erzählvorgang wird daher ausgesponnen zum gigantischen Rekonstruktionsprozeß des Märchens »Von dem Fischer un syner Fru«, dessen proweibliche, also antimännliche Variante – einst von Philipp Otto Runge unter dem Druck seiner romantischen Freunde verworfen – in ihrer geschichtsbildenden Bedeutung wieder zur Bewußtheit erweckt werden soll. Geschichten entfalten nun erst wirklich ihre imaginatorischen Kräfte zur Gegengeschichte: »Nicht das Gezählte, das Erzählte hängt an.« Die kreative Kraft der mündlichen Märchenüberlieferung, ihre Eigenschaft, jedesmal anders erzählt werden zu können, die Märchen als Seismographen und als »Doppelboden« aller Wirklichkeit, ihre wortwirkende Phantasie, mit der sie die »Schranke Vernunft überhüpfen« können – all dies macht jene alten Volkspoesien für Grass keineswegs zu Trägern glücklich-wunderbarer Gegenwelten, sondern zu Instrumenten der Skepsis und der Kritik, der ironischen bis satirischen Korrektur falscher Geschichtsbilder. In den Märchenphantasmagorien des »Butt« wird Aufklärung daher nicht ad absurdum geführt, sondern ihrer selbst ansichtig. Denn die Verzwergung des wahrhaft »Aufgeklärten« zum schieren Fortschrittsoptimismus unterschlägt die gesamte sinnliche und phantasmagorische Seite des Menschen und seiner Vernunftausstattung. Längst hat die datengläubige Ratio des späten zwanzigsten Jahrhunderts irrationale Züge angenommen. Ein bis zum Irrwitz einseitiges Menschen- und Wirklichkeitsbild liegt dem zugrunde, was derzeit als »Vernunft« Geltung beansprucht. Vielleicht aber können »Märchen, aus deren Getier [...] gleichwohl Vernunft spräche«, jener Verkrüppelung von Aufklärung zur phantasielosen Instrumentalität noch widerstreiten. »Der Butt« möchte dieses Versprechen einlösen um den Preis einer gleichsam experimentellen Historisierung der Märchen, der Übertragung ihrer Grundmotivik in hintersinnige Zeit(wechsel)bezüge.

Ob am Ende die über-säkulare Perspektive der weiblichen Emanzipation für die Frauen selber und für die moderne

Gesellschaft einen wirklichen Fortschritt bedeuten könnte oder ob nicht vielmehr den vielen pointierten Desillusionsschüben des Romans die Entlegitimation, ja die tiefe Fragwürdigkeit jeglicher, also auch dieser geschichtlichen Sinnkonstruktion entspricht, mag man dem wiederum ins Konjunktivische aufgelösten Schluß des Erzählwerkes ablesen. Der numinos-aufgeklärte Butt redet am Ende noch einmal lange mit einer Frau. Worüber die beiden sprechen, kann der Leser nicht mithören. Dann entschwindet der Fisch in den Tiefen der unendlichen See. »Am Ende wurde alles bestätigt. Die Märchen hören nur zeitweilig auf oder beginnen nach Schluß aufs neue. Das ist die Wahrheit, jedesmal anders erzählt.«

Antiutopisches Capriccio – sinn(en)geschärfte Warnbilder

Der Roman »Die Rättin« (1986) hat einige Jahre später in der Tat eine ganz andere Geschichte zu erzählen. Unter heillos »verwirrten Nachfahren« jenes Vernunftjahrhunderts muß dieses Erzählwerk nun seine Chancen suchen. Es hat mit einer Aufklärung zu rechnen, die am Ende noch »zum Schnörkel der Postmoderne verkommen« könnte. Diese achtziger Jahre werden für Günter Grass überhaupt zu einer Art historischem »Abschreibeprojekt«. Denn »annähernd aufgezehrt oder ruiniert ist die Zukunft«. Muß also die Erziehung des Menschengeschlechts als gescheitert betrachtet werden angesichts der wahnwitzigen Nachrüstungen, der globalen Umweltzerstörung, des Reformstaus und der geistigen Restauration in der Bundesrepublik? Anders gefragt: »Wer klärt die Aufklärer auf?«

Goya hatte dereinst das wohl schrecklichste Bekenntnis aller Aufklärung schlechthin abgelegt, daß der Traum der Vernunft Ungeheuer gebäre. Grass sah schon damals und sieht noch heute im Armut produzierenden Kapitalismus und im Zwangsherrschaft erzeugenden Sozialismus jene bösen »Träume der Vernunft« realisiert. Doch anders gewendet, konnte man Goyas Formel auch umdeuten in: »Der Schlaf der Vernunft erzeugt Ungeheuer.« Denn, so fragt Grass, was ist das »für eine Vernunft, die nicht schlafen, den Traum nicht zulassen« darf? »Hat nicht diese überwache, sich wissenschaftlich nennende Vernunft den vormals weitgefaßten Begriff von Fortschritt auf technisches Maß, auf einzig das technisch Machbare reduziert?« Dieser schlaflosen Vernunft, die kaltes Licht gibt und frösteln macht, hält der Dichter seinen gleichsam imaginatorischen Begriff von Aufklärung entgegen. Es seien »Träume vonnöten, Nachtflüge der Einbildungskraft und Märchen, aus deren Getier – Fledermaus, Eule und Luchs – gleichwohl Vernunft spräche«.

Der drohende Tod der Aufklärung in jenem Deutschland der achtziger Jahre hebt für Grass schon an mit dem »Diktat der Ausgewogenheit«, die wie »Mehltau auf jedem Gedanken« liegt und den öffentlich »notwendigen Streit unterbunden« hat zugunsten »jenes moderierten Geschwätzes, das aufgeklärt genannt werden möchte, doch nur beiträgt zum hier berufenen Elend«. Will Aufklärung aber in ihrem Lebenselement weiter wirken, benötigt sie Zukunft; nicht technisch-rationalistischen Aberglauben, nicht idealistische Naturversöhnung, sondern von Grund auf skeptische und ästhetische, ihre humanitäre Wesenskraft erst wirklich ausschöpfende (Selbst-)Reflexion. »Nicht meiner Neigung nach, pflichtschuldig nur ging ich der Aufklärung, hier Spanndienste, dort Räumarbeit leistend, ins Geschirr; gleichwohl wußte ich früh, daß ihr Begriff von Vernunft mir zu kalt, ihre Moral mir zu selbstgerecht ist. Warum, zum Teufel, fragte ich mich, muß Aufklärung so langweilig sein? Immer weiß sie, wohin die Reise zu gehen hat. Immer sind ihr die Lernziele bekannt. Selbst meine Undeutlichkeiten, die mir lieb sind, will sie ausleuchten. Fortwährend mahnt sie mich, meinem Chaos Zäune zu setzen. Immer besser, sozialer, gerechter, wissender, aufgeklärter zu werden, schreibt sie mir vor. Die Diktatur der Toleranz ist sie, die Tyrannei der Tugend. Ich will aber einer Aufklärung dienen, die Lust bereitet und Auslauf gewährt, die farbig ist und Kleckse erlaubt, die mir nicht weismachen will, daß die Aufklärung des Spießers zum aufgeklärten Spießer Fortschritt bedeutet. Ich, ihr Untertan, will, daß ihre herrschende, überall vorherrschende Vernunft endlich Untertan der geschundenen Natur wird.«

Der Roman »Die Rättin«, dieser »Versuch, das beschädigte Projekt der Aufklärung erzählend fortzuschreiben«, fällt in eine Zeit, in der deutsche Dichter schon wieder als »Seher« auftreten, in der die »Moderne von gestern irritiert schweigt« und die Postmoderne sich »in aller Unverbindlichkeit alles und das Gegenteil all dessen« erlauben will.

Ein offenkundig implodierter Zeit- und Zukunftshorizont wird daher für die vielschichtige Erzählinstrumentierung des Romans wegweisend. »Der Abschied von den beschädigten Dingen, von der verletzten Kreatur, von uns und unseren Köpfen, die sich alles und auch das Ende all dessen ausgedacht haben, müßte mitgeschrieben werden«, formuliert Grass schon vier Jahre vor Erscheinen des Buches. Wenn aber die fortschreitende Zeit für eine »zukünftige Glückseligkeit der Menschheit« abhanden gekommen ist, kann von deren erzählerischer Mimesis im Grunde nur eine radikalisierte Form der hintersinnigen Welt-Zeit-Dekompositionen Grassscher Couleur erwartet werden. Vielleicht vermag die dem zeitgenössischen »Erkenntnisekel« – nach all den Greueln der Aufklärung und aberwitzigen Ausschreitungen der Vernunft – noch authentische problem- und sinn(en)-geschärfte Warnbilder entgegenzuhalten. Doch Form und Inhalt scheinen nun erst recht zweifelhaft zu werden. Denn reichen in jener Ära der »coolen Abklärung«, des Kultus der Paradoxien, des Dezentrierten und Beliebigen, die Bekenntnisse zum skeptischen »Stammvater« Montaigne und zum erkenntnis-irrtümelnden Geistesfreund Lichtenberg noch aus? Erzählen in einer Zeit »leerspekulierter Köpfe«, in der die Aufklärung zur Domäne »ehrlicher Trugbildner« im intellektuell verflachten Dritten Programm geworden ist – wie kann das aussehen?

In der »Rättin« ereignet sich welterkundendes und erkenntnisermöglichendes Erzählen als hochkomplizierter Verspiegelungszusammenhang. Die humane Spezies, diese »gottähnlichen Narren«, haben die Erziehungsidee des Menschengeschlechts zum zivilisatorischen Brachfeld verkommen lassen. Bei so viel »Besserwissen« und instrumenteller »Ausscheidung menschlicher Vernunft« sind die Menschen »allwissend und dumm zugleich« geblieben, wurde »nichts fertig, doch nun ist alles vollbracht«. Die Welt, die der Roman vorausgreifend im Zustand ihres endzeitlichen Desasters schildert, lebte nur noch von »Aufgüssen ausgelaugter Ideen«, abstrakte und naturfeindliche Rationalitäten hatten sich zu einem desaströsen Verblendungszusammenhang verdichtet. Von Grund auf unfähig war diese Globalgesellschaft, »wenn nicht aus neuen, dann aus alten Wunschwörtern, die Freiheit, Gleichheit, Brüderlichkeit hätten heißen können, ein wenig späte Erkenntnis zu saugen«. Was wunder, wenn nun eine »aufgeklärte«, weil naturanpassungsfähige Spezies menschlicher Furcht- und Ekelprojektionen auf den Plan tritt und als höchst reales Überlebenskollektiv die Zukunft der Welt bestimmt: die Ratten. Unaufhaltsam wächst sich eine jener phantasmagorischen Schreckensgeburten der Vernunft, ein »böses Traumgetier«, im Roman zur manifesten, in sich selbst vielfach problemgespiegelten Gewalt aus; auch dies eine Frucht der Deformierung menschlichen Wesens, zumal seines Unbewußten.

Die erzählende Vergegenwärtigung solcher Wirklichkeit kann für Grass nur gelingen in einem vielsträngigen, rekursiven Selbst- und Weltvergewisserungsverfahren. Ein in jean-paulesker Manier sublunarisch enthobenes Ich, eine »Niete im Kosmos«, befangen in einer Art Weltraumsatellit, umkreist in globalisierter, also handlungsunfähig machender Entfernung »seinen« Planeten. Wirklichkeit ist ihm nur im Durchflug, höchst mittelbar, im Grunde nur noch medial und virtuell zugänglich. Realitätsbehauptungsversuche sind alles, was dieser jeglicher Konkretzeit entsetzte Erzähler in einem Wirbel von Debatten, Argumenten und Gegenargumenten, von Visionen, Bildern, Geschichten, Erinnerungen und Einbildungen noch anzustellen vermag. Seine bemühte Progressionsidee des Menschengeschlechts wird einem flirrenden medialen Reflexionsspiel ausgeliefert, in dessen Zentrum die Rättin den gewitzten, aufklärungs- und zivilisationskritischen Widerpart bildet. Komplizierter noch, das haarige Tier erscheint in virtueller Gestalt auf einer Videowand, als Realfiktion oszilliert es in den versuchsartigen Weltzeitprojektionen des Erzählers, in seinen Tag- und Nachtträumen. Er verwechselt die Fiktions- und Argumentationsfiguren ihres Diskurses mit seinen, kann kaum noch eigene, vom Geltungszweifel und vom Irrealen unbeschädigte Wirklichkeitsbilder aufrechterhalten: »Sie spricht. Oder erlaubt sie mir, indem sie mich träumt, ungetrübt noch immer zu glauben, sie träume mir und habe, damit ich schweige, als Rättin eindeutig wieder das Wort genommen?« Was mediale Insinuation ist und was das hiervon »wahrhaftig« Unterscheidbare, kann ein solcher Erzähler nicht mehr klären. Und das, obwohl es stets um dieselbe Geschichte geht, immer wieder erzählt und immer wieder anders, auf der Mikro- wie auf der Makroebene des Romans. Dem atomaren Schlußdesaster der Menschheit ist dasjenige ihres Welt-, Vernunft- und Moralverlustes vorausgegangen.

Doch der Roman »Die Rättin« treibt das widerstreitende Spiel der Dekonstruktion von aufgeklärtem Weltsinn und humaner Realitätsgerechtigkeit noch weiter. Er nimmt sich abermals eines futurischen Erzählprinzips an, das die »Vergegenkunft« nicht nur zu einer Art apokalyptischer Verkündigungszeit zusammenzieht, sondern noch um Traumzeiträume und virtuelle Zeitdimensionen anreichert. Gerade diese Dekomposition der Idee eines während Fortschritts des Menschengeschlechts zu einem dauerverzehrenden, allgegenwärtigen Endzeitfiasko ist es, die den Roman in erregte Phantasie- und Diskursspannung versetzt. Vielleicht können Worte zeitweise den Verlust alles Gegebenen in jenem Orwell-Jahr 1984 noch aufhalten. Wenn Wirklichkeiten zu Virtualitäten verrechnet und zerstäubt werden – wäre es möglich, daß eine »visuelle Aufklärung« sie daraus wieder befreien könnte? Auch darüber denkt Grassens Roman nach. Und es ist kein geringerer als der »medienbestimmte« Oskar Matzerath, der als Videomagnat, als Produzent von Zukunft, wie er von sich behauptet, diese überaus ambivalente Aufklärungsposition noch einmal einzunehmen in der Lage scheint. Konstruktion und Verzerrung von gesellschaftlichem Wissen, Aufhebung von Zeit- und Wahrnehmungsgrenzen, Verwandlung von Wirklichkeit in bilderflirrende Suggestivität – das beschreibt die arbiträre Zwischenwelt jenes zu Kommerz und Unterhaltung geschrumpften Aufklärungsparadigmas, in dem Oskar mit seinem Programm »Post Futurum« reüssiert. Der Mensch ist so eindimensional geworden, so vollständig in seinem Konsum-, Wahl-, Sexual- und sonstigen Verhalten an »Rastersysteme verfüttert«, daß »winzige Mikroprozessoren [...] alles speichern, was war, und ausspucken, was sein wird«. Dies ist die allerjüngste Schwundform jenes »Humangezänks«, zu dem die Tradition der Vernunft heruntergekommen ist.

Doch nicht ein rettungslos absurdes Endspiel figuriert sich in diesem Menschheitsdesaster, sondern eine ebenso schwarze wie hochberedte Antiutopie, die an den dräuenden geschichtlichen Bedingungen ihrer eigenen (Denk-)Möglichkeit diskursiv immer noch zu rütteln versucht. In den Reflexionsprozeß des Romans eingeschaltet ist nicht nur das Suchen von fünf Frauen nach ihrem »Vineta«, ihrem wunschverheißenen Weiberland ohne Männermacht, sondern vor allem Oskar Matzeraths Stummfilmproduktion »Grimms Wälder«. Doch so wenig Oskar Matzerath mit dem Geburtstagsvideo für seine Großmutter die Zeit vorausgreifend verfügbar machen kann, gelingt ihm auch die Verfilmung des Hänsel-und-Gretel-Märchens unter den katastrophischen Gegenwartsbedingungen. Um fünf vor zwölf kann auch Oskar Matzerath nicht länger die Vernunft beschwören. Die apokalyptischen Ereignisse sind aller medialen Repräsentationsmöglichkeiten enthoben. Mit den Wäldern sterben in der »Rättin« auch die Märchen, veröden die Phantasien, verkrauten einst blühende Wortfelder. Zurück bleibt die Steppe der bundesrepublikanischen Politik mit ihrem bräsigen Kanzler, der betulichen Kraftlosigkeit ihrer Intellektuellen, mit NATO-Nachrüstung und atomarem Wahn.

Dennoch, Grass' Roman erzählt das alte Märchen als karikierende Verlustgeschichte seiner selbst, die zugleich eine groteske Denunziation moderner technokratischer Phantasielosigkeit und Vernunftdegeneration ausfabuliert. Eine befreiende Erzählpotenz wie etwa im »Butt« kommt dem Märchenhaften in solch aufgeklärten Wahn- und Endzeiten zwar nicht mehr zu, aber die melancholische Insistenz des Werkes auf dem unverbrüchlich Menschlichen, auf unberechenbaren Phantasie-, Wunsch- und Traumgelüsten, auf Mitleid und Menschenliebe, auf dem »gefühligen Unterholz, der vernunftwidrigen Ausflucht«, mag an das andere, an das entstellte Humane noch erinnern. Insofern sind die vierbeinigen Naturwesen des Romans, gerade als Träger aller möglichen negativen Menschheitsprojektionen, immer schon aufgeklärter, weil der natürlichen Anpassung näher (gewesen), als die gesamte Menschengattung seit je. Dem fabelnden Dichter Grass sind ihre Stimmen ebenso gegenwärtig wie bedeutsam. Sein Roman, so könnte man sagen, möchte – weit über die Historie vom Menschengeschlecht hinaus – gleichsam die Naturevolution selber reden machen. Natura loquitur. Nicht ein Lied nur schläft also in allen Dingen und in allen Kreaturen, ganze Symphonien einer wirklich aufgeklärten naturversöhnten Wirklichkeit lassen sich dem Totum der Welt ablauschen. Sie sind freilich genauso skeptisch dissonant wie dieser Roman. Des Werkes eigentümliche Schönheit konturiert sich als Capriccio einer punktgenauen, konjunktivisch-zweifelnden Vernünftigkeit, die den ungeteilten Wahnsinn des Ganzen wenigstens als Diskursmaterie in der Schwebe halten möchte. Zweimal tritt in der »Rättin« dem zukunftshoffenden Erzähler ein »bucklicht Männlein« entgegen, dessen Identität wiederum hintersinnig zwischen Oskar und Lichtenberg schwankt: »Es müsse«, so sagt das zwergenhafte Wesen, »dies noch und das niedergeschrieben werden, damit unser Ende, sollte es kommen, vorbedacht sich ereigne.« Eine Aufklärung ohne »zwielichtiges Geheimnis« ist für Günter Grass undenkbar. Ob »Vernunft« bei Grass also wirklich auf den ideologiekritischen Aspekt beschränkt wird, dürfte von hier aus sehr wohl zu bestreiten sein. Keinesfalls fehlen ihr die konstruktiv aufklärerischen Elemente »Selbständigkeit«, »Autonomie« und »lumen naturale«, wie man in der Forschung behauptet hat.

Konjunktivisches Bedeutungsspiel

Ein angespanntes Aufklärungsproblem hat Grass in seinem Roman »Ein weites Feld« nicht mehr auszufabulieren; so sehr das Werk sich auch entdeckend einläßt auf die Geschichtsanalyse des neunzehnten und zwanzigsten Jahrhunderts in Deutschland, mit seinen republikanisch-libertären Traditionen, seinen obrigkeitlich-kapitalistischen Einheitsmachenschaften und Gewinnlerallüren, mit seinen infernalischen Ideologie-, Herrschafts- und Kriegsorgien. Die Rousseau-Insel im Berliner Tiergarten ist jener Locus amoenus, den Fonty, die Doppelverspiegelung aus Theodor Fontane und Theo Wuttke, zeit- und lustwandlerisch zu genießen versteht. In diesen Erinnerungsfluren tauchen schon einmal böse Reminiszenzen auf, die aus dem fernen Aufklärungsjahrhundert stammen. Freiheit und Tugend können, so weiß Fonty, Wohlfahrtsausschüsse und Fallbeil-urteile gebären. Auch ist Fonty ein großer Zweifler, be-sonders an allem, was sich unter das Rubrum »Deutsche Einheit« fassen läßt. Da seien im fremdenfeindlichen und deutsch-phobischen Vaterland zuviel Verlogenheit und dröhnendes Eindeutigkeitsgeschwätz im Spiel; und das in Zeiten, in denen sein Alter ego Grass jeden aufklärerischen »Toleranzbegriff (für) verschlissen« erklärt. Fonty wäre sogar für eine »Deklaration des Menschenrechts auf Zweideutig-keit« zu haben, ganz im Sinne jenes detailversessenen Vor-fahren und skeptischen Ironikers Fontane. Und über die Verballhornung des Begriffs »Aufklärung«, besonders seit Tallhover/Hoftallers fürsorglichen Überwachungszugriffen, muß man mit Fonty schon gar nicht mehr reden.

Die aufklärerische Intention des Romanciers Grass ist im »Weiten Feld« ganz in der komplizierten Erzählanstrengung des Werkes aufgegangen. Vielfachverspiegelungen von Ereig-nissen und Personen, hohe Reflexivität und Mehrsträngigkeit der Autor- und Erzählposition mit diskursiven und einander widerstreitenden Erfahrungsperspektiven, gleichsam physio-gnomische Wahrnehmungsverschränkungen, aber auch -abstoßungen, historische Brechungen und Raffungen, Colla-ge von spannungsreichen, versuchsweise füreinander erklärungsfähigen Vergangenheits- und Gegenwartsbildern, Montage von Dokumentarien und Medienmaterien auf diversen Deutungsebenen und aus verschiedenen Zeitläuften – das »Weite Feld« bietet wiederum ein ausgefeiltes konjunktivisches Bedeutungsspiel, inszeniert über und zu einem riesenhaften, zeitbezeugenden Materialfresko deutscher Geschichts- und Gegenwartsverständigung.

Auch wenn man sich fragen muß, ob Grass hier wirklich die erzählerische Instrumentierung einer erregenden Zeit- und Wirklichkeitssuche gelungen ist, ob der Roman dem Unabgeschlossenen, sich aus dem Alten gerade erst entwickelnden Kommenden mit hinreichend prekärer Neugier und zweifelnder Vorläufigkeit einen unverstellten Erfahrungshorizont hat sichern können, darf am Exzeptionellen dieses Buches keinesfalls gezweifelt werden. Der Dichter, so hat Grass einmal gesagt, müsse »dem Geschichtsverlauf seine Absurdität« lassen. Das tut er gerade in diesem Werk mit beredter Konsequenz. Von böser Verzeichnung deutscher Einheitsrealität kann nur sprechen, wer – wie 1995 Teile der hochmögenden Literaturkritik unseres Landes – die durchaus skrupulösen und vielstimmigen, in sich widerstreitenden Erzähl- und Erfahrungsfigurationen des Werkes nicht sehen will. Und viel zu gelehrt und zu intelligent ist auch der Historiker Grass, als daß er jemals von planen Vergleichbarkeiten oder Quasiidentitäten zwischen verschiedenen historischen Phasen und Ereigniskomplexen deutscher Geschichte des neunzehnten und zwanzigsten Jahrhunderts hätte reden können. Doch eine im ästhetischen Diskurs feingeschliffene Dreinrede, das subtile Trial and error im Labormilieu eines so eigentümlich vernünftigen Erzählgeistes wollte man dem lauthalsen Politrhetor Grass offenbar nicht mehr zugute halten.

Was spätestens mit der öffentlichen Kritik der »Rättin« 1986 seinen Durchbruch erreicht hat, ist vorerst mit der Rezeption des »Weiten Feldes« noch einmal ins Extreme kulminiert. Die Unwertschätzung des Streithahns Günter Grass in politicis ist zu einem verhärteten Symptom geworden; so manchem gebricht es daher längst an jedweder Unbefangenheit gegenüber dieser so feingespitzten wie humorig saftenden Schreibvirtuosität. Das hat nichts mehr zu tun mit der subjektiven Häme und Ignoranz einzelner Kritiker, sondern ist zum professionstypischen Syndrom geworden, das regelmäßig eine bestimmte – keinesfalls nur jüngere – Fraktion bundesdeutscher Literatur- und Zeitgeistverständigung an die Grenzen des Diskursinfarkts zu treiben vermag. »Er, immer noch er« knackt die Nüsse der intelligiblen Nation – diese Jahrhundertphysiognomie. Dabei ist er doch wohl wirklich einer der Alten, dem längst die nachgereichte Stunde Null hätte schlagen müssen, der die Republik offenbar im Zustand ihrer geschichtlichen Schamhaftigkeit festhalten möchte, dessen Gesinnungsästhetik jeden Rüffel wegsteckt, der nach wie vor diskurs(an)stiftend zu sein droht, der einzige deutschsprachige Poet von Weltgeltung, der alle verquatschten Meinungstopographien von Konsens- oder Kontingenzintellektualität grienend hinter sich läßt, der jedes Verdikt, das ihn zum Statthalter einer bloßen Legende vom politisierenden Literaten degradieren will, unbeschadet übersteht, ja, der das meinungssedierte Betriebspersonal unserer Medienmoderne noch immer zu eifernden Bekenntnislagern auseinanderzutreiben vermag.

Was immer Günter Grass sagt oder publiziert, kommt ins Gerede, reibt sich an allerhand Common sense, provoziert Huldigungs- wie Abwehrrituale. Doch sobald es um literarische Hervorbringungen von ihm geht, hysterisiert sich zuvörderst unsere selbstberufene Kritik immer wieder in frappierende Vor- und Fehlurteile hinein. Das ist, man muß es wiederholen, ein durchweg endogenes Syndrom. Es hat nicht in erster Linie mit der unvorgreiflichen Prominenz des Autors zu tun, sondern mit einem durchaus herabstimmenden Hoffnungsstau im sekundären Geschmacksurteilsbetrieb selber; mit der Ernüchterung darüber, daß sich der noch so kreativ-ästhetisch oder futurisch-politisch drapierte Geist der »neuen« Republik – bei aller Wendemobilität und beschleunigten Modernisierung – nur sehr eigensinnig und traditionsanfällig von jenem der alten freizumachen vermag. Die wenn auch betagt modernitätskritische und gelegentlich schillernde Aufklärungstopik der Enzensberger-, Habermas- und Grass-Generation erweist sich nicht nur als ein nach wie vor konsensfähiges, weil sozialempathisches Verständigungsmuster dieser Republik, sie scheint sogar noch in deren allerjüngster Kulturszenerie um einiges kommunikabler als die buntschimmernde Polit-Lifestyle-Agenda vieler nachgewachsener Moderneapostaten.

Kann es sein, daß jenes weitgehend durchjournalisierte Gewerbe der Literaturkritik, weil es zum Beispiel den einschlägigen Fachwissenschaften immer bedenkenloser den Rücken kehrt, auf seinem Symbolsektor der zweiten Ordnung nur zu leicht ein Opfer aller möglichen sinnbeteuernden Orientierungskrisen wird? Milieudurchsäuerte Wahrnehmungsschwächen, Meinungskämpfe und Profilierungskämpfe der Publizistenzunft sind nicht ohne Dauerschäden für die Geistesgegenwart dieser Kulturrepublik auf der literarisch-ästhetischen Diskursebene austragbar. Das dürfte immer öfter, wie wir seit dem Streit um »Ein weites Feld« wissen, zur Implosion unverzichtbarer fachlicher Kompetenz- und Urteilsstandards führen. Ohne Bedenken heben wir heute etwa die achtenswerte Erzählintelligenz eines Ingo Schulze in den Poetenhimmel und lassen die schründig-artifizielle Geistmaterie des nur noch in Jahrhundertbezügen erschließbaren Opus von Grass im Regen stehen. Intellektuelle Optionen und Erfahrungswiderstände, wenn sie in einem so avanciert-zeitgenössischen Literaturwerk tief gegründet und kompliziert verzweigt sind, sollen endlich unter »kritischen« Beliebigkeitsvorbehalt gezwungen werden.

Es ist ein eigentümlich deutsches Mißverständnis, das der hiesigen Kritik nun schon seit mindestens zwei Jahrzehnten die Gesprächsfähigkeit mit dem Wortkünstler Grass verstellt – nur damit dieser unverwüstlich dreinredende Citoyen auf Distanz gehalten werden kann. So oft und so kunstvoll Grass, Lichtenbergisch geistgestimmt, seine deutschen Leserscharen zum Selbstdenken provoziert hat, das literaturkritische Justemilieu wollte immer nur sein eigenes heraushören und traktiert ihn mit einer nicht selten zur Kunstindifferenz überschnappenden Geschmackswut, deren Kern in der unerfüllten Lust auf Götterdämmerung bestehen dürfte.

GÜNTER GRASS

Lübecker Werkstattbericht

3 Videokassetten, 540 Min. Spielzeit
DM 78,00

*

Auf drei Videobändern ist der »Lübecker
Werkstattbericht« dokumentiert: sechs
Vorlesungen, die Günter Grass im Win-
tersemester 97/98 im Klinikum der
Medizinischen Universität Lübeck hielt.
Die Lübecker Gastvorlesungen bieten
einen weit gespannten Bogen über fünf
Jahrzehnte schriftstellerischen, graphi-
schen und bildhauerischen Schaffens –
seiner Werkstatt. Dabei verknüpft Grass
zeitgeschichtliche Ereignisse, die er im
Vortrag in Erinnerung ruft, mit Berichten
über seine Arbeitsweise und ergänzt dies
zum Abschluß mit einer Lesung seiner
Gedichte beziehungsweise den »zur
Zeit« geschriebenen Prosatexten.

Bitte fordern Sie das kostenlose Gesamtverzeichnis an:
Steidl Verlag · Düstere Str. 4 · 37073 Göttingen

GÜNTER GRASS

Auf einem anderen Blatt

Zeichnungen
176 Seiten, Leinen, DM 48,00

*

Der Ruhm des Schriftstellers Günter
Grass hat lange die unvoreingenommene
Sicht auf die mythische Welt seiner
Zeichnungen und Graphiken verstellt.
Dieser Band gibt erstmals umfassend
einen Einblick in die Werkstatt des Zeich-
ners Günter Grass, beginnend mit Arbeiten aus dem Jahr 1952 und endend mit
dem üppigen Zyklus zum Roman »Ein
weites Feld«. Das Buch ist aufwendig in
Duoton und Farbe gedruckt.

Bitte fordern Sie das kostenlose Gesamtverzeichnis an:
Steidl Verlag · Düstere Str. 4 · 37073 Göttingen

GÜNTER GRASS

Vatertag

Erzählung
96 Seiten, stb 131, DM 8,00

*

Vatertagsstimmung im Berliner Grune-
wald. Unter die Männergesellschaft, die
zu Fuß, in Kutschen und auf Motor-
rädern unterwegs ist, haben sich vier
junge Frauen gemischt: Billy, Mäxchen,
Fränki und Siggi. Kesse Väter in zünftiger
Verkleidung, die es jeder Trine zeigen,
wer die Hosen anhat. Daß sie sich männlicher gebärden als »hunderttausend
Strichmännchen«, die an diesem Tag den
Macho herauskehren, hat leider schlim-
me Folgen.

Bitte fordern Sie das kostenlose Gesamtverzeichnis an:
Steidl Verlag · Düstere Str. 4 · 37073 Göttingen

This book is to be returned on
or before the date stamped below

UNIVERSITY OF PLYMOUTH

EXMOUTH LIBRARY

Tel: (01395) 255331
This book is subject to recall if required by another reader
Books may be renewed by phone
CHARGES WILL BE MADE FOR OVERDUE BOOKS